भारतीय संस्कृति का पुनर्लेखन

# अस्मिताओं का संघर्ष

भारतीय संस्कृति का पुनर्लेखन

# अस्मिताओं का संघर्ष

कमल किशोर कठेरिया

वाणी प्रकाशन

**वाणी प्रकाशन**
*4695, 21-ए, दरियागंज, नयी दिल्ली 110 002*

शाखा
*अशोक राजपथ, पटना 800 004*

फ़ोन : +91 11 23273167 फ़ैक्स : +91 11 23275710

www.vaniprakashan.in
vaniprakashan@gmail.com

BHARTIYA SANSKRITI KA PUNARLEKHAN
ASMITAON KA SANGHARSH
*by* Kamal Kishor Katheria

ISBN : 978-93-5072-942-7
Social Science



प्रथम संस्करण : 2015
मूल्य : ₹ 350



*थॉमसन प्रेस, नयी दिल्ली-110 020 में मुद्रित*

*वाणी प्रकाशन का लोगो मक़बूल फ़िदा हुसेन की कूची से*

# प्राक्कथन

भारत का लगभग साढ़े तीन हजार साल का इतिहास वर्ण तथा जाति संघर्ष, वर्चस्व और उसके खिलाफ विद्रोह का इतिहास रहा है। भारतीय इतिहास का केन्द्रीय आख्यान यानी मैटा-नैरेटिव जाति और वर्ण है। इतिहास में होने वाली तमाम घटनाओं और सामाजिक जीवन और व्यवस्थाओं को जाति के इस महाआख्यान के आसपास देखा जा सकता है। इस मामले में भारत का इतिहास सरल और एकरेखीय यानी लीनियर भी है। सिन्धु घाटी की विकसित शहरी सभ्यता में सामूहिकता के उत्सव (वे लोग सार्वजनिक स्नानागर में साथ नहाते थे और अनाज सामूहिक भंडारण करते थे!) के अच्छे दिनों के बाद इस देश में जो कुछ हुआ, उसके केन्द्र में आप जाति संघर्ष को एक निरन्तरता में पा सकते हैं।

आर्यों के भारत में आने (तिलक, गोखले और नेहरू झूठ नहीं कहते) से लेकर, उस वर्चस्वशाली दौर और मध्य एशिया के इस्लामी लड़ाकों के भारत में राज करने से लेकर अंग्रेजों के भारत में शासन तक, देश में आम लोगों के जीवन को जिस चीज ने लगातार और सबसे ज्यादा प्रभावित किया, वह जाति ही है। शासकों का आना-जाना उनके लिए खास मायने का कभी नहीं रहा। चाहे वे बाहरी शासक आर्य हों, या इस्लामी या अंग्रेज। यहाँ की सामाजिक व्यवस्था, आर्थिक गतिविधियों, शिक्षा, ज्ञान, कला, संस्कृति, मनोरंजन, गाँवों की संरचना, राजकाज, हर चीज को जाति ने प्रभावित और संचालित किया। जाति को मिली चुनौतियाँ भी भारत के इतिहास का अभिन्न अंग हैं। भारत पर राज चाहे किसी का भी रहा हो, आम आदमी जाति में जीता-मरता रहा। लेकिन आप पायेंगे कि भारत के एकेडमिक जगत में, खासकर इतिहास लेखन में कास्ट ब्लाइंड होने यानी जाति को जान-बूझकर न देखने की सघन परम्परा रही है। भारत का इतिहास लिखने वालों ने अक्सर जाति को या तो इग्नोर किया, या फिर इसे एक मामूली फैक्टर मानकर आगे बढ़ गये, जबकि जाति का प्रश्न वर्तमान समय में भी अपनी सघनता में मौजूद है और इसकी चर्चा से यथास्थितिवादियों को दिक्कत है।

इसलिए भारत के इतिहास के पुनःपाठ की गम्भीर जरूरत आन पड़ी है। इस कार्य के महत्त्व का अंदाजा इसी बात से लगाया जा सकता है कि ज्योतिबा फुले से

लेकर बाबा साहब डॉ. अम्बेडकर और पेरियार से लेकर रामस्वरूप वर्मा और कांशीराम तक इतिहास की अपनी व्याख्याएँ लगातार पेश करते हैं। वैकल्पिक इतिहास, जिसे बहुसंख्य आबादी को केन्द्र में रखकर लिखा गया इतिहास भी कहा जा सकता है, का शुरुआती ग्रन्थ ज्योतिबा फुले की 'गुलामगिरी' को माना जा सकता है, जिसका असर हर दिन के बीतने के साथ लगातार बढ़ता जा रहा है और इसकी लोकप्रियता भी गौर किये जाने के काबिल है। इतिहास को नये तरीके से लिखने की जरूरत क्यों पड़ रही है? इसी में इस बात का भी जवाब है कि कठेरिया साहब भारत के इतिहास से लेकर वर्तमान तक की यात्रा की एक और दास्तान क्यों लिख रहे हैं। यानी जो किताब आपके हाथ में इस समय है, उसके होने का तर्क क्या है?

इस सवाल का जवाब पाने के लिए हमें खुद से पूछना होगा कि क्या इतिहास का एक पाठ हो पाना सम्भव है? इस प्रश्न से दुनिया भर में इतिहास लेखन और ऐतिहासिकता की मीमांसा निरन्तर टकरा रही है। उत्तरआधुनिक विचारकों के आने से पहले भी पाठ, पुनःपाठ और अलग-अलग पाठ की परम्परा रही है। मार्क्सवादी इतिहासकार और उग्र राष्ट्रवादी इतिहासकार जैसे विभाजन इतिहास लेखन में हमेशा मौजूद रहे हैं। विजेता और विजितों का इतिहास लेखन एक जैसा हो पाना मुमकिन ही नहीं है।

यह भी काल और स्थान के लिए सच है। मिसाल के तौर पर, गोरे लोग अपने इतिहास में अमेरिका पर हमले को 'अमेरिका की खोज' बताते हैं। कोलम्बस उनके इतिहास में नायक और विजेता खोजी की तरह आता है। जबकि अमेरिका के मूल नागरिकों के लिए कोलम्बस एक खलनायक है, जिसके आने के साथ उनकी सभ्यता और उनके जीवन के विनाश की कथा जुड़ी है।

भारत जैसे विविधतापूर्ण देश में तो इतिहास लेखन की बहुजन धारा की सख्त जरूरत है, क्योंकि अब तक समाज और देश में जिनका वर्चस्व रहा है, उन्हें केन्द्र में रखकर लिखा गया इतिहास, वंचितों की अनदेखी करके, उन्हें अपमानित करके और उन्हें हाशिए पर टिका कर ही परवान चढ़ सकता है। वैसे भी, अगर वर्तमान को तमाम लोग एक ही तरह से नहीं देखते हैं, जबकि वह अभी घटित हो रहा है और जिसके साक्ष्य नजर आ रहे हैं, तो अतीत में हुई घटनाओं को तमाम लोग एक नजरिए से देखें, यह न तो सम्भव है और न ही ऐसा होना चाहिए।

प्रस्तुत पुस्तक राजनीतिक परिदृश्य में हिन्दुत्व के प्रभावशाली नजर आने के दिनों में लिखी गयी है और इस परिघटना को ऐतिहासिक नजरिए से देखना होगा। इस मायने में यह किताब पहली नजर में तात्कालिक नजर आते हुए भी ऐतिहासिकता को समेटे हुए है और इसका महत्त्व दीर्घकालिक है। मानव सभ्यता या किसी भी देश या समाज का वर्तमान उसके इतिहास की निरन्तरता में ही होता है और यह किताब भी उस अवधारणा को पुष्ट करती है। ब्राह्मण धर्म की राजनीतिक विचारधारा

को समझने के लिए यह किताब लगभग साढ़े तीन हजार साल पीछे तक जाती है और उस समय के अन्तर्विरोधों की व्याख्या करते हुए वर्तमान समय तक की यात्रा तय करती है। इस किताब का अकादमिक महत्त्व इसलिए भी है कि इसमें संदर्भों के जरिए ही स्थापनाओं को रखने की कोशिश की गयी है। इस किताब की एक और विशिष्टता यह है कि इसमें समाधान सुझाने की जल्दबाजी नहीं है। अकादमिक अनुशासन में रहते हुए लेखक ने समस्या की गहन पड़ताल को अपना लक्ष्य माना है। भारत के इतिहास लेखन की बुनियादी समस्या यहाँ की समाज की संरचना में है और यह इतिहास लेखन ज्यादा निष्ठुर और क्रूर रूप में एकपक्षीय तरीके से इसलिए सामने आता है क्योंकि वैकल्पिक इतिहास लेखन की यह कोई परम्परा ही नहीं रही है। समाज में जिनका वर्चस्व रहा, उनके हाथ में ही कलम थी और स्मृति की परम्पराएँ भी उनकी ही थीं। इसलिए उन्होंने अपनी सुविधा से और अपने हित में इतिहास लिखा। वे कब गप्प हैं और कब तथ्य, इसका पता किसी को नहीं चल सकता। कब उनके देवता पानी पर चलने लगते हैं और कब किसके मुँह में समा जाता है, और इसका क्या भाष्य है, इसे लेकर इतिहासविद् क्या करें, यह हमेशा जटिल प्रश्न रहा है। इतिहास लेखन की सबसे अच्छी स्थिति में, इस दौर का इतिहास कुछ राजाओं की शौर्यगाथाओं के रूप में कहीं मिलता है। आम आदमी या समाज को इन ग्रन्थों में ढूँढ़ पाना दुर्लभ काम है।

ऐसे में वंचितों को केन्द्र में रखकर अगर कोई लेखक भारत का इतिहास लिखना चाहता है, या इतिहास की सच्चाई को गैर-परम्परागत तरीके से देखकर अपना सच तलाशना चाहता है, तो उसके सामने सबसे गम्भीर समस्या स्रोत की आती है। इतिहास न लिखने की भारतीय पौराणिक परम्परा वर्तमान इतिहास लेखकों के लिए बड़ी चुनौती है। पुरातात्विक साक्ष्य अपनी कथा कई बार खुद को कहते हैं, लेकिन उसकी सीमाएँ हैं और इन साक्ष्यों द्वारा कही गयी कथाओं में कई गैप यानी खाली हिस्से बच जाते हैं। इससे राजाओं के महल, देवी-देवताओं की शक्ल, और कई बार आम जीवन में इस्तेमाल होने वाली चीजों के जरिए एक कहानी सी बनती तो है, लेकिन समाज के आपसी सम्बन्ध और अन्तर्विरोधों की अनकही दास्तां पर इनकी चुप्पी ही एकमात्र प्राप्य होती है। विदेशी यात्रियों के ग्रन्थ इतिहास के कुछ खाली स्थानों को भरते हैं, लेकिन उन यात्रियों का भी ज्यादा सम्पर्क सम्भवतः उस समय की शासक और वर्चस्ववादी शक्तियों के साथ रहा होगा। यह उन यात्रियों के वर्णन की एक सीमा हो सकती है। उस दौर का सर्वाधिक लेखन प्राचीन ब्राह्मणवादी ग्रन्थों की शक्ल में है। लेकिन ये पोथियाँ इतिहास लेखन में ज्यादा मदद नहीं करतीं। उनकी विश्वसनीयता हमेशा सन्दिग्ध है, क्योंकि इन ग्रन्थों के केन्द्र में ही नहीं, हाशिए पर भी आम आदमी और उसका जीवन नहीं है। ये ग्रन्थ वर्चस्व के हथियार की शक्ल में नजर आते हैं।

भारत में इतिहास लेखन की बहुजन परम्परा इन आधे-अधूरे ऐतिहासिक साक्ष्यों को बीच से रास्ता टटोलकर आगे बढ़ रही है। प्रस्तुत पुस्तक उसी बहुजन परम्परा के इतिहास लेखन की कड़ी में है। यह सच है कि ब्राह्मणवादी ग्रन्थ बहुत कुछ छिपा जाते हैं, फिर भी इनसे यह पता तो चल ही जाता है कि जातिवादी शक्तियाँ और शूद्र-अतिशूद्र आबादी इतिहास में लगातार संघर्षरत रही हैं। भारत की शूद्र-अतिशूद्र जनता ने बिना संघर्ष किये जातिवादियों की सत्ता को स्वीकार नहीं किया। इसलिए इन ग्रन्थों में युद्ध की कहानियाँ, आर्य-अनार्य संघर्ष, देवासुर संग्राम आदि की बात बार-बार आती है। जातिवादियों के देवताओं का पैर से सिर तक हथियारबन्द होना भी यह दिखाता है कि लोगों ने सब कुछ खामोशी से स्वीकार नहीं किया था। वे लड़े थे और खूब लड़े थे। साथ ही, ये ग्रन्थ यह भी बताते हैं कि आम लोगों को कंट्रोल में करने और उन्हें दबाकर रखने के लिए ब्राह्मणवादी ताकतों को कितने सख्त विधानों की जरूरत पड़ी थी। शूद्र और अतिशूद्र जातियों के लिए बनाये गये अमानवीय नियमों की पूरी श्रृंखला ब्राह्मणवादी ग्रन्थों में मिलती है। इन नियमों की जरूरत का होना साबित करता है कि शूद्र और अतिशूद्र जातियों के विद्रोह का खतरा हमेशा महसूस किया जाता रहा होगा।

फुले-बाबा साहब-पेरियार के इतिहास लेखन की परम्परा इन ग्रन्थों के बीच छिपे सच को जानने की लगातार कोशिश करती है। यह किताब इतिहास लेकर वर्तमान तक की यात्रा है। वैसे भी कल का इतिहास अक्सर आज की राजनीति को प्रभावित करता है। इसलिए वर्तमान को समझने के लिए भी इस किताब को पढ़ा जाना चाहिए।

**दिलीप मंडल**

पूर्व मैनेजिंग एडिटर, इंडिया टुडे

dilipcmandal@gmail.com

नयी दिल्ली

# अम्बेडकरी लेखन में एक विशेष पुस्तक

गौरतलब यह है कि हिन्दू धर्म को लेकर अब भी लगातार मन्थन चल रहा है। दलितों, आदिवासियों और पिछड़ों ने ही नहीं, सवर्ण हिन्दू स्त्रियों ने भी इसकी मर्यादाओं और मान्यताओं को प्रश्नांकित किया है। हिन्दू धर्म शायद एकमात्र ऐसा धर्म है जो अपने अनुयायियों में सैद्धान्तिक रूप से भेदभाव की पैरवी करता है। इस धर्म के लगभग सारे धर्मशास्त्र इस गैर-बराबरी को अलौकिक और ईश्वर निर्मित बताते हैं। ऋग्वेद के दशम मंडल के पुरुष सूक्त से लेकर पुराण, गीता, रामचरितमानस सभी में वर्णव्यवस्था और जातिव्यवस्था का गुणगान और महिमामंडन है।

तुलसीदास का 'रामराज्य' एक विवादास्पद 'यूटोपिया' इसीलिए है कि उसमें दलित, पिछड़े, आदिवासी और स्त्रियों को मानवाधिकारों से वंचित कर दिया गया है। वे सब 'ताड़ना' के अधिकारी हैं। यही वह बिन्दु है, असमानता और परतन्त्रता का बिन्दु, जहाँ से संघर्ष का बीजारोपन होता है। एक अनवरत संघर्ष के रूप में यह मौर्य साम्राज्य के पतन के बाद से चल रहा है। मौर्य साम्राज्य, शूद्रों की शासन व्यवस्था थी। इसलिए मनुस्मृति में यह व्यवस्था की गयी थी कि ब्राह्मण को शूद्र राजा के राज्य में नहीं रहना चाहिए।

कमल किशोर कठेरिया इस पुस्तक में बहुत से महत्त्वपूर्ण सवाल ही नहीं उठाते हैं बल्कि हिन्दुत्व की पूरी परम्परा का पुनःपाठ भी करते हैं और मंजन भी करते हैं। वे उसकी सांस्कृतिक राजनीति का पर्दाफाश भी करते हैं। यह पुस्तक अपने उद्देश्य में बेहद सफल और सार्थक है।

भारतीय लोकतन्त्र की उम्र लगभग चौंसठ वर्ष हो चुकी है परन्तु विकास की गति इतनी धीमी आखिर क्यों है? क्या वजह है कि अब भी लाखों किसान भूखे मर रहे हैं या आत्महत्या को मजबूर हैं? उनकी बस्तियाँ और घर क्यों फूँके जा रहे हैं? स्त्रियाँ अब भी उन्हीं करवा-चौथों तक क्यों सिमटी हुई हैं? आदिवासियों को नुमाइश की चीज बनाकर विकास से क्यों काट रखा है? अल्पसंख्यकों, खासतौर पर मुसलमानों के साथ राज्य की भूमिका सौतेली क्यों बनी हुई है?

इन सब सवालों के उत्तर हिन्दुत्व की खोल में छिपे हैं। यह पुस्तक हिन्दुत्व के सर्वग्रासी रूप की पोल खोलती है। यह पुस्तक बहुत ही बेबाक और निर्भय भाव

से तो लिखी गयी है, परन्तु इसमें आवेश नहीं है। इसके स्थान पर तर्क और शोध की प्रवृत्ति दिखाई देती है।

बाबा साहब भीमराव अम्बेडकर के क्रान्तिकारी और तर्कसंगत लेखन की परम्परा में इस पुस्तक का भी अपना एक विशेष महत्त्व है।

कमल किशोर कठेरिया ने बेहद श्रम, सूझबूझ और अध्ययन से इस कार्य को अंजाम दिया है। यह उनकी दूरदर्शिता और प्रतिबद्धता की परिचायक है। मैं उन्हें साधुवाद देती हूँ।

**रमणिका गुप्ता**

# लेखक के दो शब्द

अयं निजः परोवेति, गणना लघु चेतसाम्।
उदार चरितानानन्तु, वसुधैव कुटुम्बकम्॥

अर्थात् ''यह व्यक्ति मेरा है, यह मेरा नहीं है''—यह बात केवल संकुचित मस्तिष्क वालों द्वारा कही जाती है, उदार चरित्र वालों के लिए पूरा विश्व ही एक परिवार है।

यह श्लोक संसद भवन के भित्त पटल पर अंकित है और भारतीय लोकतन्त्र के आधारभूत मूल्यों का परिचय देता है। इसलिए जब अमेरिकी राष्ट्रपति बराक ओबामा ने 2010 में भारतीय संसद के संयुक्त सत्र को सम्बोधित करते हुए अपने भाषण में इस श्लोक को अँग्रेजी में अनुवाद कर प्रयोग किया तो इसका अर्थ यह नहीं था कि बराक ओबामा को संस्कृत भाषा से लगाव है, बल्कि यह दर्शाता है कि ओबामा के मन में भारतीय लोकतन्त्र और भारतीय संविधान के आधारभूत मूल्यों के प्रति कितना सम्मान है। लेकिन दुख होता है जब यह ध्यान आता है कि भारतीय लोकतन्त्र के प्रति जो सम्मान पश्चिमी देशों में है उसका आधा भी हम भारतीय स्वयं में उत्पन्न नहीं कर सके। पूरे विश्व को एक परिवार तो हम बाद में समझें हम इस देश को ही एक परिवार नहीं समझ पाये। हम आज भी भारतीय समाज से जातीय भेदभाव को दूर नहीं कर पाये हैं। आज भी नारी की मुक्ति का प्रश्न एक प्रश्न ही बना हुआ है और साम्प्रदायिक दंगे आज भी देश में प्रायः हो जाने वाली घटनाएँ मानी जाती हैं। यह दुख इस समय भय से बदल जाता है जब संघ परिवार द्वारा पोषित 'हिन्दुत्व' के आन्दोलन का विचार सामने आ जाता है। 'हिन्दुत्व' का आन्दोलन कभी तो विभिन्न विचारधाराओं का संघर्ष नजर आता है तो कभी यह धर्मों के बीच लड़ाई में बदल जाता है।

भारत का इतिहास वास्तव में संस्कृतियों के संघर्ष का इतिहास रहा है। यह संघर्ष चाहे आर्य संस्कृति बनाम द्रविड़ संस्कृति का हो, सनातन बनाम बौद्ध का हो या मध्य काल के सगुण आन्दोलन बनाम निर्गुण आन्दोलन का रहा हो, इन सभी संघर्षों में आर्य संस्कृति केन्द्र में रही। आज यही आर्य संस्कृति 'हिन्दुत्व' के नये नाम से पूरे देश को अपनी गिरफ्त में लेने को बेकरार है। लेकिन पुराने संघर्षों और 'हिन्दुत्व' के

संघर्ष में अन्तर है। अन्तर यह है कि हिन्दुत्व के संघर्ष में पुरानी आर्य या सनातनी व्यवस्था के शोषण का शिकार रहा शोषित वर्ग भी बड़ी संख्या में इस 'हिन्दुत्व' के आन्दोलन के साथ खड़ा नजर आता है। यह कहने में कोई अतिशयोक्ति नहीं होगी कि 'हिन्दुत्व' के आन्दोलन यदि आज ताकतवर है तो उसकी प्रमुख ताकत वह शूद्र समाज है जिसका सबसे अधिक शोषण आर्य संस्कृति ने किया है।

इन परिस्थितियों में यह जानना आवश्यक है कि आखिर 'हिन्दुत्व' है क्या? इसका उद्देश्य क्या है? जैसा कि 'हिन्दुत्व' शब्द से ही स्पष्ट होता है कि 'हिन्दू धर्म' का सार ही 'हिन्दुत्व' है। लेकिन हिन्दू धर्म का मुख्य आधार तो वर्ण व्यवस्था है, फिर क्यों देश का बहुसंख्यक दलित व पिछड़ा वर्ग हिन्दुत्ववादी आन्दोलन का सहारा बन रहा है? क्या हिन्दुत्ववादी पुरानी वर्ण व्यवस्था से किनारा कर इस देश में असमनतामूलक जाति आधारित समाज के स्थान पर किसी समतामूलक समाज की स्थापना करना चाहते हैं? लेकिन राजस्थान उच्च न्यायालय में मनु की मूर्ति स्थापित करने वालों और स्वयं को गर्व से मनु का वंशज बताने वालों से ऐसी आशा करना केवल मूर्खता ही होगी। दूसरे, इस हिन्दुत्व में नारी का क्या स्थान होगा? क्या उसे ताड़ना का अधिकारी नहीं कहा जायेगा? हिन्दुत्ववादी व्यवस्था में गैरहिन्दू धर्मावलम्बियों का क्या स्थान होगा? क्या उन्हें बराबरी का स्थान मिलेगा? सबसे महत्त्वपूर्ण प्रश्न यह है कि इस हिन्दुत्ववादी व्यवस्था या संस्कृति में भारतीय लोकतन्त्र और संविधान के आधारभूत मूल्यों का क्या स्थान होगा? इस पुस्तक में मैंने इन सभी प्रश्नों का उत्तर देने का प्रयास किया है। मेरा मानना है कि इन प्रश्नों का उत्तर समझे बिना ना तो 'हिन्दुत्व' का समर्थन उचित है और ना ही विरोध।

अन्त में मैं अपने उन सभी मित्रों और पारिवारिक सदस्यों का धन्यवाद देना चाहता हूँ जिन्होंने इस पुस्तक को पूरा करने में मेरा सहयोग किया।

**कमल किशोर कठेरिया**

# अनुक्रम

# हिन्दुत्व : वर्तमान आन्दोलन का उदय एवं विकास एक संक्षिप्त विश्लेषण

'हिन्दुत्व' के वर्तमान आन्दोलन का प्रारम्भ 1980 के दशक के अन्त के समय में हुआ जब कुछ धार्मिक कट्टरपंथी शक्तियों ने राम जन्मभूमि आन्दोलन को हिन्दुओं की अस्मिता से जोड़ने का प्रयास किया। अयोध्या का बाबरी मस्जिद बनाम राम मन्दिर के विवाद का मामला कई वर्षों से न्यायालय में लंबित था। देश में इसे धार्मिक व कानूनी विवाद के रूप में मान्यता मिली हुई थी। लेकिन कभी भी इस विषय को किसी धर्म विशेष के अनुयायियों ने अपने स्वाभिमान से जोड़ने का प्रयास नहीं किया था। लेकिन 1980 के दशक के अन्त में कुछ कट्टरपंथी शक्तियों ने राम जन्मभूमि आन्दोलन को हिन्दुत्व के आन्दोलन का आधार बनाने का सफल प्रयास किया। इन ताकतों ने हिन्दुत्ववादी अभियान के तहत बाबरी मस्जिद को महज़ एक धार्मिक या कानूनी भूमि-विवाद के स्थान पर राष्ट्रीय अपमान के प्रतीक के रूप में पेश किया। अयोध्या में एक मन्दिर के पुनर्निर्माण की माँग को हिन्दुत्व के आन्दोलन का आधार बनाकर कट्टरपंथियों ने आधुनिक भारत के धर्मनिरपेक्ष स्वरूप को नष्ट करने का पूरा प्रयास किया। राम जन्मभूमि के प्रति आस्था का जो आन्दोलन सैकड़ों वर्षों से चल रहा था, वह अचानक तूफान में यूँ ही परिवर्तित नहीं हो गया। इसके पीछे एक सोची समझी साजिश थी और इसके बीज उस समय की सामाजिक परिस्थितियों में छिपे हुए थे।

हिन्दुत्ववादी आन्दोलन के वर्तमान दौर का मुख्य कारण भारत की 85 प्रतिशत जनसंख्या वाली विशाल आबादी का एक बड़ा भाग सामाजिक रूप से शोषित जातियाँ हैं। अस्सी के दशक में जिस प्रकार इन जातियों में अपने अधिकारों के प्रति चेतना आनी प्रारम्भ हुई और जिस प्रकार इस चेतना के चलते वर्षों से कूड़ेदान में पड़ी मंडल आयोग की रिपोर्ट को लागू करने के लिए सरकार को विवश होना पड़ा, उससे धर्म के ठेकेदारों को परेशानी हो गयी। धर्म के नाम पर इन जातियों का हजारों वर्षो से शोषण कर रहे हिन्दू धर्म के इन ठेकेदारों को लगा कि इन जातियों पर धर्म का प्रभाव कम हो रहा है। अतः इन शूद्र-अतिशूद्र जातियों में आ रही चेतना

को दबाने के लिए धर्म का प्रभाव बढ़ाने का निश्चय किया गया। इसके लिए वर्षों पुराने हिन्दुत्व और हिन्दू राष्ट्र के विचार को फिर से बन्द बक्से से बाहर निकाला गया। पूरे देश में हिन्दुत्व के नाम पर धार्मिक उन्माद का वातावरण बनाया गया। धार्मिक उन्माद के इस आन्दोलन को आडवाणी की 1990 में सोमनाथ से अयोध्या तक की प्रारम्भ की गयी रथ-यात्रा ने तेज गति प्रदान की। वैसे भी पिछड़ी जातियों से सम्बन्धित मंडल आयोग की रिपोर्ट लागू होने के बाद, इस रिपोर्ट के प्रभाव को कम करने हेतु हिन्दुत्ववादियों द्वारा देश में दलितों-पिछड़ों को हिन्दुत्व की ओर मोड़ने के लिए रथ-यात्रा जैसे कार्यक्रम की महती आवश्यकता थी। यह कार्यक्रम उन्हें राम मन्दिर आन्दोलन के रूप में मिला।

यह एक ऐतिहासिक सत्य है कि हिन्दू कट्टरपंथियों के सभी आन्दोलन हिन्दू सनातन व्यवस्था के विरोध में हुई क्रान्तियों के विरुद्ध प्रति-क्रान्तियों के रूप में हुए। जब गौतम बुद्ध ने जन्म पर आधारित जाति व्यवस्था को मानने से इनकार कर मनुष्य की समानता पर आधारित समतामूलक समाज की स्थापना के लिए बौद्ध-धर्म का उपदेश दिया, तो तत्कालीन कट्टरपंथियों ने स्मृतियों की रचना करके जाति व्यवस्था को और कठोर कर दिया। इन स्मृतियों में मनुस्मृति प्रमुख है और यह बात ध्यान देने योग्य है कि मनुस्मृति तथा ऐसे अनेक धार्मिक ग्रन्थों की रचना बुद्ध के बाद उस काल में हुई, जब पुष्यमित्र शुंग और उसके उत्तराधिकारियों के राजकीय संरक्षण में सनातन धर्म को पुनर्जीवित करने के लिए बौद्ध धर्म को नष्ट करने के प्रयास किये गये। इस पर अधिकांश इतिहासकार सहमत हैं। बाद में हर्षवर्धन के समय में बौद्ध धर्म ने जब पुनः समाज को प्रभावित करना प्रारम्भ किया, तो शंकराचार्य के नेतृत्व में बौद्ध धर्म को भारतवर्ष की सीमा से बाहर निकलवाने के सफल प्रयास किये गये। मध्य युग में इसी प्रकार जब नानक और कबीर जैसे सन्तों ने निर्गुण आन्दोलन करके हिन्दू समाज की कुरीतियों पर प्रहार किये, तो सगुण आन्दोलन के द्वारा उनके निर्गुण आन्दोलन के प्रभाव को कम करने का प्रयास किया गया।

ऐसा ही तब हुआ जब मंडल आन्दोलन के विरोध में प्रति-क्रान्ति के रूप में राममन्दिर आन्दोलन प्रारम्भ किया गया। दरअसल पिछड़ी जातियों के सरकारी सेवाओं में आरक्षण से सम्बन्धित मंडल आयोग की रिपोर्ट केन्द्रीय सरकार की किसी अलमारी में पड़ी धूल चाट रही थी। 1989 के लोकसभा चुनाव के समय अनेक प्रदेशों में या तो पिछड़ी जाति के नेताओं के नेतृत्व वाली सरकारें थीं या फिर सरकारें ऐसे नेताओं के प्रभाव में थीं। लोकसभा चुनाव के बाद जब विश्वनाथ प्रताप सिंह के नेतृत्व में जनता दल की सरकार बनी, तो मंडल आयोग की रिपोर्ट को लागू करने की मांग होने लगी। जनता दल ने वैसे भी अपने चुनाव घोषणा पत्र में इस रिपोर्ट को लागू करने का वादा किया था। ऐसे में जब एक ओर सामाजिक न्याय की लड़ाई जोर पकड़ रही थी, तो हिन्दुत्ववादियों ने इस लड़ाई को कमजोर करने के लिए लोगों

की धार्मिक भावनाओं को भड़काने का निश्चय किया और इसके लिए राम मन्दिर के मुद्दे को हथियार बनाया।

1990 में आडवाणी की रथ-यात्रा के साथ प्रारम्भ हुआ हिन्दू कट्टरवाद 1992 में चरम सीमा पर पहुँच गया, जब 6 दिसम्बर 1992 के दिन अयोध्या में बाबरी मस्जिद को तोड़ दिया गया। पूरा देश साम्प्रदायिकता की आग में झुलस गया था। एक ओर दलित और पिछड़ी जातियों के नेता मंडल आयोग की रिपोर्ट पर दलितों-पिछड़ों को लामबन्द कर रहे थे, तो वहीं दूसरी ओर हिन्दुत्ववादी 'मन्दिर वहीं बनायेंगे' का नारा लगा रहे थे। हिन्दुत्ववादियों को अपने प्रयासो में सफलता मिली, क्योंकि देश को धार्मिक उन्माद की चादर में लपेटने के सकारात्मक परिणाम सामने आये। कई राज्यों में हिन्दुत्व का राग अलापने वालों की सरकारें आयीं और बाद में केन्द्र में भी सत्तारूढ़ हुए।

## हिन्दुत्ववादी विचारधारा का प्रारम्भ

हिन्दू-राष्ट्रवाद के बीज 19वीं सदी में हुए धार्मिक और सामाजिक सुधार आन्दोलनों में देखे जा सकते है, जब आर्य समाज जैसे कई संगठन भारत में अंग्रेजी साम्राज्यवाद और ईसाई मिशनरियों के बढ़ते प्रभाव के विरोध में अस्तित्व में आये। इन संगठनों का मुख्य उद्देश्य हिन्दू धर्म और सामाजिक व्यवस्था के प्रमुख आधारों की रक्षा करना था और साथ ही पश्चिमी सभ्यता के प्रभाव स्वरूप सामाजिक परम्पराओं में कुछ सुधार या बदलाव लाना था, ताकि हिन्दू धर्म ईसाई धर्म का और पश्चिम का सामना कर सके। हिन्द्रू संस्कृति और पश्चिमी संस्कृति के बीच की खाई को पाटने के लिए भारत के प्राचीन युग को हिन्दू संस्कृति का गौरवमयी स्वर्ण युग बताया गया और इस आधार पर पश्चिमी मूल्यों से हिन्दू समाज को बचाने का प्रयास किया गया।

सवर्ण हिन्दुओं का यह आन्दोलन 1920 के बाद मुस्लिम-विरोध पर आधारित हो गया, जब खिलाफत आन्दोलन के समय भारतीय एकजुट होना शुरू हुए। यहीं से हिन्दू राष्ट्रवाद की विचारधारा ने साकार रूप लेना प्रारम्भ किया। हिन्दू राष्ट्रवाद का विचार पनपने के लिए ब्रिटिश शासकों द्वारा अपनायी गयी कुछ नीतियाँ भी जिम्मेदार थीं। जैसा कि पी. डी. मैथ्यू कहते हैं कि "अंग्रेज सरकार की बाँटो और राज करो" की नीति ने भारत में हिन्दू और मुस्लिम साम्प्रदायिकता को बढ़ावा ही नहीं दिया, वरन् उनके शासन की कुछ अन्य नीतियों ने भी साम्प्रदायिकता के विकास में महत्त्वपूर्ण भूमिका निभाई। जनगणना में हिन्दू, मुस्लिम और ईसाइयों की पृथक्-पृथक् गणना हिन्दू एवं मुस्लिम कानून में स्पष्ट विभाजन के साथ प्राचीन भारतीय इतिहास से सम्बन्धित नवीन जानकारी जैसे प्राचीन भारतीय संस्कृति व पश्चिमी यूरोपियन संस्कृति के एक ही मूल से होने की नवीन जानकारी ने भी पृथक् हिन्दू पहचान की भावना को जन्म दिया। इन्हीं कारणों से नव-हिन्दू और नव-मुस्लिम आन्दोलन

प्रारम्भ हुए, जो बाद में साम्प्रदायिक आन्दोलनों में परिवर्तित हो गये[1]।

हिन्दुत्व और हिन्दू राष्ट्रवाद के नारे वास्तव में एक दूसरे के पूरक हैं। हिन्दू राष्ट्रवाद के बिना हिन्दुत्व अधूरा है और हिन्दुत्व की विचारधारा का तार्किक परिणाम हिन्दू राष्ट्रवाद है। हिन्दू राष्ट्रवाद यूरोप में जन्मे एकात्मक राष्ट्र की अवधारणा पर आधारित है। इस सम्बन्ध में सच्चिदानन्द सिन्हा लिखते हैं कि असल में 'हिन्दुत्व' के नारे का आविष्कार इसके साथ जुड़े 'एकात्मक राष्ट्र' की अवधारणा की जरूरत की पूर्ति के लिए हुआ। एकात्मक राष्ट्र की अवधारणा का जन्म यूरोप में हुआ, यहाँ राष्ट्र की भावना कबीलों के साथ जुड़ी थी। इसकी नींव चौथी से लेकर सातवीं शताब्दी तक हुए कबीलों के बृहद स्थानान्तरण, जिसे इतिहास में 'फोल्फेर वांडरूंग' के नाम से जाना जाता है, में पड़ी। कालान्तर में, यूरोप के विभिन्न भागों में बसे शक्तिशाली कबीलों के इर्द-गिर्द पन्द्रहवीं से अठारहवीं सदी और कहीं-कहीं, तो बीसबीं शताब्दी तक में राष्ट्र-राज्यों का निर्माण हुआ। यह एक लम्बी प्रक्रिया थी जिसमें अनेक कारक शामिल हुए–जैसे सामन्ती व्यवस्था की जगह राजाओं की शक्ति का उदय, शहरी मध्यम वर्ग और पूँजीवादी समाज का विकास एवं साम्राज्यों का उदय आदि। लेकिन कुल मिलाकर इसके केन्द्र में एक मूल का होने की भावना जमीं थी। ऐसा नहीं कि इन राष्ट्र-राज्यों में एक से अधिक मूलों के लोग नहीं थे। यूरोपीय सभ्यता के व्यापारीकरण के कारण ऐसा होना सम्भव नहीं था, क्योंकि वस्तुओं के निर्माण और विनिमय के क्रम में कुछ लोगों का एक जगह से दूसरी जगह जाकर रहना और बस जाना अपरिहार्य था। लेकिन जर्मनी जर्मनों का, फ्रांस फ्रांसीसियों का या इंग्लैंड अंग्रेजों का, यह भावना सर्वोपरि रही[2]। वी.डी. सावरकर के अनुसार 'हिन्दुत्व' के नारे के पीछे भी भारत की राष्ट्रीयता को अपने को हिन्दू कहने वाले एक समूह के साथ जोड़ने का आग्रह है[3]।

## हिन्दुत्व और सावरकर

हिन्दुत्व और हिन्दू राष्ट्रवाद का अध्ययन, इस सम्बन्ध में विनायक दामोदर सावरकर और माधव सदाशिव गोलवलकर के विचारों का विश्लेषण किये बिना अधूरा है। 'हिन्दुत्व' शब्द का सबसे पहले प्रयोग सावरकर ने अंडमान और रत्नागिरि जेल में रहकर लिखी हुई पुस्तकों और लेखों में किया। सावरकर इटली के राष्ट्रवाद से बहुत प्रभावित थे। उन्होंने अपने लेखों में मैजिनी और गैरीबाल्डी की तुलना गुरु रामदास और शिवाजी से की। सावरकर क्रान्तिकारी थे और क्रान्तिकारी होने की सजा अंडमान जेल में काट रहे थे। लेकिन जब खिलाफत आन्दोलन के समय गाँधीजी के नेतृत्व में कांग्रेस ने मुस्लिमों का साथ देना शुरू किया, तो सावरकर को लगा कि कांग्रेस के सहयोग से मुस्लिम इस देश को इस्लामिस्तान बनाने का स्वप्न देख रहे हैं और यहीं से उनका हिन्दूराष्ट्रवाद से प्रेम जाग उठा। सावरकर ने अपने रचनाओं में हिन्दुओं

से हिन्दुत्व के नाम पर संगठित होने का आह्वान किया। 'हिन्दुत्व' शब्द की व्याख्या करते हुए सावरकर ने कहा कि "कभी युद्ध तो कभी मिलन और कभी पारस्परिक सहकार के रूप में हिन्दु जाति ने जो किया है, वह सभी कुछ इस नाम 'हिन्दुत्व' में ही समाहित है। वस्तुतः हिन्दुत्व केवल शब्द मात्र ही नहीं, अपितु अपने-आप में एक सम्पूर्ण इतिहास ही है।"[4] वे कहते हैं कि 'हिन्दुत्व' में हिन्दू जाति की सम्पूर्ण गतिविधियाँ तथा विचार सन्निहित हैं।[5]

सावरकर हिन्दू होने के तीन लक्षण बताते है—भौगोलिक, रक्त की समानता और सांस्कृतिक। सावरकर कहते हैं—"यद्यपि हिन्दू शब्द का मूल अर्थ हिन्दू के समान भारतवासी ही है, तब भी यदि हम भारत में निवास करने वाले किसी मुसलमान को हिन्दी की संज्ञा देंगे तो इस शब्द के प्रयोग की व्याप्ति इतनी खिंच जाती है कि वह भग्न ही हो जाती है। अर्थ का अनर्थ ही हो जाता है।"[6]

वास्तव में सावरकर हिन्दू शब्द के अर्थ को लेकर स्वयं ही भ्रमित दिखते हैं। हिन्दू होने के लिए वह कुछ शर्तों को रखते हैं, लेकिन फिर स्वयं ही सन्तुष्ट न होकर एक और शर्त का निर्माण कर देते हैं। सावरकर के अनुसार—"यों तो कोई अमरीकी भी भारत की नागरिकता ग्रहण कर सकता है यदि वह यथार्थतः भारतीय नागरिक बने, हम उसे भारतीय अथवा हिन्दुस्तानी भी कह सकते हैं एवं अपना देशवासी समझते हुए उसके साथ तद्नुकूल व्यवहार भी कर सकते हैं। परन्तु हमारे देश को अपनाने के साथ-साथ जब तक वह हमारी संस्कृति और इतिहास को अंगीकार नहीं करता, जब तक उसके शरीर में हमारा ही रक्त हिलोरें नहीं भरने लगता और जब तक यह देश उसे मातृभूमि समप्रिय ही नहीं प्रतीत होती अपितु वह इसे पूज्यभूमि के रूप में भी मान्यता नहीं दे पाता, तब तक हमारे हिन्दू संघ में सम्मिलित नहीं हो सकता। कारण यह है कि यद्यपि हिन्दुत्व की प्रथम शर्त यही है कि वह स्वयं और अपने पूर्व पुरुषों के उत्तराधिकार के कारण इस भूखंड का नागरिक तो हो ही, तब भी केवल यही एक बात नहीं है, जिससे किसी भी व्यक्ति को हिन्दू बनाया जा सकता हो। हिन्दू नाम में उसके दैशिक अर्थ के साथ अन्य भी अनेक अर्थ सन्निहित हैं।[7]

सावरकर के लिए हिन्दू भारत का नागरिक मात्र नहीं है। हिन्दू होने के लिए उनमें रक्त सम्बन्ध भी होना चाहिए और यह रक्त सम्बन्ध वैदिक पूर्वजों वाला होना चाहिए। "सभी हिन्दुओं की नसों में उसी शक्तिशाली जाति का पावन रक्त प्रवाहित हो रहा है जिसका उद्‌भव उन वैदिक पूर्वजों अर्थात् सिन्धुओं से हुआ है।"[8] सावरकर ने चूँकि आर्यों को बाहर का माना, अतः वे मानते थे कि वैदिक पूर्वजों से रक्त सम्बन्ध की बात कहने पर देश की बहुसंख्यक जनसंख्या जिसमें शूद्र और अति शूद्र हैं, हिन्दुत्व की परिधि से बाहर हो जायेगी। इस समस्या का समाधान सावरकर ने अनुलोम-प्रतिलोम विवाह से किया। सावरकर के अनुसार "अपनी किसी भी स्मृति पर सरसरी दृष्टि डालने मात्र से ही यह तथ्य स्पष्ट हो जाता है कि एक

समय था, जब हमारे समाज में 'अनुलोम' और 'प्रतिलोम' विवाह प्रचलित थे और आज जो जातियाँ हमारे समाज में मिलती हैं, उनमें से अधिकांश का उद्भव भी इन्हीं 'विवाहों' के परिणाम स्वरूप हुआ है।"[9]

इसलिए सावरकर कहते हैं कि चाहे आर्य हो या अनार्य, अय्यर या नायर। ब्राह्मण से लेकर चाण्डाल तक में एक ही हिन्दू रक्त प्रवाहित हो रहा है। इन सबमें एक ही रक्त हिलोरें ले रहा है।[10] लेकिन सावरकर यह भूल जाते हैं कि अनुलोम और प्रतिलोम विवाह के कारण जितनी भी वर्णसंकर जातियाँ उत्पन्न हुईं, उनमें अधिकांश में या तो माता-पिता दोनों विभिन्न शूद्र जातियों के थे या पिता शूद्र था जिसने सवर्ण स्त्री से विवाह किया था। अब चूँकि हिन्दू धर्म के अनुसार वंश पिता से ही माना जाता है, तो इन शूद्र-अतिशूद्र जातियों के पूर्वज वैदिक आर्य तो कदापि नहीं हो सकते। लेकिन सावरकर इस प्रश्न को चालाकी से दबा गये।

वास्तव में सावरकर की प्रमुख समस्या मुस्लिम थे। देश के अधिकांश मुस्लिम हिन्दुओं से ही बने धर्म परिवर्तित मुस्लिम थे। अतः ऐसे मुस्लिमों की पितृभूमि तो भारत थी ही, उनमें रक्त भी एक ही विद्यमान था। ऐसे में क्या ऐसा कहा जा सकता है कि वे मुसलमान भी हिन्दू हैं? सावरकर यहाँ पर हिन्दू का तीसरा लक्षण समान संस्कृति बताते हैं। सावरकर कहते हैं—"कश्मीर एवं हिन्दुस्तान के अन्य अनेक अंचलों में ऐसे मुसलमान तथा दक्षिण भारत में ऐसे ईसाई विद्यमान हैं जो जाति-भेद के नियमों का नितान्त ही कड़ाई सहित पालन ही नहीं करते, अपितु वे अपने विवाह संस्कार भी अपनी ही जाति के अन्तर्गत करते हैं, इससे यह स्पष्ट हो जाता है कि उनका हिन्दू रक्त यथापूर्व विद्यमान है और उनमें विदेशी रक्त का सम्मिश्रण नहीं हो पाया है। फिर भी हिन्दू शब्द का जिस रूप में प्रयोग किया जाता है, उसके अनुरूप तो उन्हें हिन्दू नाम से सम्बोधित नहीं किया जा सकता। इसका कारण यह है कि हम हिन्दू केवल एक ही रक्त एवं एक ही देश को पितृभूमि के रूप में स्वीकार करने के कारण ही एक जाति नहीं हैं, अपितु इसके साथ ही एक अन्य बात भी है जो हिन्दुत्व के पूर्वोक्त दो लक्षणों के समान ही महान लक्षण है। वह बात यह है कि हम हिन्दू एक ही संस्कृति के अनुगामी हैं।"[11] सावरकर के अनुसार एक राष्ट्र एक जाति और एक संस्कृति के आधार पर ही हिन्दुओं की एकता आधारित है।[12]

संक्षेप में सावरकर के अनुसार वह प्रत्येक व्यक्ति हिन्दू है, जो सिन्धुपर्यन्त इस समग्र देश को अपनी पितृभूमि के रूप में मान्यता देकर वन्दना करता है, जिसकी धमनियों में उस महान् जाति का रक्त प्रवाहित हो रहा है जिसका मूल सर्वप्रथम सप्तसिन्धुओं में परिलक्षित होता है और जो विश्व में हिन्दू नाम से सुविख्यात हैं और जो हिन्दू जाति को अपनी जाति तथा हिन्दुस्तान को अपनी पितृभूमि मानने के कारण उस हिन्दू संस्कृति को अपनी संस्कृति के रूप में मान्यता देता है जो संस्कृति समान इतिहास, समान परम्परा, समान साहित्य, समान शिल्पशास्त्र, समान धर्मशास्त्र,

समान पर्व और उत्सवों के माध्यम से अभिव्यक्त होती है।[13]

सावरकर एक और शब्द **'पुण्य भूमि'** का भी प्रयोग करते हैं और कहते हैं कि हिन्दू होने के तृतीय लक्षण एक संस्कृति की अभिव्यक्ति 'पुण्य' शब्द से होती है। अतः हिन्दू वही व्यक्ति है, जो भारत को पितृभूमि ही नहीं पुण्य भूमि भी मानता हो।[14] मुस्लिम और ईसाइयों के लिए वे कहते हैं कि कतिपय मुसलमानों अथवा ईसाइयों में हिन्दुत्व के अन्य सभी लक्षणों के होते हुए भी एक महान् लक्षण का अभाव है और वह यह कि वो हिन्दुस्तान को अपनी पुण्य भूमि स्वीकार नहीं करते।[15] पुण्य भूमि का प्रश्न उठाते हुए सावरकर ईसाई-मुस्लिम की निष्ठा पर भी प्रश्न उठाते हैं। वे कहते हैं कि उनकी पुण्य भूमि तो यहाँ से बहुत दूर स्थित अरब या फिलिस्तीन में है। इसलिए उनकी निष्ठा भी विभाजित है।[16]

ईसाई-मुस्लिम को पूरी तरह पृथक करते हुए वे कहते हैं—अतः वे ईसाई अथवा मुसलमान, जो कुछ समय पूर्व हिन्दू ही थे, धर्मान्तरण से उनकी प्रथम पीढ़ी विवशतावश ही सही लेकिन अपने नवीन सम्प्रदाय की अनुगामी बन गयी। वे हिन्दुस्तान को पितृभूमि मानते हुए अपने शरीर में विशुद्ध रक्त के प्रवाहित होने की घोषणा कर सकते हैं, किन्तु स्वयं को हिन्दू कदापि नहीं कह सकते। कारण जिस दिन उन्होंने नवीन 'धर्म' को अंगीकर कर लिया, उसी दिवस उन्होंने अपनी प्राचीन हिन्दू संस्कृति को तिलांजलि भी दे दी। उनके पूर्व पुरुष, उनके पूर्वजन, उनके पर्व, उत्सव और पूजा पद्धति, आदर्श और जीवन का संस्कार सभी कुछ तो हिन्दुओं से पृथक् हो जाता है। अतः हिन्दुत्व का यह तृतीय लक्षण कि वह व्यक्ति हिन्दू संस्कृति का अनुगामी हो, उसे हम हिन्दुत्व का ऐसा लक्षण कह सकते हैं जिसमें प्रति व्यक्ति का किंचित मात्र भी दोष नहीं आ पाता।[17] इस आधार पर सावरकर भारतीय मुस्लिमों और ईसाइयों को हिन्दू धर्म का अंग नहीं मानते। लेकिन सावरकर भूल जाते हैं कि हिन्दू और मुस्लिम को अलग करने के लिए किसी एक संस्कृति को हिन्दू होने का आधार नहीं बनाया जा सकता, क्योंकि संस्कृति तो वैसे भी सारे हिन्दुओं की एक नहीं है। हिन्दुओं की संस्कृति भारत में ही प्रदेश बदलने के साथ ही बदल जाती है चाहे पूर्व से पश्चिम की ओर बढ़ें चाहे उत्तर से दक्षिण की ओर। दक्षिण भारत की संस्कृति तो उत्तर भारत की संस्कृति से पूर्णतया भिन्न है। संस्कृति की यही भिन्नता नेपाल के हिन्दुओं के सन्दर्भ में सामने आ जाती है। संस्कृति की भिन्नता के कारण सावरकर यह स्पष्ट नहीं कर पाते कि किस संस्कृति को हिन्दुत्व का लक्षण माना जाये और जिसका अनुगामी प्रत्येक हिन्दू को होना चाहिए।

सावरकर के विचारों में विरोधाभास पुनः सामने आ जाता है, जब वे ईसाइयों और मुस्लिमों के विपरीत बौद्धों, जैनों और सिक्खों को हिन्दू धर्म का ही अंग मानते हैं। सावरकर कहते हैं कि बौद्धों, जैनों और सिक्खों के साथ हमारी समान राष्ट्र, समान जाति और समान संस्कृति की भावना है अतः वे हिन्दू हुए। सावरकर के

अनुसार बौद्ध धर्म या सिख धर्म हिन्दू धर्म के अन्तर्गत विभिन्न सम्प्रदाय भाव हैं। वैदिक, सनातनी, बौद्ध, जैन और सिख आदि सभी मत मतान्तरों का एकीकरण करने के उपरान्त जो सत्य और निर्णायक तत्व उद्धृत हुए हैं उन्हीं सद तत्वों की सत्यता को हिन्दू धर्म की पावन संज्ञा प्राप्त हुई है। जितने भी धर्म, सिद्धान्त और धार्मिक सम्प्रदाय 'सप्त-सिन्धु' नाम से सुविख्यात इस भूखंड में तथा भावी विराट सिन्धुस्तान अथवा हिन्दू हिन्दुस्तान में उत्पन्न हुए उन सबका अन्तर्भाव हिन्दू धर्म में होता है और वे सभी धर्म व मत-मतान्तर हिन्दू धर्म के ही अविभाज्य अंग-प्रत्यंग हैं।[18] फिर ऐसी स्थिति में क्या जापान और चीन तथा लंका के बौद्ध भी हिन्दू हैं? इस पर सावरकर कहते हैं कि वे हिन्दू नहीं हैं क्योंकि उनकी पुण्य भूमि तो अवश्य भारत है परन्तु पितृ भूमि, राष्ट्रभाषा, वंश इतिहास आदि सर्वथा भिन्न हैं।[19]

वास्तव में सावरकर के हिन्दुत्व का मुख्य आधार ही मुस्लिम विरोध है। मुस्लिमों के विरुद्ध हिन्दुओं की जनसंख्या बढ़ाने के लिए बौद्धों, जैनों और सिखों को हिन्दू धर्म का अंग बताते हैं। यहाँ तक कि वेदों को प्रमाण न मानने पर भी बौद्ध और जैन हिन्दू हैं[20], लेकिन ईसाइयों और मुस्लिमों के हिन्दू होने के लिए अर्थात् हिन्दू समान मानने के लिए कठोर शर्त रखते हैं। वे मुस्लिमों व ईसाइयों को कहते हैं—"तुम्हें तो केवल इतना करना होगा कि तुम अपने हृदय की सम्पूर्ण अनुरक्ति, सकल भक्ति इस वन्दनीय माता के श्री चरणों में समर्पित करो और इसे केवल मातृभूमि या पितृभूमि मानकर ही नही अपितु पुण्य भूमि मानकर भी इसकी वन्दना करो और इस महान् हिन्दू संघ में पुनः प्रविष्ट हो जाओ। हिन्दू जाति नितान्त प्रसन्नतासहित तुम्हारा हार्दिक अभिनन्दन करेगी, अपने अन्तरतम के विशुद्ध नेह का पावन अमृत तुम्हें सहर्ष दान देगी।"[21]

यहाँ प्रश्न उठता है कि आखिर सावरकर ईसाइयों और मुस्लिमों के लिए शर्त रख ही क्यों रहे हैं। कोई भी ईसाई या मुस्लिम अपने धर्म में रहते हुए बिना धर्म परिवर्तन के क्यों हिन्दू कहलवाना पसन्द करेगा? इन प्रश्नों का उत्तर सावरकर की स्वराज्य के बारे में की हुई कल्पना में मिलता है। सावरकर स्वराज्य की कल्पना हिन्दू राष्ट्र के रूप में करते हैं। वे अंग्रेज सरकार से इस देश के लिए स्वराज्य तो चाहते थे, लेकिन स्वतन्त्र भारत की कल्पना हिन्दू राष्ट्र के रूप में करते थे। ऐसे में गैर हिन्दुओं का अस्तित्व स्वतन्त्र भारत में सावरकर के लिए, असहनीय ही नहीं, कल्पना से भी परे था। इसी कारण ईसाई और मुस्लिमों के लिए ऐसी कठोर शर्तों को सावरकर ने रखा कि या तो ईसाई-मुस्लिम इस देश को छोड़ कर चले जायें या फिर दूसरी श्रेणी का नागरिक बनकर रहें।

सावरकर स्वतन्त्र भारत में जो कि उनके अनुसार हिन्दू राष्ट्र होना चाहिए सिर्फ हिन्दुओं को ही प्रथम श्रेणी का नागरिक मानने को तैयार हैं। उन्हें मालूम था कि कोई भी ईसाई या मुस्लिम उनकी हिन्दू होने की किसी शर्त के बारे में सोचना तो

दूर की बात है, कभी हिन्दू होने के बारे में भी नहीं सोच सकता। अतः ऐसी स्थिति में सावरकर ईसाई और मुस्लिम को दूसरी श्रेणी की नागरिकता देना चाहते थे। यह बात बाद में उनके अनुयायियों ने स्पष्ट कर दी।

दरअसल सावरकर का हिन्दुत्व मुस्लिम-विरोध के कारण अनके विरोधाभासों से भरा हुआ है। वे धर्म परिवर्तित मुस्लिमों को और ईसाइयों को हिन्दुओं के समान अधिकार देने को तैयार नहीं हैं, क्योंकि उनकी पुण्य भूमि भारत नहीं है यद्यपि वे यहाँ के निवासी हैं और यह भूमि ही उनकी पितृभूमि है लेकिन दूसरी ओर सिस्टर निवेदिता को हिन्दू मान लेते हैं क्योंकि उसने विवेकानन्द के साथ रहकर भारतीय संस्कृति को अपना लिया है और भारत ही उसकी पुण्य भूमि है।[22] लेकिन सावरकर यह स्पष्ट नहीं कर पाते कि यदि सिस्टर निवेदिता की पुण्य भूमि भारत को मान भी लिया जाये तब भी भारत उनकी पितृभूमि नहीं थी और वह न ही यहाँ की निवासी थीं, वे हिन्दू कैसे?

इसी प्रकार सावरकर भारतीय बौद्धों को हिन्दू मानते हैं पर चीन, जापान आदि देशों के बौद्धों को हिन्दू इसलिए नहीं मानते क्योंकि उनकी पुण्य भूमि तो भारत है लेकिन उनकी पितृभूमि भारत नहीं है वरना पुण्य भूमि के उदाहरण से तो चीन, जापान, कोरिया, श्री लंका इत्यादि सभी देशों के बौद्ध हिन्दू होने चाहिए। दूसरी समस्या नेपाल की है। नेपाल की जनता का बहुसंख्यक भाग हिन्दू धर्म का अनुयायी हैं, लेकिन सावरकर की विचारधारा से नेपाल के हिन्दू हिन्दू नहीं हैं क्योंकि उनकी पितृभूमि भारत नहीं नेपाल है और वे भारत के स्थान पर नेपाल के नागरिक हैं।

एक अन्य विरोधाभास उनके विचारों में संस्कृत भाषा के सम्बन्ध में है। सावरकर संस्कृत भाषा को बहुत महत्त्व देते हैं, क्योंकि उनके अनुसार हिन्दू संस्कृति के भावों की अभिव्यक्ति केवल संस्कृत शब्दों के माध्यम से ही हो पाना सम्भव है[23]। लेकिन वह गलती कर जाते हैं, जब वे संस्कृत भाषा के आधार पर पूरे देश के हिन्दुओं को एक करने की बात करते हैं। वे कहते हैं–"संस्कृत ही हमारे पूर्वजों की भाषा है और इस सत्य को भी सभी लोग एकमत से मानते हैं कि संस्कृत ही सर्वोत्तम भाषा है। यह सभी को परम्परा से प्राप्त हुई अक्षय सम्पत्ति है। यही हमारी पूजा है और इसी से गुजराती, गुरुमुखी, सिन्धी और हिन्दी, तमिल और तेलगू, मराठी और बंगला तथा सिंहली उत्पन्न हुई हैं। इसी माता के उदर से ये सभी भाषा जन्मी हैं और सम्पन्न हुई हैं। हम सबकी आत्माओं को स्फूर्ति और प्रोत्साहन देकर एक ही आदर्श की ओर गतिमान करने वाली यही मर्मस्थ ज्ञानशलाका है।"[24] समझ में नहीं आता कि किस आधार पर सावरकर ने तमिल, तेलगू और सिंहली भाषा का मूल संस्कृत में बता दिया। उनके समय में ही यह एक स्थापित सत्य था कि ये द्रविड़ भाषाएँ हैं और ये संस्कृत से एकदम पृथक् हैं और इसका मूल संस्कृत से भी अधिक प्राचीन है। लेकिन सम्भवतः हिन्दुओं को एक ही संस्कृति का बताने के प्रयास में उन्होंने

जान बूझ कर अपने विचारों में यह विरोधाभास ऐसा ही छोड़ दिया।

सावरकर बौद्ध धर्म को हिन्दू धर्म का अंग मानते हुए उसकी इस बात की प्रशंसा करते हैं कि भारतीय संस्कृति को पूरे विश्व में बौद्ध धर्म ने फैलाया लेकिन बौद्ध धर्म ने जन्म आधारित जिस जातिव्यवस्था के विरोध में आवाज उठायी, मनुष्य का समाज में स्थान कार्य के आधार पर माना, समतामूलक समाज की इन बातों पर सावरकर चुप रहे। ऐसा नहीं है कि अपने विचारों में इन विरोधाभासों को सावरकर जानते नहीं होंगे लेकिन चूँकि वे हिन्दुत्व के लक्षणों को राष्ट्रीयता का आधारभूत तत्व मानते थे[25] और हिन्दू राष्ट्र की स्थापना के लिए मुस्लिम-ईसाइयों के विरोध में सारे हिन्दुओं को एक करना ही उनका लक्ष्य था, इसी कारण सावरकर इन बातों को आसानी से दबा गये।

## हिन्दुत्व और गोलवलकर

हिन्दुत्व और हिन्दू राष्ट्रवाद के विचार का प्रारम्भ तो सावरकर ने किया, लेकिन शीघ्र ही राष्ट्रीय स्वयं सेवक संघ ने इस विचार को अपने संगठन का प्रमुख आधार बना लिया। इसमें प्रमुख भूमिका राष्ट्रीय स्वयं सेवक संघ के दूसरे सरसंघ चालक माधवराव सदाशिव राव गोलवलकर की रही। गोलवलकर भी सावरकर की भाँति यूरोप के कुछ देशों में हावी नस्ल आधारित श्रेष्ठता के सिद्धान्त से बहुत अधिक प्रभावित थे। गोलवलकर ने 1940 में जब राष्ट्रीय स्वयं सेवक संघ की बागडोर संभाली, उस समय जर्मनी में हिटलर के नेतृत्व में नाजीवाद अपने चर्मोत्कर्ष पर था। हिटलर के नस्लवाद से प्रभावित होकर गोलवलकर ने तो हिटलर को अपना आराध्य देवता ही मान लिया। जिस नाजीवाद ने यूरोप में राष्ट्रीय शुद्धिकरण के नाम पर साठ लाख यहूदियों की हत्या करवायी, उसी नाजीवाद सिद्धान्त को गोलवलकर ने भारत के लिए अनुकरणीय बताया। 1940 के आसपास जब हिटलर अपनी शक्ति की पराकाष्ठा पर था, तब गोलवलकर ने लिखा–"जर्मनी उदाहरण पेश करता है राष्ट्रीय गौरव की अभिव्यक्ति के उच्चतम नमूने का।"[26] गोलवलकर के लिए भी आर्य संस्कृति, संस्कृत भाषा आदि हिन्दू राष्ट्र के प्रमुख आधार थे। राष्ट्रीय स्वयं सेवक संघ की शाखाओं में ध्वजागान भी संस्कृत भाषा में चलता था, जिसका अर्थ कुछ संस्कृतज्ञों को छोड़कर किसी के पल्ले नहीं पड़ता था। इन्हीं कारणों से इसके प्रारम्भिक समर्थक और प्रचारक विशेषकर ब्राह्मण थे, प्रायः महाराष्ट्रीय ब्राह्मण।

चूँकि हिन्दुत्व और हिन्दू राष्ट्रवाद का मुख्य आधार ही ईसाई और मुस्लिम विरोध है, गोलवलकर इस विरोध को और कठोर करते हुए कहते हैं कि 'ईसाई और मुस्लिम' आस्था और ऐतिहासिक दृष्टि से विदेशी हैं अतः उनका भारत के हिन्दू राष्ट्र में कोई स्थान नहीं होना चाहिए। यदि ऐसे लोग भारत में रहना चाहते हैं, तो उन्हें कतिपय शर्तों को पूरा करना होगा। इन शर्तों की व्याख्या करते हुए

गोलवलकर कहते हैं—"हिन्दू स्थान में विदेशी जातियों (मुस्लिम और ईसाई) को या तो हिन्दू संस्कृति और भाषा को अपना लेना चाहिए, हिन्दू धर्म को सम्मान और श्रद्धा के भाव से देखना सीखना चाहिए, हिन्दू जाति और हिन्दू राष्ट्र की संस्कृति के महिमामण्डन के अतिरिक्त किसी अन्य विचार को मस्तिष्क में नहीं रखना चाहिए, हिन्दू जाति में समाहित होने के लिए अपने पृथक् अस्तित्व को समाप्त कर देना चाहिए या फिर उन्हें बिना किसी सुविधा के, बिना किसी विशेष अधिकार, बिना किसी विशेष सलूक के यहाँ तक कि बिना किन्हीं नागरिक अधिकारों के इस देश में रहना चाहिए। उनके लिए कम से कम और कोई भी मार्ग अपनाने के लिए नहीं होना चाहिए।"[27]

वास्तव में सावरकर की भाँति गोलवलकर भी स्वराज्य का अर्थ हिन्दूराष्ट्र ही मानते थे और इसी कारण मुस्लिमों और ईसाइयों को दूसरी श्रेणी की नागरिकता देना चाहते थे, जिनके पास कोई मौलिक अधिकार न हो।

प्रायः मुस्लिम लीग और जिन्ना पर यह आरोप लगाया जाता है कि उन्होंने दो राष्ट्रों के सिद्धान्त को जन्म दिया, क्योंकि जिन्ना ने माना हिन्दू और मुसलमान दो अलग-अलग कौमें हैं और इस कारण दो पृथक् राष्ट्र हैं। वास्तव में दो राष्ट्रों के सिद्धान्त को सबसे पहले सावरकर ने ही प्रतिपादित किया। डॉ. अम्बेडकर कहते हैं कि "सावरकर द्वारा हिन्दू राष्ट्र की बात कहने से ही यह सिद्ध हो जाता है कि उनकी दृष्टि में भारत के मुस्लिम पृथक् राष्ट्र थे।"[28] गोलवलकर ने इसी सिद्धान्त को पाला-पोसा। हिन्दुत्ववादियों की इसी विचारधारा के कारण मुस्लिम लीग ने मुस्लिमों को पृथक् राष्ट्र मानना प्रारम्भ कर दिया। पृथक् राष्ट्र की अर्थात् पाकिस्तान की माँग मुस्लिम लीग ने सर्वप्रथम 1940 में की, वरना इससे पहले 1936 में जब लन्दन में पढ़ रहे एक मुस्लिम छात्र रहमत अली ने एक निबन्ध में 'पाकिस्तान' का विचार प्रस्तुत किया, तो मुस्लिम लीग ने इसे असम्भव मानकर एक बच्चे की काल्पनिक उड़ान करार कर दिया था। बाद में हिन्दुत्ववादियों के हिन्दू राष्ट्रवाद की बातों के चलते जिन्ना और उनके अनुयायियों के विचारों में परिवर्तन आया और उन्होंने 1940 में पाकिस्तान अर्थात् पृथक् राष्ट्र की माँग की। अन्ततोगत्वा सावरकर और गोलवलकर के हिन्दू राष्ट्र के सिद्धान्त के आधार पर भारत तो हिन्दू राष्ट्र नहीं बना, लेकिन 1947 में स्वतन्त्रता प्राप्ति के समय भारत का विभाजन अवश्य हो गया। भारत से पृथक् होकर और पाकिस्तान के रूप में एक इस्लामिक राष्ट्र का उदय हुआ। वर्तमान समय में हिन्दुत्ववादी अपनी इस हार को जीत में बदलने का पुनः प्रयास कर रहे हैं। सच्चिदानन्द सिन्हा लिखते हैं—"1945 में जर्मनी की पराजय के बाद राष्ट्रीय स्वयंसेवक संघ का सैद्धान्तिक पक्ष कुछ समय के लिए गौण हो गया। लेकिन 1946 के बाद साम्प्रदायिक तनाव और दंगों से जब देश लहू-लुहान हो रहा था, तो राष्ट्रीय स्वयंसेवक संघ को अपना सांगठनिक ढाँचा फैलाने का सुअवसर

प्राप्त हुआ। विशेषकर दंगाग्रस्त क्षेत्रों और पाकिस्तान से आये शरणार्थियों के बीच, जिनमें अपने साथ हुए हादसों के कारण मुसलमानों के विरुद्ध कटुता का भाव भरा था, राष्ट्रीय स्वयंसेवक संघ को अपना आधार फैलाने का विशेष मौका मिला। दिल्ली तथा उत्तर-प्रदेश के वे शहरी क्षेत्र, जहाँ शरणार्थियों की संख्या अधिक थी, बाद में हिन्दुत्व की राजनीति के केन्द्र बन गये।"[29]

## सांस्कृतिक राष्ट्रवाद

आजकल हिन्दुत्ववादियों द्वारा हिन्दू राष्ट्रवाद के स्थान पर एक नया शब्द प्रयोग में लाया जा रहा है और वह है 'सांस्कृतिक राष्ट्रवाद'। हिन्दू राष्ट्रवाद और सांस्कृतिक राष्ट्रवाद में कोई अन्तर नहीं है। हिन्दुत्ववादी सांस्कृतिक राष्ट्रवाद को एक नये मुखौटे के रूप में प्रयोग कर रहे हैं। वास्तव में सांस्कृतिक राष्ट्रवाद की अवधारणा सावरकर की हिन्दुत्व की परिभाषा में ही निहित है। हिन्दुत्व की परिभाषा में सावरकर ने हिन्दू होने के लिए एक पुण्य भूमि, एक संस्कृति, एक भाषा की जो बात की है वही सांस्कृतिक राष्ट्रवाद है। हिन्दुत्ववादियों के लिए हिन्दू संस्कृति और हिन्दू धर्म में कोई अन्तर नहीं है और हिन्दू संस्कृति भारतीयता का पर्यायवाची है। अतः उनके लिए भारतीय राष्ट्र को एक मजबूत राष्ट्र बनाने के लिए हिन्दू संस्कृति को सांस्कृतिक राष्ट्रवाद के नाम से पूरे देश में प्रसारित करना आवश्यक है। आज के समय में 'हिन्दू राष्ट्रवाद' शब्द उपयुक्त नहीं लगता या लाभप्रद नहीं लगता, इसलिए 'सांस्कृतिक राष्ट्रवाद' शब्द को ले लिया गया। लेकिन नाम बदलने से निहितार्थ नहीं बदलते हैं। दलित-पिछड़ी जातियों में अपने अधिकारों के प्रति जो चेतना आयी है, उससे यह तो स्पष्ट है ही कि उन्हें हजारों वर्षों तक शोषण करने वाली हिन्दू व्यवस्था के नाम पर तो भ्रमित कर अपने पक्ष में रखा नहीं जा सकता। इसीलिए इस 85 प्रतिशत जनसंख्या वाले बहुसंख्यक समाज को सांस्कृतिक राष्ट्रवाद के नाम पर भ्रमित किया जा रहा है और इन सबका एक ही मकसद ईसाई और मुस्लिम विरोध है। वेंकैया नायडू कहते हैं कि 'हिन्दुत्व भारत की आत्मा है'। अब चूँकि शरीर में एक ही आत्मा रह सकती है और ईसाई तथा मुस्लिम हिन्दुत्व की परिधि में नहीं आते हैं, अतः उनकी आत्मा पृथक् होने के कारण इस भारत रूपी शरीर में नहीं रह सकती। अर्थात् दूसरे शब्दों में कहा जा सकता है कि उन्हें भारत में रहने का कोई अधिकार नहीं है। लेकिन वे भूल जाते हैं कि इस आधार पर तो सिखों और बौद्धों को भी भारत में रहने का कोई अधिकार नहीं है, जो स्वयं को हिन्दू धर्म से पृथक् मानते हैं। इसी कारण बार-बार भारतीयता और हिन्दू शब्द को एक दूसरे का पर्यायवाची बताने पर एक मुस्लिम सांसद ने तो लोकसभा में यह कहा कि 'यदि हिन्दू होना ही भारतीय होना है, तो मैं भारतीय नहीं हूँ।

हिन्दुत्ववादी कहते हैं कि 'गर्व से कहो हम हिन्दू हैं' लेकिन 'गर्व से कहो हम

हिन्दू हैं' का नारा देने वाले हिन्दू समाज की आर्थिक और सामाजिक विषमताओं के प्रश्नों पर कन्नी काट लेते हैं। एक ओर मन्दिरों में प्रत्येक दिन करोड़ों रुपये का चढ़ावा चढ़ता है, करोड़ों रुपया धर्म के नाम पर विभिन्न कार्यक्रमों में खर्च कर दिया जाता है, वहीं दूसरी ओर देश में कई राज्यों में आये दिन कई बच्चे भूख के कारण मृत्यु का शिकार हो जाते हैं। चूँकि मरने वाले ये बच्चे गरीब दलित या आदिवासी जाति से होते हैं, हिन्दुत्व का राग अलापने वालों को इस पर ध्यान देना आवश्यक नहीं लगता। एक गाय की हत्या के सन्देह पर पाँच निर्दोष दलितों की हत्या कर दी जाती है और एक हिन्दू धर्माचार्य गिरिराज किशोर एक गाय का जीवन पाँच मनुष्यों से अधिक मूल्यवान बताता है, क्योंकि मरने वाले पाँचों दलित जाति के थे। ऐसे प्रश्नों पर हिन्दुत्व की बात कहीं कोने में चली जाती है। क्या फिर भी हिन्दुत्व पर गर्व किया जा सकता है? हिन्दुत्ववादियों को दलित-आदिवासी, पिछड़े सिर्फ वोट के लिए हिन्दू दिखाई देते हैं या तब जब साम्प्रदायिक झगड़ा होता है।

वास्तव में हिन्दुत्व का दर्शन कोई धार्मिक दर्शन नहीं है। यह आतंक पर आधारित बहुसंख्यकवाद है। इस बहुसंख्यकवाद की कार्य प्रणाली का नमूना 2002 में गुजरात में देश ही नहीं पूरे विश्व ने देखा, जब गोधराकाण्ड के बाद लाखों मुस्लिमों का नर संहार किया गया और हिन्दुत्ववादियों की सरकार होने के कारण पूरा शासनतन्त्र नपुंसक मूकदर्शक की भाँति तमाशा देखता रहा। वास्तव में 'हिन्दुत्व' के विचार का उभार हिन्दुओं को मुस्लिम विरोध के नाम पर एक सूत्र में बाँध कर जहाँ एक ओर राजनैतिक सत्ता प्राप्त करने का प्रयास है, वहीं दूसरी ओर देश की शोषित जातियों को धार्मिक उन्माद में फँसाकर उनमें अपने सामाजिक, आर्थिक और राजनैतिक अधिकारों के प्रति आ रही चेतना को दबा कर या नष्ट कर उन्हें पुरानी स्थिति में बनाये रखने का प्रयास है। दूसरे शब्दों में यह हजारों वर्षो से समाज के एक विशेष वर्ग के हाथ में चली आ रही है सामाजिक, आर्थिक और राजनैतिक सत्ता को अक्षुण्ण बनाये रखने का प्रयास है। यह देश का दुर्भाग्य है कि हिन्दुत्ववादी अपने प्रयासों में काफी हद तक सफल भी हुए हैं जैसा की जयन्त लेले कहते हैं—"हिन्दुत्ववादी शक्तियाँ 1980 के दशक में साम्प्रदायिकता को भारतीय राजनीति का मुख्य आधार बनाने में सफल रही हैं। इसकी प्राप्ति राम मन्दिर आन्दोलन को राष्ट्रीयता का प्रतीक प्रतिपादित करके की गयी। हिन्दुत्व के संदेश ने बहुत थोड़े समय में पूरे देश में हिन्दुओं के मन को प्रभावित किया। यहाँ तक कि इसके कारण बाबरी मस्जिद का ध्वंस भारतीय राज्य व्यवस्था के बिना किसी प्रतिरोध के हो गया।"

चूँकि हिन्दुत्व का संदेश हिन्दुओं के एक बड़े भाग में धार्मिक उन्माद पैदा करने में सफल रहा है, अतः प्रत्येक चुनाव के समय इसे उठाया जाता है। 'एक राष्ट्र, एक भोग, एक संस्कृति' का नारा दिया जाने लगता है। इस सबके बाद भी हिन्दू समाज का अधिसंख्य हिस्सा हिन्दुत्व का समर्थन नहीं करता। प्रश्न यह उठता है

कि क्या हिन्दू समाज का यह हिस्सा धार्मिक नहीं है? उसे अपने धर्म में आस्था नहीं है? उत्तर यह है कि वह धार्मिक है, धर्म में आस्था रखता है, लेकिन धार्मिक और धर्मान्ध होने में फर्क है।

## सन्दर्भ


1. हिन्दुइज्म, हिन्दुत्व, सेकुलरिज्म, पी.डी. मैथ्यू, पृ. 64
2. राष्ट्रीय विघटन का नुस्खा, सच्चिदानन्द सिन्हा (पृ. 29, हिन्दुत्व की राजनीति, सम्पादक-राजकिशोर)
3. हिन्दुत्व, वी.डी. सावरकर, पृ. 11
4. हिन्दुत्व, वी.डी. सावरकर, पृ. 11
5. हिन्दुत्व, वी.डी. सावरकर, पृ. 12
6. हिन्दुत्व, वी.डी. सावरकर, पृ. 78
7. हिन्दुत्व, वी.डी. सावरकर, पृ. 79
8. हिन्दुत्व, वी.डी. सावरकर, पृ. 80
9. हिन्दुत्व, वी.डी. सावरकर, पृ. 81
10. हिन्दुत्व, वी.डी. सावरकर, पृ. 84
11. हिन्दुत्व, वी.डी. सावरकर, पृ. 87
12. हिन्दुत्व, वी.डी. सावरकर, पृ. 88
13. हिन्दुत्व, वी.डी. सावरकर, पृ. 96
14. हिन्दुत्व, वी.डी. सावरकर, पृ. 112
15. हिन्दुत्व, वी.डी. सावरकर, पृ. 109
16. हिन्दुत्व, वी.डी. सावरकर, पृ. 109
17. हिन्दुत्व, वी.डी सावरकर, पृ. 97
18. हिन्दुत्व, वी.डी. सावरकर, पृ. 104
19. हिन्दुत्व के पंचप्राण, वी.डी. सावरकर, पृ. 21
20. हिन्दुत्व, वी.डी. सावरकर, पृ. 92
21. हिन्दुत्व, वी.डी. सावरकर, पृ. 111
22. हिन्दुत्व, वी.डी. सावरकर, पृ. 131
23. हिन्दुत्व, वी.डी. सावरकर, पृ. 126
24. हिन्दुत्व, वी.डी. सावरकर, पृ. 87
25. हिन्दुत्व, वी.डी. सावरकर, पृ. 134
26. वी.आर. आवर नेशनहुड डिफाइन्ड, गोलवलकर, पृ. 35
27. वी.आर. आवर नेशनहुड डिफाइन्ड, गोलवलकर, पृ. 77
28. राइटिंग एण्ड स्पीचेज खंड-8, डॉ. बी.आर. अम्बेडकर, पृ. 132-133
29. राष्ट्रीय विघटन का नुस्खा, सच्चिदानन्द सिन्हा (पृ. 30-31, हिन्दुत्व की राजनीति, सम्पादक-राजकिशोर)

# हिन्दुत्व का सिरदर्द : सिन्धु-सभ्यता और आर्यों के मूल निवास स्थान का प्रश्न

सिन्धु सभ्यता की खोज से पहले भारतीय इतिहास का प्रारम्भ भारत में आर्यों के आगमन से होता था। सिन्धु घाटी की सभ्यता के विनाश के बाद भारत में जिस नवीन संस्कृति का विकास हुआ, उसे आर्य संस्कृति के नाम से जाना जाता है। भारत का इतिहास एक प्रकार से आर्य जाति का इतिहास है, क्योंकि यही आर्य भारत में हिन्दुत्ववादी व्यवस्था के जनक थे। लेकिन ऐसा नहीं है कि आर्यों के आने से पहले भारत में सभ्यता के नाम पर कुछ नहीं था। आर्यों के भारत आने से पहले भारत के मूलनिवासियों ने देश में एक सुसभ्य और सुसंस्कृत नगरीय सभ्यता का विकास किया था, जो अपने समय की सुमेरियन और मेसोपोटामिया की सभ्यताओं से अधिक विकसित थी। इसका केन्द्र पश्चिमी भारत था, लेकिन प्रसार दक्षिण भारत तक था। इस सभ्यता का ज्ञान कभी इसलिए नहीं हुआ, क्योंकि भारतीय ग्रन्थों में इसका कहीं उल्लेख नहीं हुआ है। इसका कारण है कि भारतीय विद्वानों ने कभी इतिहास को विषय बनाकर पुस्तकें लिखी ही नहीं। राजाओं के दरबार में संरक्षण पाने की लालसा में अधिकांश विद्वानों ने राजवंशों के गुणगान और उनकी उपलब्धियों को ही अपने ग्रन्थों का मुख्य विषय बनाया या फिर उनके ग्रन्थ धार्मिक विषयों को लेकर बने। इतिहास को विषय बनाकर ईमानदारी से लेखन कार्य ब्रिटिश शासकों के समय में ही हुआ।

भारत का पिछले चार हजार वर्षों का इतिहास वैसा इतिहास नहीं है, जैसा दूसरे देशों का है। भारतीय विद्वानों द्वारा लिखित साहित्य में इतिहास के नाम पर राजघरानों का परिवर्तन एवं राजाओं के युद्धों के अतिरिक्त कुछ नहीं मिलता है। सामान्य जनता का इतिहास क्या था, उनकी दशा कैसी थी, इस पर सारे प्राचीन ग्रन्थ मौन हैं। इसका कारण था कि भारतीय समाज जाति व्यवस्था पर आधारित रहा है। यह जाति व्यवस्था अपरिवर्तनीय रही, उल्टे जाति बन्धन समय के साथ कड़े होते गये। ऐसी स्थिति में समाज का इतिहास लिखने पर जाति व्यवस्था का विकास अर्थात् जाति बन्धन क्यों कड़े हुए, यह लिखना पड़ता। इसी कारण जाति व्यवस्था

के आधार पर इस देश के मूलनिवासियों का शोषण करने वाले वर्ग से सम्बन्ध रखने वाले इतिहासकारों ने जानबूझकर सामाजिक इतिहास की बातों को अपने ग्रन्थों से दूर रखा। कार्ल मार्क्स ने लिखा है–"भारतीय अतीत का चेहरा जितना भी परिवर्तनशील क्यों न हो, सूदूर अतीत से लेकर 19वीं सदी के प्रथम दशक तक, उसकी सामाजिक अवस्था अपरिवर्तनीय रही है। भारतीय समाज का कोई जाना-पहचाना इतिहास नहीं है। भारत का ज्ञात इतिहास यदि कुछ है, वह एक के बाद एक बाह्य आक्रमणकारियों का इतिहास है, जो इस अप्रतिरोधी और अपरिवर्तनमान समाज की निष्क्रियता के कारण अपना साम्राज्य स्थापित करते रहे।"[1]

एस.के. विश्वास कहते हैं कि "भारतवर्ष की संस्कृति इतिहास लेखन विरुद्ध संस्कृति है। भारतवर्ष की संस्कृति वास्तव में निरक्षरता और इतिहास के प्रति अज्ञानता की संस्कृति है। ब्राह्मण विद्वानों की संस्कृति, शिक्षा संकोचन की संस्कृति है। इस वजह से बीसवीं शताब्दी के पूर्व अर्थात् अंग्रेजों द्वारा शिक्षा प्रसार बाध्यतामूलक किये जाने के पूर्व ब्राह्मणवादी भारत में साक्षर व्यक्यिों की संख्या दो प्रतिशत से अधिक कभी न हो सकी। विद्या, शिक्षा, पुस्तकादि रचना में भारतीय उदासीनता जग जाहिर है। विद्यानुशीलन यदि कुछ भारत में हुआ भी है, तो वह धर्माधारित है।"[2] ऐसी अवस्था में जब यूरोपीय प्रशासक विद्वानों ने इतिहास लिखना शुरू किया तो उन्होंने इतिहास के साक्ष्यों को खोज-खोज कर इकट्ठा किया, वन-जंगल की खाक छानकर, गिरि-कन्दराओं, पहाड़ों-पर्वतों की ऊँची दीवारें लाँघ कर, मिट्टी खोदकर, कीचड़ हटा कर आदि। उन्होंने इस देश की प्राचीन भाषा और लिपि को सीख लिया था। उनकी साहित्यक प्रचेष्टाओं को बार-बार बाधा प्राप्त हुई थी इस देश के तथाकथित विद्वान ब्राह्मणों द्वारा। निर्भीक होकर अन्ततः उन्होंने इतिहास लिखा। नये साक्ष्यों की प्राप्ति के पश्चात् उन्होंने बार-बार इतिहास का पुनर्लेखन किया।[3] सिन्धु घाटी की सभ्यता की खोज का श्रेय जॉन मार्शल को जाता है। जॉन मार्शल पुरातत्व विभाग के निदेशक थे। सिन्धु सभ्यता के प्रकाशन की कहानी अत्यन्त मनोरंजक है। 1856 में भारत सरकार को कराँची और लाहौर के बीच रेलवे लाइन बिछाने के लिए ईंटों की आवश्यकता हुई। उसके इन्जीनियरों ने आस-पास के खंडहरों से ईंटें खोदना प्रारम्भ किया। इन्हीं खँडहरों में मुल्तान जिले में हड़प्पा नामक स्थान का खँडहर भी था। ईंटें हटाने के चक्कर में यह तो समझ में आ गया कि यहाँ पर खुदाई में कुछ मिल सकता है। लेकिन उस समय किसी को पता नहीं था कि उस खँडहर के नीचे सिन्धु सभ्यता की बहुमूल्य सामग्री दबी पड़ी है।

दीर्घ काल की उपेक्षा के बाद जॉन मार्शल के समय में पुरातत्व विभाग नें 1920 में हड़प्पा में खुदाई प्रारम्भ की। उत्खननकर्ता थे माधोस्वरूप वत्स और दयाराम साहनी। हड़प्पा से 400 मील दूर मोहनजोदड़ो नामक स्थान पर जॉन मार्शल ने राखालदास बनर्जी से खुदाई करवायी।

हड़प्पा और मोहनजोदड़ो दोनों स्थानों पर उत्खनन ने विश्व भर के इतिहासकारों को हैरानी में डाल दिया, क्योंकि दोनों स्थानों पर एक उत्कृष्ट नगर सभ्यता के अवशेषों का पता चला। जॉन मार्शल को 'सर' की उपाधि से अलंकृत किया गया। इस सभ्यता को सिन्धु घाटी की सभ्यता कहा गया। लेकिन बाद में पता चला कि यह सभ्यता केवल सिन्धु नदी के आस-पास के क्षेत्रों तक ही सीमित नहीं थी। देश के दूसरे कई एक स्थानों से भी इस नगरीय सभ्यता के अनुरूप सभ्यता के अवशेष मिले, जिनमें मुख्य हैं—राजस्थान में कालीबंगा, गुजरात में लोथल, धौलावीरा, पंजाब में रोपड़, सुतकाजोदड़ो, चन्हुदड़ों। एन. सी. मजूमदार ने दक्षिण में हैदराबाद से लेकर उत्तर में जैकोबाबाद तक बसे हुए ऐसे नगरों की एक शृंखला के ध्वंसावशेषों का पता लगाया।[4]

## आधारभूत विशेषताएँ

सिन्धु सभ्यता के सम्यक् बोध के लिए इस सभ्यता की कुछ आधारभूत विशेषताओं पर दृष्टि डालना आवश्यक है, जो निम्नलिखित हैं—

1. सिन्धु सभ्यता तृतीय कांस्य काल की सभ्यता है। इसमें कांस्य काल की सर्वोत्कृष्ट विशेषतायें परिलक्षित होती हैं।
2. मोहनजोदड़ो, हड़प्पा शहरों में नागरिक विशेष रूप से परिच्छन्न व स्वास्थ्यकर परिवेश पर ध्यान देते थे। घरों में ही वैभवशाली स्नानागार होते थे। उनका स्नान विलासी और तैराकी होना स्वाभाविक था। समुद्र व नदी निकट थीं। लगता है उनके धर्मानुष्ठान में पोखरों एवं जल की विशेष भूमिका थी। मोहनजोदड़ो शहर के मध्य खूब सुन्दर और बृहद् स्नानागार समन्वित स्वीमिंग पूल अथवा तालाब मिला है। स्नान के लिए प्रयुक्त यह तालाब नीचे से ऊपर चारों तरफ पक्की ईंटों से बना था। कृत्रिम रूप से इसमें सारे गन्दे जल की निकासी और परिष्कृत जल से भरने की उत्तम व्यवस्था थी। इसकी गहराई 2-4 मीटर, दैर्घ 11-9 मीटर एवं प्रस्थ 7 मीटर था। इसके दोनों ओर बनी सीढ़ियाँ एकदम गहराई तक उतरती थीं। ईंटों को ऐसे जोड़ा गया था कि पानी आर-पार होना असम्भव था। इस तालाब के चारों ओर स्नानार्थियों के लिए छोटे-छोटे कमरे बने हुए थे। इन कमरों में किसी-किसी में स्नान का भी बन्दोबस्त था।[5]

   सिन्धु-प्रदेश के प्रायः सभी नगर अपनी नालियों की सुव्यवस्था के लिए प्रसिद्ध हैं। प्रायः प्रत्येक सड़क और गली के दोनों ओर पक्की नालियाँ बनायी गयी थीं। चौड़ी नालियों की पटान के लिए कहीं-कहीं बड़ी-बड़ी ईंटों अथवा पत्थरों का प्रयोग किया गया है। नालियों की जुड़ाई और प्लास्टर में मिट्टी,

चूने तथा जिप्सम का प्रयोग मिलता है। किसी-किसी नाली में मेहराब भी दृष्टिगत होता है। मकानों से आने वाली नालियाँ अथवा परनाले सड़क या गली की नालियों में मिल जाते थे। इसी प्रकार नगर की छोटी-छोटी नालियाँ बड़ी तथा प्रमुख नालियों में मिल जाती थी। इस सुयोजना के द्वारा घरों, गलियों और सड़कों का गन्दा पानी नगर के बाहर निकाल दिया जाता था। समय-समय पर इन नालियों के साफ करने की भी व्यवस्था थी। नालियों के किनारे कहीं-कहीं गड्ढे बने हुए मिले हैं। अनुमानतः नालियों को साफ करने के पश्चात् उनसे निकला हुआ कूड़ा-करकट, रेत और कीचड़ इन्हीं गड्ढों में जमा कर दिया जाता था। कहीं-कहीं लम्बी नालियों के बीच में गड्ढे बना दिये जाते थे। इनमें कूड़ा-करकट जमा हो जाता था और नालियों का प्रवाह अबाध बना रहता था। सिन्धु प्रदेश की सड़कों और नालियों की ऐसी सुन्दर व्यवस्था देखकर आश्चर्य होता है। इस प्रकार की सुव्यवस्था 18वीं शताब्दी तक पेरिस और लन्दन के प्रसिद्ध नगरों में भी न थी।[6]

इसी प्रकार हड़प्पा में एक विशाल अन्नागार मिला है। इस अन्नागार की उपस्थिति सिन्धु प्रदेश के निवासियों के आर्थिक विकास और व्यवस्था के प्रति उनकी यत्न परायणता और रख-रखाव की व्यवस्था को प्रकाशित करता है। सिन्धु-प्रदेश के निवासियों का जीवन कृषि की बजाय व्यापार प्रधान था। उत्खनन से प्राप्त प्रमाणों से पता चलता है कि उनका व्यापार देश के विभिन्न भागों से तो था ही, उनके व्यापारिक सम्बन्ध दूसरे अनेक देशों से भी थे। उत्खनन में अनेक ऐसी वस्तुएँ मिली हैं, जो दूसरे देशों से लायी हुई सिद्ध होती हैं। विदेश से व्यापार का प्रमाण इस बात से भी मिलता है कि गुजरात में लोथल नामक स्थान पर बन्दरगाह के अवशेष मिले हैं।

संक्षेप में सिन्धु-सभ्यता नगरीय तथा व्यापार-प्रधान थी। इसके अन्तर्गत सिन्धु-निवासियों ने आश्चर्यजनक उन्नति की थी। उन्हें नगरीय जीवन की अगणित सुविधायें प्राप्त थीं। विशाल नगरों, पक्के भवनों, सुव्यवस्थित सड़कों, नालियों और स्नानागारों के निर्माता, सुदृढ़ शासन-पद्धति और धार्मिक व्यवस्था के व्यवस्थापक तथा आन्तरिक उद्योग-धन्धों और विदेशी व्यापार के संगठनकर्ता सिन्धु-निवासियों की चतुर्दिक अभ्युन्नति के पीछे साधना और अनुभव की एक सुदीर्घ परम्परा थी। सिन्धु-प्रदेश की सुख-शान्ति और विलासिता को देखते हुए सर जॉन मार्शल ने लिखा है कि 'यहाँ साधारण नागरिक सुविधा और विलास का जिस मात्रा में उपयोग करता था, उसकी तुलना समकालीन सभ्य संसार के अन्य भागों से नहीं की जा सकती।' यह सोचकर बहुत आश्चर्य और दुःख होता है कि मानव की इतनी उन्नत और सुचारु व्यवस्था द्वारा परिचालित सभ्यता को कैसी बर्बरता और शिल्पनाशकता का सामना करना पड़ा।

3. सिन्धु सभ्यता शान्तिमूलक थी। उसके संस्थापकों को युद्ध से अनुराग न था। यही कारण है कि सिन्धु प्रदेश के उत्खनन में कवच, शिरस्त्राण और नाल नहीं मिले हैं। जो अन्य अस्त्र-शस्त्र, धनुष-बाण, भाला या कुल्हाड़ी आदि उपलब्ध हुए हैं उनका प्रयोग बहुधा आत्म-रक्षा अथवा आखेट के लिए ही किया जाता था।
4. यह सभ्यता समष्टिवादिनी थी। सिन्धु-प्रदेश के उत्खनन में राजसामग्री के स्थान पर सार्वजनिक सामग्री ही मिली है। विशाल सभा-भवन और स्नानागारों के ध्वंसावशेष सिन्धु-प्रदेश के सामूहिक जीवन के परिचायक हैं।
5. सिन्धु-सभ्यता के अन्तर्गत धर्म द्विदेवतामूलक था। सिन्धु-निवासी की श्रद्धा-भक्ति के प्रमुख केन्द्र दो देवता थे, एक पुरुष के रूप में और दूसरा नारी के रूप में। पुरुष और नारी के चिरन्तन द्वन्द्व का यह मधुर दैवीकरण सिन्धुनिवासी की निश्चित कल्पना का प्रमाण है।
6. उत्खनन में मिली सामग्री से पता चलता है कि सिन्धु-सभ्यता में लेख, गणना और माप की भी प्रतिष्ठा हो चुकी थी।[7] नवल वियोगी के अनुसार सिन्धु सभ्यता के स्थलों से प्राप्त अनेक मुद्राओं पर सिन्धु लिपि में कुछ लिखा हुआ है।[8]
7. सिन्धु सभ्यता के सामान्य जन भी साक्षर थे, ऐसा उत्खनन में प्राप्त सामग्री से पता चलता है। हड़प्पा में ऐसे बर्तन मिले हैं, जिन पर लेख मिले हैं। ये लेख निश्चित रूप से बर्तन बनाने वाले कुम्भकारों ने लिखे होंगे। एस.के. विश्वास भी कहते हैं कि ऐसा प्रतीत होता है कि सिन्धु-सभ्यता का जनसाधारण साक्षर था। भारतवर्ष की प्राचीन सभ्यता को ध्वंस करने के प्रचण्ड तांडव के हजारों वर्षों बाद, अन्धकार की कब्र से निकल कर जनसमक्ष आयी हजारों सील-मोहरें, धौलावीरा नगर लेख का नामांकन इत्यादि साफ जाहिर करते हैं कि उस समय का भारतीय जनसाधारण अगर पढ़ना नहीं जानता तो सार्वजनिक स्थलों पर 'साइनबोर्ड' लगाने का कोई अर्थ ही नहीं था। जिस देश के वणिक साक्षर होते हैं उस देश का मध्यम और सम्भ्रान्त वर्ग शिक्षित होगा, यह स्वाभाविक है।[9]

## सिन्धु-सभ्यता का विनाश

भारत में आर्य जाति का इतिहास इस देश के मूलनिवासियों की सभ्यता अर्थात् सिन्धु सभ्यता के विनाश के साथ प्रारम्भ होता है। जिन विदेशी आक्रान्ताओं ने सैन्धव नगरों को ध्वस्त किया, वे आर्य ही थे। विविध माध्यमों से संगृहित तथ्य, प्रमाणादि इस तथ्य को अत्यन्त बलिष्ठता एवं अकाट्य रूप से प्रमाणित करते हैं कि आर्यों ने ई.पू. 1600-1500 के मध्य, किसी समय भारतवर्ष पर आक्रमण किया था। आर्य

'खानाबदोश' घुमक्कड़ पशुपालक थे, लेकिन निर्मम लड़ाकू थे। रोमिला थापर कहती हैं कि आर्यों और इस देश के मूलनिवासियों के बीच हुए संघर्ष में निर्णायक जीत आर्यों की हुई।[10] "आर्यों ने इस देश के मूलनिवासियों को केवल हराया ही नहीं, उनकी सभ्यता और संस्कृति को भी नष्ट कर दिया।" एस.के. विश्वास के शब्दों में कहना ठीक होगा कि "बर्बर जाति ने, कालक्रम में आक्रमण कर भारतीय सभ्यता को पूर्णतया ध्वस्त कर दिया। भारतवर्ष की इस नगरीय सभ्यता के ध्वंस के साथ-साथ, उन्होंने मूल भारतीय संस्कृति की धारा को भी समाप्त कर दिया था।"[11]

आर्यों का इतिहास हमें मुख्यतः वेदों से ज्ञात होता है, जिसमें ऋग्वेद सर्वप्राचीन होने के कारण सर्वाधिक महत्त्वपूर्ण हैं। सिन्धु सभ्यता के ध्वंस के समसामयिक काल के घटना समूहों का वर्णन, प्रत्यक्ष या प्राचीन रूप में, ऋग्वेद में कई स्थानों पर मिलता है–

1. 'हे नगर विनाशक वज्रहस्त इन्द्र हमें धन दान करो।'1/109/8 ऋग्वेद
2. 'तुम युद्ध से युद्धान्तर गमन करो, शक्ति द्वारा नगर के बाद नगर ध्वंस करो। तुमने अनुचर रहित होकर भी दृंग नामक असुर शत्रु के शत नगरों को ध्वंस किया।' 1/53/7-8 ऋग्वेद
3. 'तुमने अश्व और वज्र से अनेक नगरों का ध्वंस किया।' 1/63/2 ऋग्वेद
4. 'हे इन्द्र तुमने जब शुषेण के नगर समूहों को नष्ट किया था तो तुमने उनका धन भी लूट लिया था।' 4/30/13 ऋग्वेद

इन्द्र ने गर्व के साथ घोषणा की थी–"मैंने एक शत् प्राचीन पुरी ध्वंस की है।" 2/14/6 ऋग्वेद

"मैंने आर्यों को पृथ्वी दान की है। मैंने सोमपान मत्त होकर असुर शम्बर के नवनवति संख्यक (999) पुरी एक समय ध्वंस की है।" 5/29/6 ऋग्वेद

देवराज इन्द्र ने असुर, राक्षसों के जो सब पुर इत्यादि ध्वंस किये, थे, वह सब सिन्धु अंचल का ही ध्वंस काण्ड है, उसका असंख्य वर्णन श्लोकों में लिपिबद्ध हुआ है। जैसे–

क) "जयमान के पुत्र अमावर्ती के प्रति अनुकूल होकर इन्द्र ने वरशिस के अनेक पुत्रों की हत्या की थी। हरियूपा के पूर्वभाग में अवस्थित वृचिवानों के वंशधरों का उन्होंने वध किया था"। 2/27/5 ऋग्वेद

ख) "पणियों द्वारा सकल गायें जिस तरह सुरक्षित थीं, वृत्र या अहि द्वारा उसी भाँति जल का वहन द्वार रुद्ध था। वृत्र का हनन कर इन्द्र ने वह द्वार खोल दिया है। इन्द्र तुमने गायें जय की हैं, सोमरस जय किये हैं और सप्त सिन्ध का प्रवाह छोड़ दिया है।" 1/32/11-12 ऋग्वेद

ग) "सोमपान प्रमत्त इन्द्र ने वज्र द्वारा नदी का निर्गमन द्वार सकल (वृत्र सकल) खोल दिये, उन्होंने अनायास ही दीर्घकाल गन्तव्य पथ से सकल नदियों का प्रेरण किया। उन्होंने स्वमहिमा से सिन्धे को उत्तरवाहिनी किया है।"2/15/3-6 ऋग्वेद

सिन्धु नदी कश्मीर के कुछेक मील उत्तरवाहिनी उसके बाद फिर दक्षिणवाहिनी होकर अरब सागर में गिरी है। उपरोद्धृत मात्र चन्द श्लोकों से ही समझा जा सकता है कि आर्य नायक इन्द्र की गतिविधियाँ उत्तर पश्चिम भारत के सिन्धु क्षेत्र में ही घटित हुई थीं। सिर्फ ऐसे छोटे-मोटे एकल आक्रमण और ध्वंस का विच्छिन्न उल्लेख ही नहीं, भलीभाँति दो पक्षों के युद्ध के वर्णन भी हैं। एक तरफ देवता अथवा आर्य दूसरी तरफ मूल भारतीय असुर-राक्षस।[12]

ऋग्वेद में इन्द्र को दास-दस्युओं का विनाश करने वाला कहा गया हे। इस ग्रन्थ में दास-दस्युओं के पुरों-किलों का भी वर्णन आया है, जिनको विनष्ट करने के कारण इन्द्र को 'पुरन्दर' कहा गया है। ये पुर चौड़े (उर्षी), पाषाण निर्मित (अश्ममयी), धातुनिर्मित (आयसी), कच्ची ईंटों के बने हुए (आया) और सौ दीवारों वाले (शतभुजी) आदि कहे गये हैं। ये पुर सैंधव नगरों से भिन्न नहीं थे। दास-दस्युओं की जो विशेषतायें ऋग्वेद में वर्णित हैं, वे सब सैन्धव निवासियों में देखी जा सकती हैं। सम्भवतः हड़प्पा में दास-दस्यु अधिक संख्या में थे। ऋग्वेद में दास-दस्युओं को 'अकर्मन्' (वैदिक क्रियाओं को न करने वाले), 'अदेवयु' (वैदिक देवताओं को न मानने वाले), 'अय वन्' (यज्ञ न करने वाले), 'अन्यव्रत' (वौदिकेतर व्रतों का अनुसरण करने वाले), 'मृद्धवाक् (अपरिचित भाषा बोलने वाले), 'अबहान्' (श्रद्धा और धार्मिक विश्वास से रहित) एवं 'अव्रत' (व्रतों से रहित) कहा गया है। दास-दस्युओं को लिंगपूजक (शिश्न देवाः) कहा गया है। यह महत्त्वपूर्ण बात है कि सैंधव निवासियों के धार्मिक आचार में लिंग-पूजा को विशेष स्थान प्राप्त था और उनकी भाषा, जो अभी तक पढ़ी नहीं जा सकी है, वैदिक संस्कृत से भिन्न थी। अतः इस विवरण को देखते हुए यही निष्कर्ष निकाला जा सकता है कि सैन्धव नगरों का विनाश अन्ततोगत्वा आर्यों के आक्रमण से ही सम्भव हुआ था।[13]

विभिन्न साक्ष्यों से यह सिद्ध हो चुका है कि सिन्धु सभ्यता केवल पश्चिमी भारत तक ही सीमित नहीं थी। यह इस देश के मूलनिवासियों की प्रमुख सभ्यता थी। इसका प्रभाव पूरे देश में था। श्री आर.पी. चन्द्रा के कथनानुसार ऋग्वेद में उल्लिखित 'पणि' और डॉक्टर बनर्जी के कथनानुसार ऋग्वेद में उल्लिखित असुर सिन्धु-सभ्यता के संस्थापक थे। डॉ. राखालदास बनर्जी का विचार है कि सिन्धु सभ्यता द्रविड़-सभ्यता थी। इसका कारण है कि बलूचिस्तान में बसने वाली ब्राहुई जाति की भाषा द्रविड़ है, वहीं दूसरी ओर दक्षिण भारत के द्रविड़ प्रदेश में प्राप्त पात्र, भाण्ड एवं आभूषण सिन्धु-निवासियों की कृतियों के समान हैं। उन पर अंकित चिन्ह

सिन्धु-लिपि के समान लगते हैं। दुर्भाग्यवश अभी तक सिन्धु-लिपि पढ़ी नहीं जा सकी है। व्हीलर महोदय भी ऋग्वेद में वर्णित 'दस्यु' अथवा 'दास' को सिन्धु-सिन्धु का विधायक मानते हैं। आर्यों ने इन्हीं दस्युओं अथवा दासों को पराजित कर भारत में अपनी सभ्यता का प्रसार किया था।[14]

## सिन्धु-सभ्यता के सम्बन्ध में उत्पन्न की गयीं भ्रान्तियाँ

हिन्दुत्ववादी संस्कृति की संस्थापना भारत में विदेशी आर्यों ने सिन्धु सभ्यता को नष्ट करने के बाद की थी, इस कारण सिन्धु सभ्यता का प्रश्न हिन्दुत्ववादियों के लिए हमेशा एक समस्या बना रहा है। अपने दामन पर लगे इस काले धब्बे को मिटाने के प्रयत्न में वे सिन्धु सभ्यता को लेकर भ्रान्तियाँ तब से फैला रहे हैं, जब से सिन्धु सभ्यता की विस्तृत जानकारी प्रकाश में आयी।

इस सम्बन्ध में पहली भ्रान्ति हिन्दुत्ववादियों द्वारा यह फैलाई गयी कि सिन्धु-सभ्यता और ऋग्वैदिक सभ्यता दोनों एक ही सभ्यता के दो रूप हैं और दोनों के जन्मदाता आर्य थे। परन्तु इस मत को ग्रहण करने में अनेक आपत्तियाँ हैं—

1. ऋग्वैदिक आर्य सभ्यता ग्राम्य एवं कृषि-प्रधान थी। परन्तु इसके विरुद्ध सिन्धु सभ्यता नागरीय एवं व्यापार प्रधान थी।
2. आर्य मूर्ति-पूजक न थे, परन्तु सिन्धु प्रदेश के निवासी निश्चित रूप से मूर्ति-पूजक थे। उनके देवी-देवताओं की अनेक मूर्तियाँ खुदाई में उपलब्ध हुई हैं।
3. लिंग-पूजा को आर्य अनार्य पूजा समझते थे और उसकी निन्दा करते थे। परन्तु सिन्धु निवासियों में इस पूजा का विशेष प्रसार था।
4. ऋग्वैदिक काल में न शिव पूजा का प्रचलन था और न ही मातृदेवी की पूजा का। परन्तु इन दोनों की ही पूजा सिन्धु प्रदेश में अति लोकप्रिय थी।
5. वैदिक जीवन में अग्नि का विशेष महत्त्व था। धार्मिक क्रियाओं के लिए प्रत्येक आर्य के घर में अग्नि-कुण्ड का होना आवश्यक समझा जाता था। परन्तु सिन्धु निवासियों के जीवन में अग्नि का कोई विशेष महत्त्व दृष्टिगत नहीं होता।
6. युद्ध के अवसर पर आर्य जल, कवच और शिरस्त्राण धारण करते थे, परन्तु सिन्धुनिवासी इसके प्रयोग से अपरिचित थे।
7. आर्य जीवन में घोड़े का विशेष महत्त्व था। इसी की सहायता से वे अपने शत्रुओं पर आक्रमण करते, उनसे युद्ध करते और उनकी सम्पत्ति का अपहरण करते थे। परन्तु सिन्धु निवासी इस पशु से अपरिचित थे।
8. आर्य सोने, चाँदी, ताँबे, काँसे, और लोहे के प्रयोग से परिचित थे, परन्तु

सिन्धु-प्रदेश में अधिकांशतः पाषाण का प्रयोग होता था। धातुओं में वे लोहे से प्रायः अपरिचित थे। हाँ, सोने और चाँदी का थोड़ा-बहुत प्रयोग अवश्य होता था। सिन्धु निवासियों ने सबसे अधिक प्रयोग ताँबे का किया है।

9. ऋग्वेद में व्याघ्र का उल्लेख नहीं मिलता और हाथी का बहुत कम। इससे प्रकट होता है कि ऋग्वैदिक आर्य इन पशुओं से भलीभाँति परिचित न थे। परन्तु अनेकानेक उपलब्ध मूर्तियों से स्पष्ट हो जाता है कि सिन्धु निवासी इन दोनों पशुओं से भलीभाँति परिचित थे।
10. आर्यों की दृष्टि में गाय अति महत्त्व की थी, लेकिन सिन्धुनिवासियों की दृष्टि में सबसे अधिक महत्त्व बैल का था।
11. मांसाहारी होते हुए भी आर्यों को मछली का मांस अधिक प्रिय न था, लेकिन सिन्धु निवासियों का वह एक प्रिय भोजन था।

सिन्धु सभ्यता भी आर्यों की सभ्यता थी इस बात को स्थापित करने के लिए एक दूसरी भ्रान्ति जो हिन्दुत्ववादियों ने फैलाई, वह है यह कहना कि सिन्धु सभ्यता वैदिक सभ्यता के बाद की सभ्यता है। इसमें डॉ. लक्ष्मणस्वरूप ने प्रमुख कार्य किया।[15]

लेकिन यह मत सभी इतिहासकारों द्वारा बड़ी आसानी से निम्नलिखित आपत्तियों के आधार पर गलत सिद्ध हो जाता है—

1. अपनी सभ्यता के क्रमिक विकास में मनुष्य ने पाषाण-प्रयोग के बाद धातु का प्रयोग सीखा। अतः वैदिक आर्यों के प्रचुर धातु प्रयोग के बाद सिन्धु निवासियों ने पाषाण का प्रयोग क्यों आरम्भ कर दिया, इस प्रश्न का उत्तर हिन्दुत्ववादी इतिहासकार नहीं दे सके। धातु प्रयोग के बाद पाषाण का प्रयोग नितान्त अस्वाभाविक है। अतः स्पष्ट है कि धातु-प्रधान वैदिक सभ्यता का उदय पाषाण-प्रधान सिन्धु-सभ्यता के पश्चात् ही हुआ होगा। सिन्धु-सभ्यता का आविर्भाव उत्तर-पाषाण काल के ठीक पश्चात् हुआ होगा। इसी से वह पूर्व-परम्परा (पाषाण-प्रयोग) का पूर्ण रूप से परित्याग न कर सकी थी। वैदिक सभ्यता का उदय और बाद में हुआ, जब धातु का प्रयोग होने लगा।
2. वैदिक आर्य कवच, शिरस्त्राण और अश्व का प्रयोग करते थे। अतः यह कैसे सम्भव है कि वे सिन्धु सभ्यता में इन सबका प्रयोग भूल गये और बाद में उन्होंने इनका प्रयोग फिर शुरू कर दिया। इनके प्रयोग की अविच्छिन्न सक्रमता को स्वीकार करते हुए यह मानना पड़ेगा कि कवच, शिरस्त्राण एवं अश्व की उपयोगिता से अनभिज्ञ सिन्धु-सभ्यता वैदिक सभ्यता से प्राचीन है। सिन्धु-सभ्यता के उपरान्त आर्यों ने इनकी प्रतिष्ठा स्थापित की, जो दीर्घकाल तक आर्य-इतिहास में सक्रम रही।
3. यही बात गाय के सम्बन्ध में कही जा सकती है। वैदिक काल में गाय का

महत्त्व था, जबकि सिन्धु सभ्यता में बैल को प्रधानता दी गयी है। अतः यदि सिन्धु सभ्यता वैदिक काल के बाद की होती, तो सिन्धु सभ्यता में भी गाय का महत्त्व बना रहता। यह कहना अस्वाभाविक होगा कि आर्यों ने सिन्धु सभ्यता के समय गाय को महत्त्व देना समाप्त कर दिया, उसकी जगह बैल ने ले ली और बाद में आर्यों ने पुनः गाय को प्रधानता देना प्रारम्भ कर दिया।

4. सभ्यता के विकास का क्रम सदैव ग्राम्य से नगरीय और कृषि-प्रधान से व्यापार-प्रधान की ओर होता है। यदि सिन्धु सभ्यता आर्यों की सभ्यता होती, तो वे क्यों नगरीय एवं व्यापार प्रधान सभ्यता को छोड़ कर ग्राम्य और कृषि प्रधान सभ्यता अपनाते। चूँकि यह अस्वाभाविक है, अतः इससे भी सिद्ध होता है कि आर्यों का सिन्धु-सभ्यता से कोई सम्बन्ध नहीं था। उनका यदि कोई सम्बन्ध सिन्धु-सभ्यता से था, तो यह कि उन्होंने इसका विनाश किया था।

## मूल निवास स्थान का प्रश्न हिन्दुत्व का बड़ा सिरदर्द

आर्य मूलतः किस देश के थे, यह प्रश्न हिन्दुत्ववादियों के लिए एक बड़ा सिरदर्द सिद्ध हुआ है। लेकिन जितना ही वे इस सिरदर्द की दवा ढूँढ़ते हैं, उतना ही वह बढ़ जाता है। शब्द 'आर्य' को महत्त्व सर्वप्रथम तब मिला, जब प्रख्यात इजिप्टोलोजिस्ट एवं फिजिशियन डॉ. थॉमस यंग ने 1813 में एक लेख में इण्डो-यूरोपियन शब्द का प्रयोग किया। दस वर्ष बाद 1823 में जर्मन फिलोलोजिस्ट क्लोप्रोथ ने भाषाओं के एक समूह का सम्बन्ध एक विशेष नस्ल से बताने के लिए 'इण्डो-जर्मन' शब्द का प्रयोग किया। अब इतिहासकारों और भाषा विद्वानों ने इस विचारधारा पर विशेष ध्यान देना शुरू किया कि यूरोपियन और भारतीय दोनों के पूर्वज आर्य थे। वेब्सटर डिक्शनरी के प्रमुख सम्पादक फ्रेडरिक मिश के अनुसार 19वीं सदी के उत्तरार्द्ध और 20वीं सदी के प्रारम्भ के समय में यूरोपीय संस्कृति में 'आर्यन नस्ल' ने एक विचारधारा के रूप में जड़ें जमा ली थीं। इस विचारधारा के अनुसार भारतीय-यूरोपीय भाषाओं को बोलने वाले व उनके वंशजों का सम्बन्ध पूर्व में कभी न कभी एक ही नस्ल से रहा है।[16]

इस समय (19वीं-20वीं सदी) 'आर्य' शब्द यूरोप में इतना सामान्य हो चुका था कि सांस्कृतिक गतिविधियों में भी इस शब्द का प्रयोग होने लगा था। उदाहरण के लिए एच.जी. वेल्स ने अपनी चर्चित पुस्तक 'आउट लाइन ऑफ हिस्टरी' में इसका प्रयोग किया। एच.जी. वेल्स ने लिखा है कि आर्यों ने एक समय पूरे विश्व को अपने अधीन कर लिया था।[17] 1944 में छपे रैन्ड मैकनली के वर्ल्ड एटलस में आर्यों को संसार के दस प्रमुख नस्लीय समूहों में से एक बताया गया।[18] 20वीं शती में ही मशहूर उपन्यासकार पॉल एन्डरसन ने अपनी रचनाओं में अनेकों बार आर्यों

का जिक्र भारोपीय लोगों के लिए किया कि कैसे उन्होंने लम्बी-लम्बी यात्रायें कीं, व्यापार किया, नये उपनिवेश बनाये।[19]

इससे पहले 1786 में एशियाटिक सोसाइटी के अध्यक्ष सर विलियम जोंस ने यह विचार दिया था कि ग्रीक, गोथिक, लैटिन, केल्टिक पुरानी पर्शियन और संस्कृत एक ही परिवार की भाषाएँ हैं और इन भाषाओं को बोलने वाले लोग एक ही मूल के थे। प्रो0 मैक्समूलर पहले लेखक माने जाते हैं, जिन्होंने अंग्रेजी भाषा में आर्य नस्ल के बारे में लिखा। 1861 में उन्होंने भाषा-विज्ञान के एक व्याख्यान में आर्यों को एक नस्ल का माना। प्रो0 मैक्समूलर के अनुसार आर्य वो लोग थे जो इण्डो-यूरोपियन भाषाएँ बोलते थे, चाहे वे किसी भी रंग या रक्त के हों। उन्होंने 1859 में मध्य एशिया को आर्यों का आदि देश बताया। उनका विचार था कि यहीं से आर्यों का विभाजन और विस्तार प्रारम्भ हुआ। इनकी एक शाखा ईरान और बाद में भारत गयी। ये आर्य दीर्घकाल तक साथ-साथ रहे थे। इसी से ईरानी और भारतीय आर्यों में बहुत कुछ समता दिखाई देती है। आर्यों की दूसरी शाखा पश्चिम और दक्षिण-पश्चिम की ओर गयी और यूरोप के विभिन्न देशों में बसी।[20] इस मत का समर्थन ओल्डन वर्ग और कीथ आदि विद्वानों ने भी किया हे। पुरानी ईरानी भाषा के लेखों से पता चलता है कि शब्द 'आर्यन' 'ईरानियन' में कोई अन्तर नहीं है।[21]

आर्कियोलोजिस्ट गुस्ताफ कोसिना ने 20वीं सदी में यह विचार दिया कि भारतीय-यूरोपीय आर्यों का मूल निवास स्थान जर्मनी था।[22] पेनका, हर्ट आदि ने भी शारीरिक विशेषताओं के आधार पर जर्मनी को आर्यों का मूल देश बताया। गाइल्स के अनुसार यूरोपीय भाषाओं के तुलनात्मक अध्ययन करने से पता चलता है कि आर्य मूलतः एक ऐसे स्थान में रहते थे जहाँ पर्वत, नदियाँ झील आदि थे तथा गेहूँ, जौ, की प्रमुख रूप से खेती की जाती थी और गाय, बैल, भेंड़, घोड़ा, कुत्ता आदि पशु पाले जाते थे। इस आधार पर हंगरी या डेन्यूब नदी की घाटी ही आर्यों का मूल स्थान रहा होगा। इसी प्रकार गार्डन चाइल्ड ने दक्षिणी रूस को आर्यों का आदि देश बताया, क्योंकि वहाँ भी उत्खनन में इसी प्रकार की संस्कृति के अवशेष मिले हैं।[23]

बाल गंगाधर तिलक ने उत्तरी ध्रुव को आर्यों का आदि देश बताया। उनके अनुसार महाभारत में सुमेरू पर्वत का वर्णन मिलता है, यहाँ छः महीने का दिन और छः महीने की रात होती थी। तिलक के अनुसार यह सिर्फ ध्रुव में देखने को मिलता है। लेकिन तिलक इस सम्बन्ध मे कोई अन्य प्रमाण नहीं दे सके। आर्य समाज के संस्थापक दयानन्द सरस्वती ने आर्यों का आदि देश तिब्बत को माना।

डॉ. अम्बेडकर ने भी आर्यों को विदेशी माना है। कुछ लोग यह सिद्ध करने का प्रयास करते हैं कि डॉ. अम्बेडकर आर्यों को विदेशी नहीं मानते थे। लेकिन ऐसा नहीं है। डॉ. अम्बेडकर ने यद्यपि आर्यों के मूल निवास स्थान के बारे में कुछ नहीं

लिखा है, लेकिन उन्होंने कई स्थानों पर स्पष्ट स्वीकार किया है कि आर्य विदेशी थे। 'शूद्र कौन थे' ग्रन्थ में बाबा साहब अम्बेडकर ने डॉ. गुहा के मत का विवरण देते हुए यह स्वीकार किया है कि भरत में आर्यों की दो नस्लें आयीं थीं–एक अल्पाइन तथा दूसरी मेडीटरेनियन। बाबा साहब का मानना था कि दोनों नस्लें भारत में आयीं, जिसमें पहले मेडीटरेनियन आयी जो कि यूरोप में भूमध्यसागर क्षेत्र के समीप निवास करती थी।[24] 'हिन्दुत्व' शब्द का सर्वप्रथम प्रयोग करने वाले विनायक दामोदर सावरकर ने भी आर्यों को विदेशी मूल का माना है।[25]

संक्षेप में कहने का अर्थ यह है कि 'हिन्दुत्व' के कट्टर समर्थक बाल गंगाधर तिलक और सावरकर सहित अधिकांश विद्वानों ने आर्यों का मूल निवास स्थान भारत के बाहर किसी अन्य स्थान को माना है, लेकिन फिर भी कुछ भारतीय विद्वानों ने यह सिद्ध करने का प्रयास किया है कि आर्य मूलतः भारत के ही निवासी थे और यहीं से वे विश्व के विभिन्न भागों में गये। गंगानाथ झा के अनुसार ब्रह्मर्षि देश, भारत ही आर्यों का मूल देश था। डी.एस. त्रिवेदी मुल्तान स्थिति देविका, एम.डी. काला कश्मीर तथा हिमाचल क्षेत्र में आर्यों का मूल निवास-स्थान बताते हैं।[26]

लेकिन भारतवर्ष को आर्यों का आदि देश मानने में अनेक कठिनाइयाँ उपस्थित होती हैं–

1. यदि भारतवर्ष आर्यों का आदि देश होता, तो वे सर्वप्रथम अपने देश का पूर्ण आर्यीकरण करते, फिर उसके बाद ही दूसरे देश को जाते। परन्तु ऋग्वेद से स्पष्ट हो जाता है कि तत्कालीन आर्य मध्यप्रदेश, पूर्वी भारत तथा दक्षिण भारत से प्रायः अपरिचित थे, जबकि ईरान और आधुनिक अफगानिस्तान के बारे में उनका भौगोलिक ज्ञान कहीं अधिक अच्छा था। इससे यही सिद्ध होता है कि वे किसी पश्चिमी देश से आये थे और ऋग्वेद काल तक वे पंजाबेत्तर भारत में प्रविष्ट नहीं हुए थे।
2. आज भी सम्पूर्ण दक्षिण भारत और आंशिक रूप से उत्तर भारत की भाषाएँ अनार्य-परिवार की हैं। इससे भी पता चलता है कि ये प्रदेश मूलतः अनार्यों के निवास स्थान थे।
3. बलूचिस्तान में द्रविड़ परिवार की ब्राहुई भाषा किसी समय प्रचलित थी, इस बात के प्रमाण मिले हैं, इससे प्रतीत होता है कि भारत का उत्तर-पश्चिमी प्रदेश भी आदितम काल में द्रविड़ सभ्यता का केन्द्र रहा होगा।
4. भारतवर्ष की सिन्धु-सभ्यता निश्चित रूप से अनार्य थी और वैदिक सभ्यता से अधिक प्राचीन भी। अतः भारत वर्ष उन अनार्यों का ही आदि देश कहा जा सकता है, आर्यों का कदापि नहीं।
5. सम्पूर्ण भारतीय इतिहास यही सिद्ध करता है कि यहाँ बाहर से कई जातियाँ

आयीं, लेकिन यहाँ से कभी भी कोई जाति बाहर नहीं गयी।

6. डॉ. गाइल्स का कथन है कि इण्डो-यूरोपीय परिवार की प्राचीनतम भाषाओं के तुलनात्मक अध्ययन से हमें जिन वनस्पतियों और पशुओं का ज्ञान प्राप्त होता है, वे सब भारत वर्ष में नहीं पाए जाते। अतः यह देश आर्यों का आदि देश नहीं हो सकता।
7. पुनः इतिहास में ऐसे उदाहरणों का अभाव है, जब कोई जाति अपने सुविशाल एवं अत्यन्त उर्वर देश को छोड़कर विदेशों में भटकती फिरी हो। यदि आर्य भारत वर्ष के ही आदि निवासी होते, तो वे कभी भी देश को छोड़ कर अन्यत्र जाने की आवश्यकता न समझते।[27]

वास्तव में भारत को आर्यों का मूल देश सिद्ध करने के पीछे एक गहरी सोच है। प्रारम्भ में तो उन्नीसवीं शताब्दी में जब भारतीयों को पता चला कि यूरोप में आर्यों के मूल निवास स्थान के प्रश्न को लेकर अनुसन्धान चल रहा है और अनेक इतिहासकारों और भाषा शास्त्रियों का मत है कि यूरोपियन और भारतीय आर्यों के पूर्वज एक ही थे तथा संस्कृत और यूरोपीय भाषाओं का मूल उद्गम एक ही है, तो भारत के अनेक सवर्ण विद्वानों की प्रसन्नता का कोई ठिकाना ही न रहा। कुछ लोग तो अपना प्रतिनिधि मण्डल बनाकर अंग्रेज शासकों के पास भी पहुँच गये, यह तर्क करने के लिए कि हमारे और आपके पूर्वज एक ही हैं, हमारा और हमारी भाषा संस्कृत का उद्गम यूरोप में ही हुआ है, अतः आप लोगों को हमारे साथ गुलामों जैसा व्यवहार नहीं करना चाहिए, अर्थात् दूसरे भारतीयों की तुलना में हमारे साथ अच्छा व्यवहार करना चाहिए। लेकिन 20वीं सदी में जब हिन्दुत्ववादी विचारधारा उभरनी प्रारम्भ हुई और इस विचारधारा का आधार चूँकि मुस्लिम विरोध था, अतः ऐसी सोच वालों को लगा कि आर्यों का आदि देश भारत के बाहर बताने पर तो वे स्वयं भी विदेशी हो जाते है। ऐसे में मुस्लिम और क्रिश्चियन को विदेशी कहना कठिन हो जाता है। अतः आर्यों का आदि देश भारत को ही सिद्ध करना ठीक होगा।

ज्योतिबा फुले के अनुसार आर्य-आक्रमण शब्द से ही भारत में आर्यों का आगमन, उनके प्रभुत्व और यहाँ के मूलनिवासियों के शोषण की व्याख्या हो जाती है। इसी कारण हिन्दुत्ववादी मानसिकता वाले कुछ इतिहासकारों ने आर्यों का मूल निवास स्थान भारत को ही सिद्ध करने के लिए अपने मत भी इस सम्बन्ध में दे दिये। जबकि यह एक सत्य है कि अधिकांश इतिहासकारों, मानवशास्त्रियों, पुरातत्ववादियों, भाषाशास्त्रियों के अनुसार आर्य भारत में बाहर से आये, क्योंकि इस सम्बन्ध में बड़ी संख्या में प्रमाण उपलब्ध हैं और दूसरी ओर आर्यों का मूल निवास स्थान भारत को बताने के लिए प्रमाण न के बराबर हैं।

## हिन्दुत्ववादियों का नया प्रयास

आर्यों के मूल निवास स्थान का प्रश्न प्रारम्भ से ही हिन्दुत्ववादियों के लिए महत्त्व का प्रश्न रहा है। उनका दर्शन ही मुसलमानों के विरोध पर आधारित है। 60 और 70 के दशक में अवश्य इस प्रश्न पर अधिक ध्यान नहीं दिया गया, क्योंकि यह काल हिन्दुत्व के आन्दोलन में शिथिलता का दौर था, लेकिन अस्सी के दशक में उग्र हिन्दुत्व का जो दौर पुनः प्रारम्भ हुआ उसमें हिन्दुत्ववादियों को फिर यह लगने लगा कि मुस्लिम विरोध के लिए, उन्हें विदेशी बताने के लिए, आर्यों का मूल निवास स्थान भारत में सिद्ध किया जाना आवश्यक है। इस बार उन्होंने भारत को आर्यों का मूल देश बताने के लिए सिंधु सभ्यता को आर्यन सभ्यता और सिन्धु संस्कृति की भाषा को संस्कृत से सम्बन्धित सिद्ध करने का निश्चय किया। लेकिन यह कोई सरल कार्य नहीं था।

ऋग्वेद में घोड़े को महान् सांस्कृतिक और धार्मिक महत्त्व का पशु माना गया है। ऋग्वेद की भाषा संस्कृत है। अतः हिन्दुत्ववादियों को लगा कि वैदिक आर्यों का सैन्धव संस्कृति से सम्बन्ध बताने के लिए यदि सैन्धव संस्कृति में घोड़े की उपस्थिति सिद्ध कर दी जाये और सैन्धव संस्कृति की लिपि को संस्कृत से सम्बन्धित सिद्ध कर दिया जाये, तो आर्यों पर विदेशी होने का आरोप सदैव के लिए समाप्त हो जायेगा। यह हिन्दुत्ववादियों की नयी सोच थी।

सैन्धव संस्कृति को आर्य संस्कृति सिद्ध करने के लिए हिन्दुत्ववादियों द्वारा किये जा रहे प्रयासों ने पूरा साथ दिया। 1998-2000 में लिखीं अपनी पुस्तकों में लेखक एन.एस. राजाराम ने पुराने सभी प्रमाणों को दरकिनार करते हुए दावा किया कि सिन्धुघाटी में मिली एक सील पर एक पशु का चित्र वास्तव में घोड़ा है। राजाराम ने यह भी दावा किया कि सैन्धव संस्कृति की लिपि संस्कृत है और इस प्रकार निष्कर्ष निकाला कि आर्यों का मूल देश भारत ही था।

राजाराम का यह दावा अधिक दिनों तक नहीं चला। सिन्धुघाटी की सभ्यता के बारे मे विशेष ज्ञान रखने वाले, विश्व स्तर के आस्को परपोला, इरावाथम, महादेवन और माइकेल विटजेल और स्टेव फार्मर जैसे विद्वानों ने राजाराम की खोज को सफेद झूठ सिद्ध कर दिया। दरअसल सैन्धव संस्कृति के उत्खनन में मिले पशु चित्र बैल के हैं। उन्होंने सिद्ध किया कि राजाराम ने कम्प्यूटर तकनीकी का गलत प्रयोग कर मूल चित्र को घोड़े के चित्र में परिवर्तित कर दिया। राजाराम के चित्र से मूल चित्र एक चौथाई आकार का है। चित्र को कम्प्यूटर द्वारा बड़ा करते हुए तकनीकी का चालाकी से इस प्रकार इस्तेमाल किया कि चित्र घोड़े का लगे। दोनों चित्रों की तुलना करने से यह धोखेबाजी स्पष्ट हो जाती है। विटजेल और फारमर के अनुसार हड़प्पा लिपि अभी तक मिले प्रमाणों के आधार पर द्रविड़ भाषाओं के अधिक नजदीक है, न कि संस्कृत के।

रोमिला थापर के अनुसार राजाराम द्वारा एक सील पर अधूरे चित्र को घोड़े का चित्र सिद्ध करने के प्रयास के पीछे उनका उद्देश्य केवल सिन्धु सभ्यता को आर्य सभ्यता सिद्ध करना है, लेकिन यह प्रयास सरलता से विटजेल और फारमर द्वारा झूठा सिद्ध हो जाता है। रोमिला थापर के अनुसार यदि घोड़ा सिन्धु सभ्यता में होता, तो उसकी अनेक सील मिलीं होतीं लेकिन ऐसा नहीं है। इसके विपरीत बैल की अनेक सील सिन्धु सभ्यता के उत्खनन में मिली हैं।[28]

अपने से भिन्न मत देने वाले इतिहासकारों को तो हिन्दुत्ववादी पश्चिमी, साम्राज्यवादी या साम्यवादी कहकर नकार देते हैं, परन्तु उन पर कौन सा लेबल लगेगा जो बिना किसी परवाह के तकनीकी परीक्षण के बिना ऐतिहासिक और पुरातात्विक साक्ष्यों का विश्लेषण प्रारम्भ कर देते हैं। वास्तव में सैन्धव और वैदिक संस्कृतियों में सम्बन्ध स्थापित करना और मूल भाषा को मूल भारत के बाहर न स्वीकार करना उतना ही भद्दा है, जितना कि दयानन्द सरस्वती का यह दावा है कि रेल और हवाई जहाज जो यूरोपियन लोगों ने 19वीं शताब्दी में बनाये, आर्यों द्वारा वैदिक काल में ही बनाये जा चुके थे। वास्तव में हिन्दुत्ववादियों का सारा खेल सामाजिक और राजनीतिक सत्ता में चार हजार वर्षों से चले आ रहे अपने प्रभुत्व को संरक्षण प्रदान करने के लिए है। इसके लिए वे किसी भी स्तर पर जाने को तैयार हैं, किसी भी झूठ का सहारा लेने को तत्पर हैं।

## डी.एन.ए. टेस्ट रिपोर्ट

कुछ वर्ष पूर्व अमेरिका के साल्ट लेक सिटी के ऊटाह विश्वविद्यालय और भारत के आन्ध्रा विश्वविद्यालय के कुछ वैज्ञानिकों ने यूरोपीय और भारत की विभिन्न जातियों के डी.एन.ए. के नमूने लेकर उनका परीक्षण किया। इस टीम का नेतृत्व माइकल बमशाड ने किया था। ऊटाह विश्वविद्यालय के वैज्ञानिकों द्वारा किये गये डी.एन.ए. परीक्षण के परिणाम अत्यन्त चौंकाने वाले थे। इसके अनुसार हिन्दुओं की सवर्ण जातियों के पुरुषों का डी.एन.ए. युरोपियन पुरुषों के डी.एन.ए. से बहुत अधिक सादृश्यता वाला सिद्ध हुआ, जबकि दूसरी जातियों अर्थात् शूद्रों-अतिशूद्रों का डी.एन.ए. आपस में तो सादृश्य है, लेकिन यूरोपियन लोगों के डी.एन.ए. से पृथक् है। पुरुषों की तुलना में सवर्ण जातियों की महिलाओं का डी.एन.ए. यूरोपियन महिलाओं के डी.एन.ए. के सादृश्य नहीं निकला। अनुसन्धानकर्ताओं ने यह माना कि आर्य भारत में उत्तर-पश्चिम दिशा से आये और यहाँ आकर उन्होंने वर्ण-व्यवस्था बनाई, जिसमें उन्होंने स्वयं को उच्च स्थान पर रखा।[29]

यह रिपोर्ट सन् 2001 में अनेक समाचार पत्रों में प्रकाशित हुई, उदाहरण के लिए इण्डिया टुडे 20 जुलाई 2001 और टाइम्स ऑफ इण्डिया 20 मई 2001। यद्यपि इन समाचार पत्रों ने इस रिपोर्ट को विवादास्पद करार दिया, लेकिन बाद में सभी

पत्रिकाओं ने चुप्पी साध ली। इसका कारण था कि रिपोर्ट में डी.एन.ए. परीक्षण के परिणाम वैज्ञानिक आधार पर होने के कारण उन पर सन्देह करना कठिन था और ऐसे में अधिक बहस करने पर हिन्दूत्वादी मानसिकता वाले कठिनाई में पड़ सकते थे। अतः उन्होंने इस मामले में चुप हो जाना ही बेहतर समझा।

डी.एन.ए. टेस्ट रिपोर्ट से यहाँ एक ओर यह सिद्ध होता है कि भारतीय आर्य अर्थात् वर्तमान तीनों सवर्ण जातियों और यूरोपियन आर्यों के पूर्वज एक थे। यही विभिन्न इतिहासकारों के द्वारा ऐतिहासिक ओर पुरातात्विक तथ्यों के विश्लेषण से भी सिद्ध होता है कि आर्य भारत में आक्रमणकारी के रूप में बाहर से आये। सबसे पहले उन्होंने सिन्धु नदी की घाटी के नगरों को नष्ट किया। आर्यों की क्रूरता का पता इस बात से चलता है कि हजारों साल बाद हुए सिन्धु सभ्यता के नगरों के उत्खनन में कंकाल गलियों में मिले हैं, और कुछ तो खिड़कियों पर आधे अन्दर और आधे बाहर लटके मिले हैं। नवल वियोगी ने भी इस हत्याकाण्ड में आर्यों की बर्बरता के बारे में लिखा है।[30] लगता है आर्यों ने गुलाम बनाये गये सिन्धु सभ्यता के निवासियों को अपने रिश्तेदारों का अन्तिम संस्कार करने की भी अनुमति नहीं दी और उनके शवों को नष्ट हो गये नगरों में ऐसे ही सड़ने को छोड़ दिया। सिन्धु सभ्यता के नगरों को नष्ट करने के बाद आर्यों ने भारत के पश्चिमी भाग में आर्य सभ्यता का प्रारम्भ किया और फिर वेदों की रचना की।

## हिन्दुत्ववादियों की मूल चिन्ता

प्रश्न उठता है कि आखिर हिन्दुत्ववादी सिन्धु सभ्यता और अपने पूर्वज आर्यों के मूल निवास स्थान को लेकर इतने चिन्तित क्यों हैं? इसका उत्तर है कि स्वयं को विदेशी मान लेने पर हिन्दुत्ववादियों को इस देश में अपनी सत्ता बनाए रखने में अनेक कठिनाइयाँ उत्पन्न हो जायेंगी, जैसे–

1. ऐसी अवस्था में उनसे इस देश के बहुसंख्यक एस.सी., एस.टी. और पिछड़ी जातियों से संघर्ष होना तय है। आर्य इस देश में बाहर से आये, यह बात मान लेने का अर्थ है यह मानना कि आर्यों के आने से पहले जो लोग इस देश मे रह रहे थे वे इस देश के मूलनिवासी हैं। फिर यह प्रश्न उठेगा कि ये मूलनिवासी कौन हैं? इस प्रश्न का उत्तर बड़ी आसानी से हिन्दू धर्म के ग्रन्थों में ही मिल जाता है कि बहुसंख्यक शूद्र और अतिशूद्र अर्थात् एस.सी., एस. टी. और पिछड़ी जातियों के लोग ही इस देश के मूल निवासी हैं। ये लोग ही इस देश में आर्यों के आने से पूर्व रह रहे थे और आर्य जातियाँ इन्हें धर्म-जाति के नाम पर मूर्ख बनाकर उन्हें आपस में बाँटे रहे, उनका शोषण करते रहे, उन पर शासन करते रहे। इस सच्चाई का ज्ञान होने पर सवर्ण जातियों के प्रभुत्व

के विरुद्ध विद्रोह होना स्वाभाविक है। इसी कारण हिन्दुत्ववादी किसी न किसी तरह यह सिद्ध करने का प्रयास करते रहते हैं कि आर्य इस देश में बाहर से नहीं आये और इसी कारण सिन्धु-सभ्यता के आर्यों द्वारा विनाश की बात वे स्वीकार नहीं करते, क्योंकि सिन्धु सभ्यता का विनाश उन्होंने किया यह बात उनके लिए अधिक कष्टकर नहीं है, बल्कि अधिक कष्टकर उनके लिए यह है कि इस चक्कर में वे विदेशी सिद्ध हो जाते हैं।

2. हिन्दुत्ववादी व्यवस्था ने इस देश के बहुसंख्यक मूलनिवासी समाज (एस.सी., एस.टी. और ओ.बी.सी.) को हजारों जातियों मे बाँट कर उन्हें एक होने से रोका है, लेकिन आवश्यकता पड़ने पर हिन्दुत्व के नाम पर उन्हें एक कर लिया है। अब यदि इन मूलनिवासियों को इस बात का एहसास हो जाता है कि सवर्ण जातियों के पूर्वज आर्य बाहर से इस देश में आये थे, तो आर्यों का हिन्दू धर्म भी उनके लिए विदेशी हो जाता है। अर्थात् एक ऐसा धर्म, जो उन पर बलात् लादा गया है और जो उनके शोषण का मुख्य कारण है। ऐसी दशा में इन मूलनिवासियों को 'हिन्दू' नाम के आधार पर हिन्दुत्ववादी एक झंडे के नीचे नहीं ला पायेंगे। अन्ततोगत्वा सामाजिक सत्ता तो हाथ से जायेगी ही, राजनीतिक सत्ता भी उनके हाथ से चली जायेगी। यही डर हिन्दुत्ववादियों को हमेशा सताता रहता है। रोमिला थापर के अनुसार हिन्दुत्ववादियों द्वारा आर्यों का मूल निवास स्थान भारत में ही बताने के पीछे कारण यह है कि उनका दर्शन इसी बात पर टिका है कि आज के हिन्दू आर्यों के वंशज हैं और भारत की भूमि पर उनका स्वामित्व इतिहास के प्रारम्भ से चला आ रहा है। अपनी इस बात को सिद्ध करने के लिए इतिहास के प्रारम्भिक काल से ही आर्यों का भारत में निवास बताना उनके लिए आवश्यक हो जाता है।[31]

3. हिन्दुत्ववादी दलितों-पिछड़ों को हिन्दू धर्म के झंडे के नीचे लाने के लिए प्रायः धर्म के आधार पर दंगे-फसाद करवा देते हैं। ऐसे साम्प्रदायिक दंगों से उन्हें दो फायदे होते हैं। एक तो शोषित दलित या पिछड़ी जातियों का ध्यान सामाजिक प्रश्नों से हट जाता है, और दूसरे चुनाव के समय साम्प्रदायिक दंगो के कारण धार्मिक भावना में बहे दलित और पिछड़ी जातियों के लोग अपना शोषण करने वाले हिन्दुत्ववादियों को ही राजनीतिक सत्ता दिलवाने में अपनी पूरी ताकत लगा देते हैं। लेकिन आर्यों का मूल निवास स्थान भारत के बाहर मान लेने पर उनके धर्म का नशा इन दलितों-पिछड़ों के सिर से उतर जायेगा। वे इस देश के मूलनिवासी हैं, इस बात का एहसास होते ही उन्हें इस बात का भी एहसास हो जायेगा कि जिन भारतवासियों (मुस्लिम-ईसाइयों) को वे दूसरे धर्म का समझकर उनसे नफरत करते हैं, वे वास्तव में उनके भाई ही हैं, क्योंकि उनके पूर्वजों ने जाति व्यवस्था पर आधारित हिन्दू धर्म की प्रताड़ना

से बचने के लिए ही धर्मपरिवर्तन कर इस्लाम या ईसाई धर्म स्वीकार किया था।

## सन्दर्भ


1. भारत के मूलनिवासी और आर्य आक्रमण, एस.के. विश्वास, पृ. 8
2. भारत के मूलनिवासी और आर्य आक्रमण, एस.के. विश्वास, पृ. 10
3. भारत के मूलनिवासी और आर्य आक्रमण, एस.के. विश्वास, पृ. 10
4. प्राचीन भारत का राजनीतिक और सांस्कृतिक इतिहास, वी.सी. पांडेय, पृ. 59
5. भारत के मूलनिवासी और आर्य आक्रमण, एस.के. विश्वास, पृ. 58
6. प्राचीन भारत का राजनीतिक और सांस्कृतिक इतिहास, वी.सी. पांडेय, पृ. 66
7. प्राचीन भारत का राजनीतिक और सांस्कृतिक इतिहास, वी.सी. पांडेय, पृ. 63-64
8. सिन्धु घाटी के सृजनकर्ता-शूद्र और वणिक, नवल वियोगी, पृ. 37
9. भारत के मूलनिवासी और आर्य आक्रमण, एस.के. विश्वास, पृ. 34
10. भारत का इतिहास, राजकमल प्रकाशन, रोमिला थापर, पृ. 28
11. भारत के मूलनिवासी और आर्य आक्रमण, एस.के. विश्वास, पृ. 2
12. भारत के मूलनिवासी और आर्य आक्रमण, एस.के. विश्वास, पृ. 54-55
13. प्राचीन भारत का इतिहास तथा संस्कृति, केसी सक्सेना, पृ. 62
14. प्राचीन भारत का राजनीतिक और सांस्कृतिक इतिहास, वी.सी. पांडेय, पृ. 60
15. प्राचीन भारत का राजनीतिक और सांस्कृतिक इतिहास, वी.सी. पांडेय, पृ. 60
16. वेब्सटर टेन्थ न्यू कालेजयेट डिक्शनरी, पृ. 66
17. दि ऑउटलाइन ऑफ हिस्टरी, एच.जी. वेल्स, पृ. 19
18. रेसेस ऑफ मैनकाइन्ड, रैन्ड मैकनली, पृ. 278-279
19. टाइम एण्ड स्टार, स्टोरी कलेक्शन 1964, पॉल एन्डरसन
20. प्राचीन भारत का राजनीतिक और सांस्कृतिक इतिहास, वी.सी. पांडेय, पृ. 99
21. ओल्ड ईरानियन लिटरेचर, लेखक इल्या गर्शविथ, पृ. 1-31
22. आर्यन आइडोल्स यू.एस.ए., यूनिवर्सिटी ऑफ शिकागो प्रेस, पृ. 143
23. प्राचीन भारत का राजनीतिक और सांस्कृतिक इतिहास, वी.सी. पांडेय, पृ. 64
24. राइटिंग एंड स्पीचेज (खंड-7), डॉ. बी.आर. अम्बेडकर, पृ. 98
25. हिन्दुत्व, वी.डी. सावरकर
26. प्राचीन भारत का इतिहास तथा संस्कृति, के.सी. श्रीवास्तव, पृ. 62
27. प्राचीन भारत का राजनीतिक और सांस्कृतिक इतिहास, वी.सी. पांडेय, पृ. 93
28. व्हाय डू हिन्दुत्व आयडियोलोगु कीप प्लैगिंग एडेड हॉर्स?, रोमिला थापर
29. जेनेटिक एविडेन्स ऑन ओरिनियन ऑफ इंडियन कास्ट पापुलेशन, माइकल बमशाड
30. सिंधु घाटी के सृजनकर्ता–शूद्र और वणिक, नवल वियोगी, पृ. 72
31. व्हाय डू हिन्दुत्व आयडियोलोगु कीप प्लैगिंग एडेड हॉर्स?, रोमिला थापर

# हिन्दुत्व : मूल आधार वर्ण-व्यवस्था

हिन्दू धर्म का मूल आधार वर्ण-व्यवस्था है। वर्ण-व्यवस्था हिन्दू धर्म के साथ इस तरह एक सार हो रखी है कि यह कहना अधिक सत्य होगा कि इस वर्ण-व्यवस्था के बिना हिन्दु धर्म का कोई अस्तित्व ही नहीं है। वर्ण-व्यवस्था को ईश्वरीय रूप प्रदान करने के लिए इसे ईश्वर द्वारा रचित बताया गया है। इस सम्बन्ध में वर्ण-व्यवस्था की उत्पत्ति कैसे हुई—इससे सम्बन्धित कई उदाहरण हिन्दू धर्म ग्रन्थों में मिलते हैं।

वर्ण-व्यवस्था की उत्पत्ति के बारे में सर्वप्रथम उल्लेख ऋग्वेद के दसवें मंडल के पुरुष सूक्त में मिलता है। चूँकि ऋग्वेद हिन्दुओं का सर्वाधिक महत्त्व का धार्मिक ग्रन्थ है, इसलिए वर्णव्यवस्था के समर्थन में और उसे ईश्वर द्वारा रचित सिद्ध करने के लिए सदैव ऋग्वेद के इस पुरुष सूक्त का ही प्रयोग किया जाता है। इस पुरुष सूक्त के 11वें और 12वें मन्त्र में बताया गया है कि किस प्रकार प्रजापति ने विराट पुरुष का विधान किया, जिसके मुख से ब्राह्मण, बाहों से क्षत्रिय, जाँघों से वैश्य और पैरों से शूद्र पैदा हुए।

> यंत्पुरुषं व्यदुधुः कतिधअ व्यकस्ययन।
> मुख किमस्य को वाहू काबूरू पादा उच्यते। (11)
>
> ब्रह्मणोयस्य मुखमासी दाहू रा...न्यः कृतः।
> ऊरूतदस्य यदैश्यः पदमयां शूद्रो जायत॥ (12)

अर्थात् "प्रजापति ने मानव समाजरूपी पुरुष का विधान किया, उसकी कल्पना कितने प्रकार की हुई? इस पुरुष का मुख क्या है? इसके दोनों बाहु कौन हैं? कौन इसकी दोनों जांघें हैं, तथा इसके दोनों पैर कौन है? (11) इस पुरुष के मुख से ब्राह्मण, बाँहों से क्षत्रिय, जाँघों से वैश्य और पैरों से शूद्र की उत्पत्ति हुई॥ 12॥"

लगभग इसी प्रकार की समान बातें यजुर्वेद अध्याय 31, मन्त्र तथा 11 एवं अथर्व वेद के पुरुष सूक्त में हैं। मनुस्मृति में उल्लेख है "प्रजापति ने लोकों की वृद्धि के निमित्त मुख, बाहु, उरू और चरणों से क्रमशः ब्राह्मण, क्षत्रिय, वैश्य और शूद्र को उत्पन्न किया।" इसी प्रकार महाभारत के शान्ति पर्व में कहा गया है कि कृष्ण ने मुख से सौ श्रेष्ठ ब्राह्मण, दोनों बाँहों से सौ क्षत्रिय, दोनों जाँघों से सौ वैश्य

और दोनों चरणों से सौ शूद्र उत्पन्न किये।

इन सबमें सबसे अधिक महत्त्व और विवाद ऋग्वेद को लेकर ही है। ऋग्वेद को हिन्दुत्ववादी ईश्वर रचित मानते हैं। चूँकि हिन्दू समाज की सारी समस्याओं की जड़ जाति-व्यवस्था की उत्पत्ति से सम्बन्धित पुरुष सूक्त ऋग्वेद का एक अंश है, अतः यह घोर अमानवीय जाति-व्यवस्था को केवल धार्मिक आधार ही नहीं देता बल्कि उसे ईश्वर की देन भी बताता है। लेकिन अधिकांश विद्वान इस बात पर एक मत हैं कि यह पुरुष सूक्त ऋग्वेद में बाद में जोड़ा गया है। क्योंकि जहाँ ऋग्वेद का यह हिस्सा वर्ण-व्यवस्था की बात करता है, वहीं दूसरी और ऋग्वेद में ही कई ऐसी बातें हैं, जो पुरुष सूक्त से मेल नहीं खातीं हैं। पुरुष सूक्त को छोड़ कर पूरे ऋग्वेद में कहीं भी वैश्य, शूद्र इत्यादि शब्दों का उल्लेख नहीं है। ऋग्वेद में कहीं ऐसा पता नहीं चलता है कि आर्य ब्राह्मण, क्षत्रिय, वैश्य इत्यादि के रूप में वर्ग बनाकर रहते थे। आर्यों का अनार्यो से संघर्ष का अवश्य वर्णन है। ऐसा प्रतीत होता है कि चूँकि ऋग्वेद को पुरोहित वर्ग जनता को धर्मभीरू बनाने के लिए ईश्वर रचित घोषित कर चुका था और जब बाद में वर्ण-व्यवस्था ने साकार रूप लेना प्रारम्भ किया तो जनता में वर्णव्यवस्था की पैठ बनाने के लिए, उसे ईश्वर रचित बताना तत्कालीन पुरोहित वर्ग को अधिक श्रेयस्कर लगा ताकि वर्ण-व्यवस्था के विरुद्ध कोई विद्रोह न हो। चूँकि जनता ऋग्वेद को प्राचीनतम और ईश्वरीय ग्रन्थ मानने लगी थीं, पुरोहित वर्ग ने वर्णव्यवस्था को ईश्वरीय सिद्ध करने के लिए इस पुरुष सूक्त को बाद में ऋग्वेद के दसवें मंडल जोड़ दिया। कोल ब्रुक और मैक्स मूलर दोनों विद्वान मानते है कि पुरुष सूक्त शैली और भाषा दोनों दृष्टियों से ऋग्वेद की अपेक्षा बहुत नवीन है।[1] ए.आर. त्रिपाठी भी कहते हैं कि  पुरुष सूक्त मूलतः ऋग्वेद में बाद में जोड़ा गया है क्योंकि ऋग्वेद के बाद में लिखे गये शतपथ ब्राह्मण और तैतरीय ब्राह्मण ग्रन्थों में भी तीन वर्णों का ही उल्लेख है। इससे प्रतीत होता है कि चौथे वर्ण 'शूद्र' को पुरुष सूक्त के द्वारा ऋग्वेद में बाद में जोड़ा गया।[2]

वेदों के अध्ययन से यह कहीं भी पता नहीं चलता है कि वैदिक काल में आर्य ब्राह्मण, क्षत्रिय आदि के रूप में वर्ग बनाकर रहते थे या उन्हें ब्राह्मण, क्षत्रिय आदि के नामों से सम्बोधित किया जाता था। यह भी नहीं पता चलता है कि कर्म के आधार पर व्यक्ति की अलग-अलग पहचान होती थी।

वी.सी. पाण्डेय लिखते हैं कि वैदिक आर्यों में परस्पर जाति सम्बन्धी कोई भेद-भावना न थी और उनमें तब अन्य कोई राग द्वेष नहीं था। पर परिस्थिति सदा एक सी नहीं रहती। भारतीय आर्यों की जनसंख्या तथा उनका इस देश में भौगोलिक प्रसार एवं जीवन की आवश्यकताएँ और समस्याएँ ज्यों-ज्यों बढ़ने लगीं, त्यों-त्यों वे इस बात को महसूस करने लगे कि विविध वर्णोचित कर्मों को सुचारु रूप से सम्पादित करने के लिए उनके अलग-अलग दल होने चाहिए, जिनके सदस्य

अपने-अपने निर्धारित कर्मों में विशेष रुचि तथा प्रवीणता रखते हों, अन्यथा समाज सदा अव्यवस्थित रहेगा और उसमें सुशृंखला कभी आयेगी ही नहीं, कारण कि ऐसा प्रबन्ध किये बिना कोई अपने कार्य करने के लिए उत्तरदायी न रहेगा और न तो सभी से सभी काम ठीक से हो सकेंगे। सच पूछिये तो वेद मन्त्रों के विशालागार में प्रवेश कर उसके कोने-कोने में छान डालिए, पर आपको वर्ण-भेद पोषक कोई भी मन्त्र, सिवा पुरुष सूक्त के एकांकी उदाहरण के, कहीं नहीं मिलेगा और पुरुष सूक्त के विषय में भी अधिकांश विद्वानों का यही मत है कि उसकी रचना वेद मन्त्रों ऋग, साम और अथर्व के रूप में वर्गीकरण के कई शताब्दियों के पश्चात् हुई थी, अतः उसका वर्ण विषयक मन्त्र नितान्त नवीन है। जैसा कि उसकी भाषा तथा भावना से मालूम होता है।

ऋग्वैदिक काल में, प्रारम्भ में आर्य और अनार्य दो ही वर्गों का पता चलता है। इन नवागत आर्यों और भारत के मूलनिवासी अनार्यों में आधारभूत विभिन्नताएँ थीं–

1. आर्य आक्रमणकारी और अनार्य आक्रान्त थे।
2. आर्य गौर वर्ण और अनार्य कृष्ण वर्ण थे।
3. आर्यों और अनार्यो की शरीर रचना में भी भेद था। उदाहरणार्थ, आर्यों की नाक ऊँची होती थी। इसके विरुद्ध अनार्यों की नाक बैठी हुई होती थी। इसी से ऋग्वेद में वे 'अनासः' कहे गये हैं।
4. आर्यों और मूलनिवासी अनार्यों में अनेक धार्मिक और सांस्कृतिक विभिन्नताएँ भी थीं। यही कारण है कि ऋग्वेद में अनार्यों के लिए अवृत्त (वृत्तों का पालन न करने वाले), अक्रतु (यज्ञ न करने वाले), मृडवाच (अस्पष्ट वाणी बोलने वाले) आदि शब्दों का प्रयोग किया गया है।[3]

रोमिला थापर, के.सी. चट्टोपाध्याय, आर.एस. शर्मा इत्यादि अनेक इतिहासकारों का मत है कि जहाँ तक आर्यों के अपने समाज का प्रश्न है, उनमें प्रारम्भ में अर्थात् ऋग्वैदिक काल में कोई वर्ण-व्यवस्था न थी। प्रत्येक आर्य व्यक्तिगत रूप से देवोपासना एवं यज्ञ करता था। अतः ब्राह्मण पौरोहित्य की आवश्यकता न थी। इसी प्रकार एक मात्र युद्ध धर्म के लिए क्षत्रिय वर्ण की आवश्यकता न थी, क्योंकि प्रारम्भिक अवस्था में युद्ध में प्रत्येक व्यक्ति को भाग लेना पड़ता था। ऋग्वेद में युद्धभूमि में एकत्र होने वाली 'जनता' का उल्लेख मिलता है। रही वैश्य वर्ण की बात तो इसका सम्पूर्ण ऋग्वेद में कहीं नाम भी नहीं आता है। 'विश' शब्द का प्रयोग मिलता है, परन्तु उसका साधारण अर्थ जन समुदाय है। पृथक्-पृथक् कार्यों के लिए अभी पृथक्-पृथक् वर्गों की आवश्यकता न पड़ी थी। जहाँ तक शूद्र शब्द का सम्बन्ध है, यह शब्द भी पुरुष सूक्त को छोड़कर सम्पूर्ण ऋग्वेद में कहीं नहीं मिलता है।

दक्षिण भारत में ब्राह्मणवाद के विरुद्ध इस बीसवीं सदी के प्रारम्भ में अभियान छेड़ने वाले स्वामी धर्मतीर्थ के अनुसार भी प्रारम्भ में आर्यों में वर्णव्यवस्था नहीं थी। वे लिखते हैं "कि उस समय कोई ब्राह्मण या क्षत्रिय नहीं था। जाति प्रथा का अस्तित्व न था। सभी लोग एक ही समुदाय के थे, साथ-साथ रहते थे, खाते-पीते आपस में विवाह करते थे।"[4]

वी.सी. पाण्डेय लिखते हैं कि ऋग्वैदिक काल में प्रत्येक आर्य व्यक्तिगत रूप से देवोपासना एवं यज्ञ करता था। अतः ब्राह्मण पौरोहित्य की आवश्यकता न थी। इसी प्रकार एक मात्र युद्ध धर्म के लिए क्षत्रिय वर्ण की आवश्यकता न थी, क्योंकि प्रारम्भिक अवस्था में युद्ध में प्रत्येक व्यक्ति को भाग लेना पड़ता था। लेकिन कुछ समय बाद आर्यों को भारत में एक नवीन परिस्थिति का सामना करना पड़ा। जहाँ भौगोलिक विस्तार के कारण नयी-नयी आवश्यकताओं और समस्याओं का आर्यों को सामना करना पड़ रहा था, वहीं भारत के मूलनिवासी अनार्य भी पग-पग पर उनसे भीषण संघर्ष कर रहे थे। ऋग्वेद में आर्य उपासक कहता है कि "हम चारों ओर से दस्युओं से घिरे हुए हैं। ...वे मानव नहीं हैं। ओ रिपुदमन! इनका वध कर डालो। दास समुदाय का नाश कर दो।" इस प्रकार अनवरत युद्धों ने आर्यों को समाज का पुनर्गठन करने के लिए विवश कर दिया।[5]

स्वामी धर्मतीर्थ के अनुसार प्रारम्भ में युद्ध प्रायः प्रत्येक दिन की आवश्यकता बन गया था। आर्यों को सदैव सतर्क रहना पड़ता था। इससे उन्हें कार्यों के बँटवारे की आवश्यकता महसूस होने लगी थी।[6] वी.सी. पाण्डेय लिखते हैं कि "अनवरत युद्धों से आर्यों को भारी परेशानी का सामना पड़ रहा था, और उन्हें कार्यों के बंटवारे की आवश्यकता महसूस होने लगी थी। समाज को संगठित और व्यवस्थित रखने के लिए यह आवश्यक था कि युद्ध-कर्म के लिए समाज का एक विशेष वर्ग हो, लेकिन साथ ही समाज के अन्यान्य कर्म भी होते रहें। दूसरे शब्दों में, समाज में कार्य विभाजन की आवश्यकता हुई। समाज को एक ऐसे वर्ग की आवश्यकता थी, जो युद्ध की विभीषिका से दूर रहकर आर्य धर्म की रक्षा कर सके, मन्त्र रचना और मन्त्र-संरक्षण कर सके, मन्त्रों को विशुद्ध रूप में याद रख सके और विशुद्ध रूप में उनका उच्चारण कर सके तथा राष्ट्र-कल्याण और शत्रु के विनाश के लिए देवी-देवताओं को आह्वान कर सके। इन्हीं आवश्यकताओं की पूर्ति के लिए एक पृथक् वर्ग का जन्म हुआ जिसे कालान्तर में 'ब्राह्मण' कहा गया।[7] स्वामी धर्मतीर्थ के अनुसार ब्राह्मण का पेशा प्रारम्भ से ही आकर्षण का केन्द्र बन गया था, क्योंकि इसमें युद्ध में जाकर जान गँवाने का भी डर नहीं था और बिना कुछ किये ही जीवन की सारी आवश्यकताओं की पूर्ति हो जाती थी।[8]

इसके साथ-साथ समाज को एक ऐसे वर्ग की भी आवश्यकता थी, जो समस्त कर्मों से विरत होकर युद्ध विद्या में विशेष योग्यता प्राप्त कर सके और अवसर आने पर राष्ट्र के धन-जन की संरक्षा कर सके। अतः इस कार्य के लिए समाज में पृथक्

वर्ग बनाया गया, जिसे बाद में क्षत्रिय कहा गया।

आर्यों के लिए यह भी आवश्यक था कि उनके बीच कुछ ऐसे लोग भी हों जो धर्म और युद्ध के कार्यों से निश्चिन्त होकर कृषि, वाणिज्य तथा अन्यान्य व्यवसायों द्वारा राष्ट्र की आर्थिक उन्नति पर पूरा ध्यान दें। इस आवश्यकता ने आर्यों में जिस वर्ग का निर्माण किया, वह कालान्तर में 'वैश्य' कहलाया।

आर्यों की एक अन्य समस्या पराजित एवं अधिकृत अनार्यों की थी। इन पराजित अनार्यों ने आर्यों की संस्कृति अपना ली थी या कह सकते हैं कि आर्यों ने इन्हें अपनी संस्कृति अपनाने के लिए विवश कर दिया था। आर्यों ने इन्हें विभिन्न निम्न स्तर के कार्यों के लिए नियोजित किया। इसी पराजित वर्ग को कालान्तर में आर्यों की वर्ण-व्यवस्था में शूद्र कहा गया। ऋग्वेद में अनार्यों को कृष्ण वर्ण का कहा गया है, और बाद में बौधायन और आपस्तम्ब धर्म सूत्रों में 'शूद्र' को भी कृष्ण वर्ण का कहा गया है। इसी प्रकार गौतम ने भी शूद्रों को अनार्य कहा है।

इस प्रकार ऋग्वैदिक काल के अन्तिम समय में आर्यों ने समाज को कार्य के आधार पर बाँटना शुरू कर दिया था, लेकिन वर्णव्यवस्था जैसी कोई चीज उस समय न थी। जैसा कि कहा जा चुका है कि पुरुष सूक्त को छोड़कर वैश्य, शूद्र शब्दों का पूरे ऋग्वेद में कहीं उल्लेख नहीं मिलता है। वर्ण-व्यवस्था ने विकसित होने में बहुत समय लगाया। लेकिन फिर भी यह माना जा सकता है कि वर्ण-व्यवस्था का बीजारोपण अवश्य इस काल में कार्य के आधार पर समाज के विभाजन के रूप में पड़ चुका था।

आगे का समय जब शेष तीनों वेदों, ब्राह्मणों आरण्यकों और उपनिषदों की रचना हुई, आर्य सभ्यता के लिए बहुत महत्त्वपूर्ण सिद्ध हुआ। बहुत से इतिहासकार ऋग्वेद और दूसरे वेदों के बीच के समय में बहुत अधिक अन्तर होने के कारण सामवेद, यजुर्वेद, अथर्ववेद, ब्राह्मण, आरण्यक और उपनिषदों के समय को उत्तर वैदिक काल कहते हैं। यह दीर्घ काल था इसमें आर्य सभ्यता का विस्तार और विकास हुआ। वह पंजाब से आगे शेष उत्तरी भारत और फिर दक्षिण भारत में भी फैलने लगी। इस काल में वर्ण-व्यवस्था ने साकार रूप धारण कर लिया। प्रत्येक वर्ण की पहचान के लिए भिन्न-भिन्न यज्ञोपवीत की कल्पना की गयी। इसके अन्तर्गत ब्राह्मण सूत का, क्षत्रिय सन का और वैश्य ऊन का यज्ञोपवीत धारण करते थे। उनके अग्निहोत्र करने के उपयुक्त काल भी भिन्न-भिन्न थे। तैतरीय ब्राह्मण (1.1.4) का कथन है कि ब्राह्मण को बसन्त में, क्षत्रिय को ग्रीष्म में, वैश्य को शीत में और रथकार को वर्षाकाल में अग्निहोत्र करना चाहिए। इन पृथक्-पृथक् नियमों से स्पष्ट हो जाता है कि वर्ण-भेद शनैः शनैः दृढ़ हो रहे थे।

अनेकानेक उदाहरणों से प्रकट होता है कि इस काल में ब्राह्मणों का महत्त्व बढ़ा। तैतरीय ब्राह्मण (1.2.6) ब्राह्मण को दिव्य वर्ण बताता है। वह पृथ्वी पर प्रत्यक्ष देवता था (तैतरीय संहिता 1.7.31)। उसमें समस्त देवता निवास करते थे (तैतरीय आरण्यक 2.15) इस काल में वर्ण व्यवस्था के अस्तित्व में आने के बाद बहुत शीघ्र

ब्राह्मणों और क्षत्रियों में प्रतिस्पर्द्धा भी शुरू हुई। वैश्य का स्थान बहुत नीचे था। ऐतरेय ब्राह्मण (1.9) उसकी महत्ता स्वीकार करता है और कहता है कि देव कर्म अथवा याज्ञिक कर्म में वैश्य समुदाय का सहयोग आवश्यक है।

जैसा कि कहा जा चुका है कि शूद्र का प्रयोग पुरुष सूक्त को छोड़कर कर ऋग्वेद में कहीं नहीं है, लेकिन उत्तर वैदिक काल में लिखे गये धार्मिक ग्रन्थों में शूद्र शब्द का प्रयोग किया गया है। यही नहीं, शूद्र समुदाय भी अनेकानेक वर्गों में धीरे-धीरे विभाजित होने लगा था। तैत्तरीय संहिता में 'निषाद' जाति का शूद्र के रूप में वर्णन है। ऐतरेय ब्राह्मण में इसे चौरवृत्ति का अनुसरण करने वाली तथा पापकर्म करने वाली जाति कहा गया है। कई अस्पृश्य जातियों का भी वर्णन मिलता है। छान्दोग्य उपनिषद में चांडाल को अति नीच और सुअर की कोटि का बताया गया है। वाजसनेयि संहिता में 'पोल्कस' जाति को चांडाल के समान निम्न बताया गया है।

ऐसा प्रतीत होता है कि इस लम्बे उत्तरवैदिक काल में धीरे-धीरे वर्ण-व्यवस्था ने ठोस रूप धारण कर लिया था। इस व्यवस्था का सबसे अधिक प्रभाव भारत के मूल निवासियों पर पड़ा, जिन्हें आर्य सभ्यता के ग्रन्थों में अनार्य, दस्यु, दास आदि से सम्बोधित किया गया। इन मूलनिवासियों के एक बहुत बड़े वर्ग ने आर्यों की सम्प्रभुता स्वीकार कर ली थी। जैसा कि प्रत्येक देश में होता है कि आक्रमणकारी विजेता का सामना जनता का थोड़ा भाग ही करता है, अधिकांश भाग बिना अधिक विरोध के आक्रमणकारी विजेता के सामने स्वयं को पराजित मान लेता है। आक्रमण ाकारी शासक भी गुलाम देश की जनता के इस भाग को रियासत प्रदान करता है, कुछ सुविधाएँ देता है और जो लोग युद्ध के बाद पराजित होकर गुलाम बनाये जाते हैं उन्हें यातनाएँ झेलनी पड़ती हैं।

भारत देश में ऐसा ही हुआ। आर्यों ने गुलाम तो सभी मूलनिवासियों को बनाया, लेकिन मूलनिवासियों के जिस भाग ने जल्दी उनकी सम्प्रभुता स्वीकार कर ली थी उन्हें 'शूद्र' के रूप में वर्ण-व्यवस्था के चौथे वर्ण के रूप में शामिल कर लिया गया। उन्हें विभिन्न कार्यों में नियोजित किया गया।

मूलनिवासियों के जिस भाग ने आर्यों से भीषण युद्ध किया, उन्हें तरह-तरह से परेशान किया गया। पराजित होने के पश्चात् आर्यों की घृणा का सामना भी इसी वर्ग को सबसे अधिक करना पड़ा। आर्य वर्ण-व्यवस्था के संस्थापक ब्राह्मणों ने इस वर्ग को अस्पृश्य घोषित कर दिया। उन्हें वर्णव्यवस्था से बहुत दूर रखा गया। गाँव की सीमा से बाहर रहने को मजबूर किया गया। उन्हें गन्दे कार्य करने को मजबूर किया गया। जीवन की सारी मानवीय सुविधाएँ उनसे छीन ली गयीं। तरह-तरह के नियम बनाकर उन्हें नारकीय जीवन जीने के लिए मजबूर कर दिया गया। यही अस्पृश्य वर्ग आज का दलित वर्ग है। इस प्रकार आर्यों ने गुलाम तो सारे मूलनिवासियों को बनाया, लेकिन उन्हें सछूत और अछूत दो तरह के गुलामों में बाँट दिया।

उत्तरवैदिक काल के बाद के समय में वर्ण धीरे-धीरे जाति में बदल गया, लेकिन शूद्र वर्ण के विकास में एक भारी अन्तर आया। जहाँ ब्राह्मण, क्षत्रिय, वैश्य वर्ण से जाति बदल कर भी तीन जातियों से अधिक नहीं हुए वहीं शूद्र और अस्पृश्य कार्य के आधार पर अनेक जातियों में बाँटे गये। ऐसा क्यों हुआ? इस प्रश्न का उत्तर बहुत आसान है। आर्य जानते थे कि वे संख्या में भारत के मूलनिवासियों से बहुत कम हैं। अतः उन्हें सदैव यह डर लगा रहता था कि कभी भविष्य में अगर इन मूलनिवासी शूद्रों ने विद्रोह कर दिया, तो उन्हें समस्या हो सकती है। अतः आर्य व्यवस्थाकारों ने शूद्र वर्ण को कार्य के आधार पर विभिन्न जातियों में बाँट दिया ताकि उनमें कभी एकता स्थापित न हो सके। यही नहीं अस्पृश्य समाज, जो कि आर्य वर्णव्यवस्था से बाहर था, को भी अनेक जातियों में बाँट दिया। शूद्रों को अध्ययन के अधिकार से बाहर रखा गया। अस्पृश्य समाज तो अध्ययन के बारे में सोच भी नहीं सकता था। इन जातियों में एकता न हो सके, इसके लिए जाति बन्धन धीरे-धीरे और कड़े किये गये, और इसी जातिव्यवस्था को मजबूत करने के लिए वर्ण-व्यवस्था को ईश्वरीय घोषित किया गया। इसके लिए पुरुष सूक्त को ऋग्वेद में जोड़ा गया।

जहाँ तक आर्यों के अपने समाज का प्रश्न है वे ब्राह्मण, क्षत्रिय और वैश्य में बँट गये थे। समाज में ब्राह्मणों का महत्त्व धीरे-धीरे बढ़ रहा था और इसका कारण था कि अध्ययन, अध्यापन करने वाले, नियमों की रचना करने वाले ब्राह्मण ही थे। फिर भी काफी लम्बे समय तक ब्राह्मण, क्षत्रिय और वैश्य तीनों वर्ण कार्य पर आधारित ही रहे। यद्यपि अधिकतर लोग वर्ण परिवर्तन नहीं करते थे। किसी वर्ण के व्यक्ति की सन्तान भी प्रायः उसी वर्ण को चुनती थी। आज भी देखा जाता है कि डॉक्टर का बेटा डॉक्टर बनता है, तो व्यवसायी का बेटा व्यवसायी बनता है। यह मानव का सहज स्वभाव है। पुत्र को प्रायः पिता का कार्य सबसे अधिक अच्छा लगता है और उसे आकर्षित करता है। पिता का कार्य होने से उसे सरल भी लगता है। यही उस काल में भी हुआ। इसके कारण धीरे-धीरे वर्णव्यवस्था जन्मना होती जा रही थी।

लेकिन फिर भी वर्ण परिवर्तन के कई उदाहरण उस समय के ग्रन्थों में मिलते हैं, जिससे पता चलता है कि ऊपर के तीनों वर्णों के सम्बन्ध में वर्णव्यवस्था पूरी तरह से जन्मना नहीं हुई थी। कुछ उदाहरण इस प्रकार हैं–

1. दिष्ट पुत्र नाभाग क्षत्रिय से वैश्य हो गये। (भागवत 9/2/13)
2. राजा अम्बरीष के प्रपौत्र रथीतर के पुत्र कर्मों के आधार पर क्षत्रिय से ब्राह्मण हो गये। इन्हें रथीतर गोत्रीय आंगिरस ब्राह्मण कहा गया। (भागवत 9/6/3)
3. लिंग पुराण में उल्लेख है कि राजा हरीत के वंशधर क्षत्रिय से ब्राह्मण हो गये और हारीत गोत्र वाले गिरस ब्राह्मण कहलाये। (विष्णु पुराण 4/3/5भी यही बात लिखी है।)

4. गृत्समद के पुत्र शुनक और शुनक के पुत्र शौनक हुए, जिनके वंशज कर्म के आधार पर विभिन्न वर्ण धारण किये। (विष्णु पुराण 4/8/1)
5. राजा पुरू के वंश में अनेक क्षत्रिय और ब्राह्मण पैदा हुए। (भागवत 9/20/1)
6. हरिवंश के 11वें अध्याय में लिखा है कि नाभागरिष्ट के दो पुत्र वैश्य से ब्राह्मण हो गये।

विभिन्न पुराणों में वर्ण परिवर्तन के ऐसे अनेक उदारहण भरे पड़े हैं जिससे निष्कर्ष के तौर पर यह कहा जा सकता है कि पुराणों के समय तक वर्ण व्यवस्था (ऊपर के तीन वर्णों के सम्बन्ध में) पूरी तरह जन्मना नहीं हुई थी। लोग सरलता से वर्ण परिवर्तन कर लेते थे। यह बात दूसरी है कि ऐसे लोगों की संख्या बहुत कम थी, क्योंकि अधिकतर लोग अपने पिता के कर्म क्षेत्र को ही अपनाना पसन्द करते थे। लेकिन बाद में रामायण के राजा काल में वर्ण परिवर्तन बहुत कठिन हो गया था और लगभग पूरी तरह जन्मना हो चुका था। रामायण में विश्वामित्र का उदाहरण यह सिद्ध करता है। विश्वामित्र क्षत्रिय थे और राजा थे। उनका वशिष्ठ से किसी बात पर विवाद हो गया और बाद में वशिष्ठ की बराबरी करने के उद्देश्य से विश्वामित्र ने हर तरह का अध्ययन किया, कठिन परिश्रम करके हर प्रकार का ज्ञान अर्जित किया। सभी ने विश्वामित्र को ब्राह्मण ऋषि बनने के योग्य माना, लेकिन वशिष्ठ ने कभी भी विश्वामित्र को ब्राह्मण नहीं माना और उन्हें हर प्रकार का ज्ञान अर्जित करने के बाद भी ब्रह्मर्षि के स्थान पर राजर्षि ही माना।

स्मृति काल स्मृतियाँ रामायण, महाभारत महाकाव्यों के बाद लिखी गयी हैं। स्मृतियों के अध्ययन से पता चलता है कि उस काल में वर्णव्यवस्था पूरी तरह से जन्मना हो चुकी थी। शूद्र वर्ण तो सैकड़ों जातियों में बँट चुका था। वर्ण के स्थान पर 'जाति' शब्द ने स्थान पूरी तरह ले लिया था। शूद्र तो अनार्य थे, इस देश के मूलनिवासी थे। उनसे आर्यों की घृणा समझ में आती है लेकिन ऊपर के तीन वर्ण जो कि केवल आर्यों को ही विभाजित करते थे, क्यों जन्मना हो गये? यह प्रश्न विचारणीय है। वास्तव में, इसमें उस समय के धर्माचार्यों का पूरा हाथ था। स्पष्ट है कि ये धर्माचार्य ब्राह्मण ही थे। रजनी कान्त शास्त्री लिखते हैं, "संसार का इतिहास हमें बताता है कि सभी देशों में धर्माचार्यों, पंडे-पुजारियों आदि का आधिपत्य, दबदबा, प्रभाव आदि साधारण जनता पर सदा से चला आ रहा है और वे नाना प्रकार की सामाजिक सुविधाओं का उपयोग करते चले आ रहे हैं। सभी धर्म जनता के अन्धविश्वास पर अवलम्बित रहते हैं। वह नाना प्रकार के अलौकिक शक्ति-सम्पन्न मिथ्या देव-देवियों, फरिश्तों, स्वर्ग, नरक, दोज़ख, बहिस्त आदि के अस्तित्व में विश्वास रखते हैं। उनके हृदय में चिरकाल से यह धारणा जड़ जमाये हुए है कि बिना धर्म

गुरुओं की सहायता से उनके ईष्ट देव प्रसन्न नहीं हो सकते तथा उन्हें स्वर्ग की प्राप्ति व नरक से निजात नहीं मिल सकती, क्योंकि वे ही उनकी समाज में उक्त पारलौकिक कर्म-विषयक विधि-निषेध के विशेषज्ञ हैं। अतः उक्त पारलौकिक लाभों के लिए पुरोहितों को दान-दक्षिणा आदि से खुश रखना जरूरी हो जाता है जिससे उनकी पाँचों उँगलियाँ, जनता के इस अन्धविश्वास से लाभ उठाते रहने से, सदा घी में डूबी रहतीं हैं। स्वार्थ-परायणता मानव-प्रकृति का एक अंग सी मालूम पड़ती है। शुद्ध से शुद्ध मानव प्रकृति में भी इसका एक अंश अवश्य देखने में आता है। फल यह होता है कि जिन सुविधाओं का रसास्वादन हम एक बार कर लेते हैं, उन्हें हम छोड़ना नहीं चाहते। हमारी यही इच्छा होती है कि उन पर हमारा तथा हमारी भावी सन्तान का एकाधिकार बना रहे। हमारे यहाँ के बेचारे धर्माचार्य इस जगत-व्यापी प्राकृतिक नियम के अपवाद कैसे हो सकते थे? ब्राह्मण समुदाय ने जिस उच्च पद को कठोर परिश्रम कर अर्जित किया था, उसे अपने ही कुल में सीमित रखने की उन्हें स्वभावतः एक प्रबल इच्छा हो गयी। उन्हें भय हुआ कि कहीं ऐसा न हो कि अन्य वर्ग के लोग गुण-कर्मों के द्वारा उन्नति करते-करते हमारे पद को छीन लें तथा हमारी सन्तानें अयोग्यता के कारण कालान्तर में क्षत्रिय या वैश्य वर्ण में धकेल दी जायें। अतः वर्ण का निर्णय केवल जन्म के ही आधार पर हो, इस बात को सबसे मनवाने के लिए वे नये-नये श्लोकों की रचना करने लगे।

वर्ण-व्यवस्था को जन्म आधारित बनाने के लिए सबसे पहले उपनयन संस्कार कराने का अधिकार गुरु से ले लिया गया। पहले व्यवस्था यह थी कि गुरुकुल में शिक्षा पूरी होने के बाद गुरु शिष्य का उपनयन संस्कार करता था और उसी समय उसका वर्ण निश्चित किया जाता था। इसमें शिष्य के ज्ञान, उसकी विभिन्न कर्म-क्षेत्रों के प्रति रुचि को विशेष से ध्यान में रखा जाता था। ब्राह्मण धर्माचार्यों के उपनयन संस्कार कराने का अधिकार पिता को दे दिया। इस प्रकार पिता स्वयं पुत्र का उपनयन संस्कार गुरु के पास भेजने से पहले ही करने लगा। ऐसी दशा में शिक्षा प्राप्ति के बाद योग्यता के आधार पर व्यक्ति की वर्ण परिवर्तन की सम्भावना समाप्त हो गयी, क्योंकि उपनयन संस्कार के समय ही व्यक्ति का किसी निश्चित वर्ण में प्रवेश होता है और बाल्य अवस्था में स्पष्ट है कि पिता का ही वर्ण पुत्र को मिलेगा।

स्मृति काल में वर्णव्यवस्था, जो कि पूरी तरह जन्म पर आधारित जाति व्यवस्था में बदल चुकी थी, को और मजबूत बनाने के लिए अनेक कठोर नियमों का निर्माण हुआ। इसमें सबसे महत्त्वपूर्ण कार्य 'मनु' ने किया। उसने जाति व्यवस्था को दृढ़ करने के लिए ऐसे कड़े नियमों का निर्माण किया कि आज भी जाति-व्यवस्था के विरोधी जाति व्यवस्था को 'मनुवादी व्यवस्था' कहते हैं। मनु और दूसरे स्मृतिकारों ने इस सम्बन्ध में दो मुख्य कार्य किये। सर्वप्रथम उन्होंने वर्ण के बाहर विवाह करने पर रोक लगा दी। मनु ने कहा–

1. द्विजों के लिए समान जाति की स्त्रियों से विवाह करना ही श्रेष्ठ है। (3-12)
2. शूद्र स्त्री ही किसी शूद्र की पत्नी हो सकती है। (3-13)
3. जो द्विज मोह में शूद्र स्त्रियों के साथ विवाह कर लेते हैं, वे शीघ्र ही अपने परिवार को शूद्र बना लेते हैं।
4. जो ब्राह्मण किसी शूद्र स्त्री के साथ शारीरिक सम्बन्ध बनाता है, वह नरक में जाता है। (3-17)

दूसरा काम जो धर्माचार्यों ने किया, वह था अन्तरवर्णीय विवाह के साथ-साथ अन्तरवर्णीय सहभोज का निषेध। मनु के अनुसार राजा का भोजन करने से ब्राह्मण का तेज, शूद्र का भोजन करने से उसका ब्रह्मत्व, सुनार का भोजन करने से उसका जीवन तथा चर्मकार का भोजन करने से उसका यश नष्ट हो जाता है (4-128) अज्ञानपूर्वक किसी का (शूद्र) अन्न ग्रहण करने पर तीन दिन तक का उपवास करना चाहिए। पर यदि ज्ञानपूर्वक अन्न ग्रहण किया गया है तो उसे वैसा ही कुछ व्रत करना चाहिए मानों उसने शुक्र का मल-मूत्र ग्रहण कर लिया हो (4222)। मनु को शूद्रों से कितनी घृणा थी, वह इससे ही स्पष्ट हो जाता है कि उसने उनके भोजन को मलमूत्र बताया।

वर्ण के बाहर विवाह और अन्तरवर्णीय सहभोज पर निषेध जाति व्यवस्था को मजबूती प्रदान करने में आधार स्तम्भ सिद्ध हुए। लेकिन इसका अर्थ यह नहीं है कि शूद्रों को अपने वर्ण में विवाह या सहभोज करने का अधिकार था। शूद्र और दलित वर्ग को तो पेशे के आधार पर अनेक जातियों में बाँटा ही जा चुका था, उनके लिए वर्ण का अर्थ जाति बन चुका था। अन्तरजातीय विवाह के कारण और रक्त मिश्रण के कारण अनेक नवीन जातियों की उत्पत्ति हुई, जिससे शूद्र और दलित जातियों की संख्या में वृद्धि हुई। उदाहरण के लिए शूद्र पुरुष और ब्राह्मण स्त्री की सन्तान 'चांडाल' मानी गयी।

आर्य धर्माचार्य को सबसे अधिक भय शूद्रों और दलितों से था, क्योंकि वे यहाँ के मूलनिवासी थे और संख्या बल में तीनों वर्णों से चार गुना से भी अधिक थे। अतः उनकी एकता की सम्भावना को पूर्णतया समाप्त करने के लिए उनके जाति बन्धन और कड़े कर दिये गये। अन्तर जातीय विवाह और सहभोज के प्रतिबन्ध ने हर जाति को एक बन्द वर्ग का रूप दे दिया और प्रत्येक व्यक्ति उस वर्ग में बन्द होकर रह गया। शूद्रों के अध्ययन पर प्रतिबन्ध तो महाकाव्य काल में ही प्रारम्भ हो गये थे, स्मृति काल में इन प्रतिबन्धों को और कड़ा किया गया और इन प्रतिबन्धों का उल्लंघन करने पर कड़े दंड की भी व्यवस्था की गयी।

गौतम ने व्यवस्था की कि 'यदि शूद्र वेद मन्त्र सुन भी ले, तो उनके कानों में

पिघला शीशा भर देना चाहिए और यदि वह वेद मन्त्र का उच्चारण करे, तो उसकी जिह्वा काट देनी चाहिए।

जातिव्यवस्था से सम्बन्धित नियमों के निर्माण और उन्हें कठोरता से लागू करने हेतु प्रेरित करने में मनु का सबसे अधिक योगदान है और उसके योगदान के कारण ही आज भी जाति व्यवस्था को लोग मनुवादी व्यवस्था कहते हैं। मनु जाति प्रथा को दृढ़ करने के लिए कुछ नियमों से ही सन्तुष्ट नहीं हुआ। उसे सदैव यह डर रहता था कि कहीं लोग जाति-व्यवस्था के विरुद्ध विद्रोह न कर दें। अतः मनु ने जाति प्रथा का उल्लंघन करने वालों के लिए कठोर दंड की व्यवस्था की। उसने जाति-व्यवस्था के उल्लंघन को धर्मद्रोह माना और उनके लिए जाति बहिष्कृत करने की व्यवस्था की। मनु ने व्यवस्था की कि–

1. जो ब्राह्मण बहिष्कृत हैं और नास्तिक हैं, वे वेद-कर्म तथा पितृ-कर्म के अयोग्य हैं। (3150)
2. जाति बहिष्कृत लोग पैतृक सम्पत्ति से वंचित रहेंगे। (9201)
3. जाति बहिष्कृत व्यक्ति को मृतक समझ कर उसका अन्तिम संस्कार करें (1-1182)
4. यदि बहिष्कृत व्यक्ति प्रायश्चित्त कर ले, तो उसे जाति में वापस लिया जाये। (11-186-188)
5. यदि बहिष्कृत व्यक्ति प्रायश्चित्त नहीं करता है, तो वह परिवार के साथ न रहे। (11-189)
6. बहिष्कृत व्यक्ति के साथ सामाजिक व्यवहार न रखें, अर्थात् न उसके साथ रहें, न उसका अन्न ग्रहण करें, और न उसे श्राद्ध में बुलाएँ। (4-79, 213 तथा 3-15, 1-159)
7. जो व्यक्ति किसी बहिष्कृत के साथ सम्पर्क करता है, वह राक्षस बनेगा। (12-60)

बाद में ये नियम और कठोर हो गये। जाति विरुद्ध कार्य सबसे अधिक घृणित और धर्म विरुद्ध कार्य माना गया। डॉ. अम्बेडकर कहते हैं–"हिन्दू धर्म में अधर्मी वह नहीं जिसकी धर्म में आस्था नहीं, बल्कि वह है जो जाति विरुद्ध कार्य करता है।" आज 21वीं सदी में भी ऐसी कई घटनाएँ हो चुकी हैं, जब जाति की पंचायत ने अन्तर जातीय विवाह करने पर कठोर दंड यहाँ तक कि मृत्यु दंड दिया।

## सन्दर्भ

1. राइटिंग एंड स्पीचेज (खंड-7), डॉ. बी.आर. अम्बेडकर, पृ. 134
2. दि कान्सेप्ट आफ शूद्र इन मनुस्मृति : ए रिएप्रेजल, ए.आर. त्रिपाठी, पृ. 292
3. प्राचीन भारत का राजनीतिक तथा सांस्कृतिक इतिहास, विमल चन्द्र पाण्डेय, पृ. 118
4. हिन्ट्री ऑफ हिन्दू इम्पीरियलिज्म, स्वामी धर्मतीर्थ, पृ. 16
5. प्राचीन भारत का राजनीतिक तथा सांस्कृतिक इतिहास, विमल चन्द्र पाण्डेय, पृ. 117
6. हिन्ट्री ऑफ हिन्दू इम्पीरियलिज्म, स्वामी धर्मतीथ, पृ. 16
7. प्राचीन भारत का राजनीतिक तथा सांस्कृतिक इतिहास, विमल चन्द्र पाण्डेय, पृ. 117
8. हिन्ट्री ऑफ हिन्दू इम्पीरियलिज्म, स्वामी धर्मतीथ, पृ. 33

# हिन्दुत्व : न्याय और कल्याणकारी समाज

धर्म और समाज का अटूट सम्बन्ध है। समाज का स्वरूप धर्म ही निर्धारित करता है। अतः किसी भी धर्म के बारे में जानने के लिए कि वह कैसा समाज बनाना चाहता है, समाज को क्या शिक्षा देना चाहता है, मानव जाति का किस प्रकार कल्याण करना चाहता है, उस धर्म का दर्शन जानना आवश्यक है। उस धर्म के दर्शन का मूल्यांकन करना आवश्यक है। हिन्दुत्ववादी धर्म का समाज पर प्रभाव तो तुरन्त स्वीकार करते हैं, लेकिन जब विभिन्न धर्मों के तुलनात्मक अध्ययन का प्रश्न आता है तो यह कह कर पल्ला झाड़ने का प्रयास करते हैं कि सभी धर्म समान हैं। सभी में मनुष्य को सांसारिक दुखों से मुक्ति का मार्ग दिखलाया गया है। यह मार्ग अलग-अलग हो सकता है, लेकिन सभी धर्मों में लक्ष्य एक ही है और वह है मानव जाति का कल्याण करना। तुलनात्मक अध्ययन के मामले में वे इससे आगे जाने को तैयार नहीं होते। इसका कारण है कि विस्तृत तुलनात्मक अध्ययन करने पर हिन्दू धर्म की विभिन्न कोणों से जाँच-पड़ताल होगी, हिन्दू धर्म का भारतीय समाज पर प्रभाव जानने के लिए हिन्दू धर्म के दर्शन की जाँच होगी और यदि हिन्दू के दर्शन की जाँच-पड़ताल हुई, तो जिस धर्म पर गर्व करने का ढोल हिन्दुत्ववादी पीटते हैं उसकी पूरी असलियत सबके सामने आ जायेगी। फिर वे इस देश के बहुसंख्यक मूलनिवासी समाज (दलित-पिछड़ों) के सामने "गर्व से कहो हम हिन्दू हैं" का नारा नहीं लगा पायेंगे।

डॉ. अम्बेडकर कहते हैं कि धर्म एक सामाजिक शक्ति है, इस बात की अनदेखी नहीं की जा सकती। हेबर्ड स्पेंसर के अनुसार 'किसी जाल की बुनाई में यदि इतिहास को ताना माना जाये तो धर्म एक ऐसा बाना है, जो उसके प्रत्येक स्थान पर आड़े आता है।' डॉ. अम्बेडकर कहते हैं कि यह एक सच्चाई है, जो प्रत्येक समाज से सम्बंधित है। परन्तु भारतीय इतिहास के ताने को धर्म न केवल हर स्थान पर बाना बन के आड़े आता है, बल्कि हिन्दू मन के लिए वह ताना भी है और बाना भी। हिन्दू जीवन में धर्म उसके प्रत्येक क्षण को नियमित करता है। वह उसे आदेश देता है कि अपने जीवनकाल में कैसा आचरण करे, तथा उसकी मृत्यु के उपरान्त उसके शरीर के साथ क्या किया जाये।[1]

बुद्ध की शिक्षाओं के आधार पर डॉ. अम्बेडकर आदर्श लोकतान्त्रिक समाज के तीन आधार स्तम्भ बताते हैं, जिनके आधार पर धर्म के कल्याणकारी स्वरूप का मूल्यांकन किया जा सकता है। ये तीन आधार स्तम्भ हैं। 1. समानता 2. स्वतन्त्रता और 3. भ्रातृत्व। यही तीन लक्षण 1779 में हुई फ्रांसीसी क्रान्ति के दार्शनिक आधार थे। इन तीन मूलभूत तत्वों के बिना कोई भी धर्म मनुष्य के लिए कल्याणकारी नहीं हो सकता और ऐसे धर्म से मनुष्य के लिए एक कल्याणकारी समाज के निर्माण का प्रश्न ही नहीं उठता अर्थात् ऐसे धर्म से मनुष्य न्याय की आशा नहीं कर सकता।

प्रश्न उठता है कि क्या हिन्दू धर्म की सामाजिक व्यवस्था इन मानकों पर खरी उतरती है?

## हिन्दुत्व समानता पर विश्वास नहीं करता

जब भी हम समानता के प्रश्न पर हिन्दू समाज के बारे में विचार करते हैं, तो तुरन्त मस्तिष्क हिन्दू समाज की जाति व्यवस्था की ओर चला जाता है। हिन्दू जाति व्यवस्था हिन्दू धर्म का मूल आधार है। यहाँ यह कहना गलत नहीं होगा कि जातिव्यवस्था की अनुपस्थिति में हिन्दू धर्म अपना सब कुछ खो देता है। लेकिन यह जातिव्यवस्थाँ मनुष्य की समानता पर आधारित नहीं है। यह मनुष्य-मनुष्य में असमानता उनके जन्म के साथ ही प्रारम्भ कर देती है। इस जाति व्यवस्था ने पूरे समाज को 4000 से भी अधिक जातियों में बाँटा है। ये सारी जातियाँ सीढ़ी नुमा व्यवस्था में स्थापित की गयीं है। अर्थात् जैसे सीढ़ी में प्रत्येक भाग दूसरे भाग से या तो ऊपर स्थित होता है या फिर नीचे होता है, उसी प्रकार इस सीढ़ीनुमा जाति-व्यवस्था में भी प्रत्येक जाति किसी भी दूसरी जाति से या तो ऊपर है या फिर नीचे स्थित है। कोई भी दो जातियाँ एक समान नहीं हो सकतीं। इस व्यवस्था में सबसे ऊपर ब्राह्मण हैं, उसके नीचे दूसरे स्थान पर क्षत्रिय हैं। क्षत्रिय से नीचे तीसरे स्थान पर वैश्य और वैश्य से नीचे शूद्र को रखा गया है। सबसे अन्त में अतिशूद्र अर्थात् अछूत आते हैं, जिन्हें प्रारम्भ में हिन्दू ही नहीं माना गया था। शूद्र और अतिशूद्र को भी हजारों जातियों में बाँटा गया है और ये सभी जातियाँ इसी सीढ़ीनुमा व्यवस्था में एक के ऊपर एक करके रखी गयी हैं। इस ढाँचे में नीचे से ऊपर की ओर चलें तो जाति का सम्मान बढ़ता है, वहीं ऊपर से नीचे की ओर चलने पर घृणा की मात्रा बढ़ती जाती है। जैसे निचले पायदान पर स्थित जाति की नजर में जो जाति जितनी अधिक ऊपर स्थित होगी, उसका सम्मान उतना ही अधिक होगा। इसी प्रकार से ऊपर की ओर स्थित जाति की नजर में जो जाति जितनी नीचे की ओर स्थित होगी, उसका सम्मान उतना ही कम होता जायेगा और उसके प्रति घृणा की भावना बढ़ती जायेगी। बाबा साहेब अम्बेडकर ने इसे जाति व्यवस्था में सम्मान का आरोही और अवरोही क्रम कहा था।

हिन्दू धर्म में समानता का अभाव प्रत्येक क्षेत्र में देखने को मिलता है। उदाहरण के लिए सारे हिन्दू ग्रन्थ दासता को स्वीकार करते हैं। मनु ने सात प्रकार की दासता मानी है। (मनुस्मृति 8.415) वहीं नारद ने 15 प्रकार की दासता का वर्णन किया है। (नारदस्मृति 5.25) गुलामी या दासता को मनु समेत सभी धर्माचार्यों ने मान्यता दी है, लेकिन इस दासता में भी असमानता है। ब्राह्मण ब्राह्मण को दास बना सकता है और साथ ही क्षत्रिय, वैश्य, शूद्र-अतिशूद्र को भी दास बना सकता है। क्षत्रिय किसी क्षत्रिय को या वैश्य, शूद्र अतिशूद्र को दास बना सकता है, लेकिन ब्राह्मण को नहीं। वैश्य किसी वैश्य, शूद्र अतिशूद्र को दास बना सकता है, लेकिन ब्राह्मण और क्षत्रिय को नहीं। इसी प्रकार शूद्र किसी शूद्र या अतिशूद्र को तो दास बना सकता है, लेकिन ब्राह्मण, क्षत्रिय और वैश्य को नहीं। (मनुस्मृति 14.183) दास बनाने के बारे में ये नियम केवल किसी को व्यक्तिगत दास बनाने के लिए हैं, वरना शूद्रों के लिए तो आजीवन गुलामी की व्यवस्था की गयी है। मनु कहता है कि शूद्र ऊपर के तीनों वर्णों की सेवा के लिए है। (मनुस्मृति 1.91) अतिशूद्रों अर्थात् दलितों की दशा तो गुलामों से भी खराब रही है, क्योंकि उन्हें तो आर्य शासक जातियों ने पशुओं से भी बदतर जीवन जीने के लिए बाध्य किया। वैसे तो गुलामी प्रथा विश्व के अनेक समाजों में रही है, लेकिन किसी भी समाज में गुलामी प्रथा को धर्म की मान्यता नहीं मिली है। यह केवल हिन्दू धर्म में ही हुआ है। इसी कारण दूसरे जिन समाजों में गुलामी प्रथा थी, उनके गुलामों ने बेहतर जीवन जिया। उनका मालिक यदि चाहे तो उन्हें गुलामी से मुक्त भी कर सकता था, लेकिन भारत के मूलनिवासियों के भाग्य में यह नहीं था। उनके जीवन में यह गुलामी हिन्दू धर्म के अनुसार जीवनपर्यन्त रहती है। मनु कहता है कि शूद्र खरीदा हुआ हो या बिना खरीदा हुआ हो, उससे सेवक का कार्य ही लेना चाहिए, क्योंकि ब्रह्माजी ने उसकी रचना ब्राह्मण की सेवा के लिए ही की है। स्वामी द्वारा छोड़ दिये जाने पर भी शूद्र सेवा कार्य से मुक्त नहीं हो सकता, क्योंकि वह उनका स्वभाव है। (मनुस्मृति 8.413-14)

अन्तर जातीय विवाह के बारे में भी इसी प्रकार असमान व्यवस्था है। ब्राह्मण यदि अपने वर्ण के बाहर विवाह करना चाहता है, तो वह क्षत्रिय, वैश्य, शूद्र तीनों वर्णों की स्त्रियों को पत्नी बना सकता है। क्षत्रिय पर थोड़ा प्रतिबन्ध है, वह वैश्य और शूद्र स्त्री को तो पत्नी बना सकता है, लेकिन ब्राह्मण स्त्री से विवाह नहीं कर सकता। इसी प्रकार वैश्य शूद्र स्त्री से विवाह कर सकता है, लेकिन ब्राह्मण और क्षत्रिय स्त्री से नहीं। शूद्र केवल शूद्र स्त्री से ही विवाह कर सकता है। (मनुस्मृति 3.12-13)

दंड विधान में तो असमानता इतनी अधिक है कि हिन्दू धर्म को न जानने वाला उस असमानता की कल्पना ही नहीं कर सकता। प्रत्येक अपराध के लिए दंड का विधान वर्ण के हिसाब से अलग-अलग किया गया है। एक ही अपराध के लिए सभी मनुष्यों के लिए समान दंड का प्रावधान हिन्दू संस्कृति में नहीं है। किसी

अपराध हेतु ब्राह्मण के लिए सच कुछ है तो क्षत्रिय, वैश्य या शूद्र के लिए कुछ और है, लेकिन एक बात अवश्य है कि सबसे कठोर दंड शूद्र के लिए है। उदाहरण के लिए मनु कहता है–

1. यदि कोई शूद्र किसी पुरोहित की पत्नी के साथ व्यभिचार करे, तो उसे मृत्यु-दंड मिलना चाहिए। (मनुस्मृति 8.8.359)
2. पुरोहित वर्ग के व्यभिचारी को प्राण दंड देने की बजाये उसका अपकीर्तिकर मुंडन करा देना चाहिए तथा इसी अपराध के लिए अन्य वर्गों को मृत्यु-दंड तक दिया जाये। (मनुस्मृति 8.379)
3. राजा समस्त पाप करने वाले ब्राह्मण का भी कभी वध न करे, बल्कि सम्पूर्ण धन के साथ अक्षत उसे राज्य से निर्वासित कर दे। (मनुस्मृति 8.380)
4. क्षत्रिय वर्ण के किसी सदाचारी मनुष्य की जानबूझ कर हत्या करने पर किसी ब्राह्मण की हत्या के लिए जो दंड दिया जाता है, उसका एक चौथाई दंड होगा, वैश्य की हत्या के लिए उसका आठवाँ भाग और शूद्र की हत्या के लिए, जो निरन्तर अपने कर्तव्य का पालन करता है, उसका सोलहवाँ भाग (मनुस्मृति 11.126)

ये उदाहरण दर्शाते हैं कि धार्मिक नियम भी किस प्रकार सामाजिक असमानता को बनाने और उसे जारी रखने में मदद करते हैं। इसका एक ही कारण है और वह है वर्ण व्यवस्था। वास्तव में वर्ण व्यवस्था पर आधारित हिन्दुत्व की विचारधारा असमानता के सिद्धान्त का ही दूसरा नाम है। हिन्दुत्व समानता को नहीं मानता है। उसका समतामूलक समाज के विचार में कोई विश्वास नहीं है, क्योंकि उसका मानना है कि कुछ लोगों का जन्म यदि शासन करने के लिए होता है, तो कुछ लोगों को ईश्वर पैदा ही दूसरों की सेवा करने के लिए करता है। असमानता का यह सिद्धान्त हिन्दू समाज के हर अंग में, हर स्थान पर है और हर उद्देश्य के लिए इसका उपयोग किया जाता है।

डॉ. अम्बेडकर कहते हैं कि हिन्दू सामाजिक व्यवस्था एक ऐसी व्यवस्था है, जो वर्णों पर आधारित है, न कि व्यक्तियों पर। यह वह व्यवस्था है, जिसमें वर्णों को एक दूसरे के ऊपर श्रेणीबद्ध किया गया है। यह एक ऐसी व्यवस्था है, जिसमें वर्णों की प्रतिष्ठा तथा कार्य-निर्धारण निश्चित है। हिन्दू समाज व्यवस्था एक कठोर सामाजिक प्रणाली है। इस बात से उसे कोई लेना-देना नहीं है कि किसी व्यक्ति के पद और प्रतिष्ठा मे अपेक्षाकृत परिवर्तन हो, लेकिन जिस वर्ण में वह पैदा हुआ है, उस वर्ण के सदस्य के रूप में उसकी सामाजिक स्थिति दूसरे वर्ण के व्यक्ति के सन्दर्भ में किसी भी तरह प्रभावित नहीं होगी। उच्च वर्ण में जन्मे और निम्न वर्ण में जन्मे व्यक्ति की नियति उसका जन्मजात वर्ण ही है।[2]

दरअसल हिन्दू सामाजिक व्यवस्था में व्यक्ति का स्थान एकदम महत्त्वहीन है। चूँकि हिन्दू सामाजिक व्यवस्था मुख्य रूप से वर्णव्यवस्था पर आधारित है, वह व्यक्ति को सामाजिक उद्देश्य का केन्द्र नहीं मानती। दूसरे समाजों की तरह यह व्यक्ति विशेष की विशिष्टता तथा उसके नैतिक दायित्व को महत्त्व नहीं देती। डॉ. अम्बेडकर कहते हैं कि हिन्दू समाज-व्यवस्था में व्यक्ति विशेष की योग्यता का कोई स्थान नहीं है। तथा वैयक्तिक न्याय का भी ध्यान नहीं रखा जाता है। यदि किसी व्यक्ति को कोई विशेषाधिकार प्राप्त है, तो ऐसा इसलिए नहीं कि वह व्यक्तिगत रूप से उसका अधिकारी है। यह विशेषाधिकार उसे उसके वर्ण के कारण मिलता है और वह उसका उपभोग करता है, तो सिर्फ इसलिए कि वह एक वर्ण-विशेष का है। इसके विपरीत यदि किसी व्यक्ति को कष्ट भोगना पड़ रहा है, तो उसका कारण भी उसका वर्ण ही है।[3]

## हिन्दुत्व स्वतन्त्रता विरोधी

स्वतन्त्रता किसी भी सभ्य और विकसित समाज का दूसरा अनिवार्य अंग है। मनुष्य के सर्वांगीण विकास के लिए उसका स्वतन्त्र होना आवश्यक है। स्वतन्त्रता के बिना बन्धनों से जकड़ा मनुष्य न तो अपना उचित विकास कर सकता है और न ही समाज को कोई सार्थक योगदान दे सकता है। यहाँ पर स्वतन्त्रता का अर्थ स्वछन्दता कदापि नहीं है, जैसा कि बहुत से लोग सोच सकते हैं। क्योंकि अक्सर यह कहा जाता है कि स्वतन्त्रता पर यदि अंकुश न लगाया जाये, तो वह समाज मे अराजकता पैदा करती है। दरअसल बिना अंकुश की स्वतन्त्रता स्वछन्दता में बदल जाती है और इसीलिए मनुष्य पर सामाजिक नियमों का अंकुश लगाना पड़ता है। लेकिन यह कहना भी उचित होगा कि सामाजिक नियम सभी मनुष्यों के लिए समान होने चाहिए और कोई भी नियम मनुष्य के सर्वांगीण विकास में बाधक नहीं होना चाहिए।

डॉ. अम्बेडकर ने स्वतन्त्रता के लिए तीन सामाजिक शर्तें बतायी हैं–

1. मनुष्य को सामाजिक समानता मिलनी चाहिए।
2. समाज की ओर से आर्थिक सुरक्षा होनी चाहिए।
3. समाज की ओर से मनुष्य की ज्ञान प्राप्ति में, शिक्षा के मार्ग में कोई रुकावट नहीं होनी चाहिए।

हिन्दुत्ववादी व्यवस्था इन तीनों शर्तों को पूरा नहीं करती है। जहाँ तक सामाजिक समानता का प्रश्न है, यह बताया जा चुका है कि हिन्दुत्व का मूल आधार वर्णव्यवस्था है और उससे विकसित जाति व्यवस्था है। चूँकि यह जाति व्यवस्था सीढ़ीनुमा ढाँचे के रूप में मनुष्य-मनुष्य के बीच असमानता पर आधारित है और इसके आधार पर हिन्दुत्व किस प्रकार समानता के सिद्धान्त का निषेध करता है, यह स्पष्ट किया जा

चुका है। हिन्दुत्व असमानता के सिद्धान्त को स्थापित करता है। अतः स्वतन्त्रता की प्रथम शर्त हिन्दुत्ववादी व्यवस्था पूरी नहीं करती है।

आर्थिक सुरक्षा का अर्थ है कि मनुष्य को अपना पेशा चुनने की स्वतन्त्रता होनी चाहिए। धर्म की ओर से व समाज की ओर से ऐसा कोई नियम नहीं होना चाहिए, जो मनुष्य को अपनी रुचि के अनुसार या अपने परिवार की आवश्यकताओं के अनुसार पेशा अपनाने में बाधक बने। लेकिन हिन्दुत्व ऐसा नहीं मानता। उसके अनुसार मनुष्य को अपना पेशा चुनने का अधिकार नहीं है। मनु के अनुसार प्रत्येक मनुष्य का पेशा उसके जन्म से पहले ही निश्चित हो जाता है। उसके पास पेशा चुनने की स्वतन्त्रता नहीं रहती है। मनुष्य जिस जाति में पैदा हुआ है, उसे उसी जाति का निर्धारित पेशा अपनाना होगा। पेशों का मनुष्य की क्षमता या योग्यता से कोई सम्बन्ध नहीं है। तेली का बेटा तेली का ही काम करेगा, कुम्हार का बेटा कुम्हार का ही काम करेगा भले ही उसमें योग्यता शिक्षक या सैनिक बनने की हो। इस प्रकार हिन्दुत्व मनुष्य को दूसरों के द्वारा निश्चित किये गये पेशे को अपनाने को मजबूर करता है।

हिन्दू समाज के अतिरिक्त सभी समाजों में आर्थिक क्रियाकलाप हमेशा ही धार्मिक पवित्रता की परिधि से बाहर रहे हैं। उदाहरण के लिए शिकारी समाज का सदैव कोई धर्म रहा है, लेकिन उसका शिकारी होना उसका अपना निर्णय रहा है। उसके पेशे का उसके धर्म से कोई सम्बन्ध नहीं रहा है। लेकिन हिन्दू समाज में मानवीय सम्बन्धों को धर्म का आवरण ओढ़ाकर अनुबन्धनीय बना दिया गया है। हिन्दुओं में कामगारों के पारस्परिक सम्बन्धों की भी सीमाएँ बाँध दी गयी हैं। उन्हें कड़ियों और सनातन संशयहीनता के शिकंजे में कस दिया गया है।[4]

आर्थिक क्रियाकलापों पर धर्म का अंकुश वास्तव में बहुसंख्यक शूद्रों की स्वतन्त्रता को समाप्त करने के उद्देश्य से ही लगाया गया है। इसी कारण मनु कहता है कि शूद्र का जन्म ही ऊपर के तीन वर्णों की सेवा के लिए हुआ है। मनु के कुछ नियम इस सम्बन्ध में इस प्रकार हैं—

1. ब्रह्मा ने शूद्र के लिए एक ही कर्तव्य निर्धारित किया है। कि वह विनम्रतापूर्वक इन तीन जातियों अर्थात् ब्राह्मण, क्षत्रिय और वैश्य की सेवा करे। (मनुस्मृति 1.91)
2. ब्राह्मण की सेवा करना शूद्र के लिए एक मात्र उत्तम कर्म कहा गया है, क्योंकि इसके अतिरिक्त वह जो भी कुछ करता है उसका उसे कुछ भी फल नहीं मिलता। (मनुस्मृति 10.123)
3. शूद्र को धन संचय नहीं करना चाहिए, क्योंकि इससे वह ब्राह्मण को दुख पहुँचाता है। (मनुस्मृति 10.129)

इस प्रकार मनु शूद्र को धन-सम्पत्ति रखने की भी स्वतन्त्रता नहीं देता है। वह उन्हें

केवल अपने वर्ण के अनुसार ही कार्य करने का आदेश देता है। लोग अपने-अपने वर्णानुसार कर्म कर रहे हैं या नहीं, यह सुनिश्चित करने का उत्तरदायित्व राजा का सौंपा, क्योंकि मनु ने राजा के लिए जो कर्तव्य निश्चित किये हैं, उनमें से एक कार्य यह है कि वह यह देखे कि सभी जाति के लोग अपने निश्चित कर्तव्यों का पालन करें। वह कहता है कि पूर्ण रूप से जाग्रत तथा सचेत होकर राजा आदेश दे कि वैश्य तथा शूद्र अपने-अपने कर्तव्यों का पालन करें, क्योंकि जब ये लोग अपने कर्तव्यों का पालन करना छोड़ देते हैं, तब सारा संसार भ्रम में पड़ जाता है। (मनुस्मृति 8.418)

अपनी जाति के लिए निश्चित कर्म न करना अपराध माना गया है और इसके लिए राजा द्वारा दंड देने की व्यवस्था की गयी है। गीता में भी कहा गया कि 'अपना धर्म गुणहीन भी हो, वही अच्छा, किन्तु दूसरे का धर्म सुचारु रूप से सम्पादित होने पर भी अच्छा नहीं। अपने धर्म के पालन में मर जाना भी अच्छा है, क्योंकि दूसरे का धर्म खतरे से भरा है।' इस प्रकार हिन्दुत्व स्वतन्त्रता की दूसरी शर्त पेशा चयन करने कि स्वतन्त्रता का निषेध करता है क्योंकि इसके अनुसार किसी दलित या पिछड़ी जाति (शूद्र) के व्यक्ति को अपनी जाति का ही कर्म करना चाहिए, भले ही उसमें योग्यता किसी और कार्य की हो या उसकी इच्छा अपने जातिगत पेशे को न अपनाने की हो। उसे तो जातिगत पेशा उच्च वर्णों की सेवा भावना के साथ अपनाना चाहिए।

स्वतन्त्रता की तीसरी शर्त है शिक्षा या ज्ञान प्राप्ति के साधनों का प्रयोग करने की स्वतन्त्रता। बाबा साहेब अम्बेडकर हिन्दू व्यवस्था में शिक्षा-व्यवस्था की विवेचना करते हुए कहते हैं कि प्रत्येक वर्ग ने, वे जो कार्य परम्परा से करते आ रहे थे, उसे करने का ज्ञान अपने सदस्यों को देने का प्रबन्ध किया। वैश्य जाति के लोगों का यह कर्तव्य था कि प्रत्येक युवा वैश्य व्यापारिक तन्त्र, गणित, कोई भाषा तथा व्यापार की कुछ वास्तविक जानकारी प्राप्त कर सके। इन बातों की शिक्षा उसे उसके पिता के साथ व्यापार करते समय मिल जाती थी। कलाकारों अथवा दस्तकारी वर्ग, जो शूद्रों से उभरा, अपनी कला व दस्तकारी अपने बच्चों को इसी तरह देने लगा कि शिक्षा पारिवारिक बन गयी थी। शिक्षा व्यावहारिक थी। उसने केवल विशेष कार्य करने की कुशलता बढ़ाई। उसने नयी धारणायें नहीं बनाईं। उसने दृष्टि का विकास नहीं किया, जिसका नतीजा यह हुआ कि व्यावहारिक शिक्षा ने उसे केवल कार्य करने का एक अलग और समान तरीका सिखाया, जो उसकी बदलते वातावरण में ठोस अयोग्यता बन गयी। निरक्षरता हिन्दू धर्म की एक कुटिल परन्तु सम्पूर्ण प्रक्रिया बन गयी। इस प्रक्रिया को समझने के लिए मनु ने वेदों के अध्ययन तथा शिक्षा से सम्बन्धित जो नियम बनाये, उन पर ध्यान देना आवश्यक है।[5]

प्राचीन समय में ज्ञान प्राप्ति का एक मात्र साधन वेदों को माना जाता था। लेकिन मनु ने शूद्रों के लिए वेदों के अध्ययन के सम्बन्ध में प्रतिबन्ध लगाते हुए विभिन्न नियम बनाए, जिसमें कुछ इस प्रकार हैं—

1. वेदों का अध्ययन करने तथा वेदों की शिक्षा देने का कार्य सृष्टा ने ब्राह्मणों को सौंपा है। (मनुस्मृति 1.88)
2. क्षत्रियों को उसने (सृष्टा ने) आदेश दिया है कि वे वेदों का अध्ययन करें। (मनुस्मृति 1.89)
3. वैश्यों को उसने (सृष्टा ने) आदेश दिया है कि वे वेदों का अध्ययन करें। (मनुस्मृति 1.90)
4. जो गुरु की आज्ञा के बिना वेदों का ज्ञान प्राप्त करेगा, ऐसा माना जायेगा कि उसने धर्मशास्त्रों की चोरी करने का अपराध किया है और वह यातनाओं में डूब जायेगा। (मनुस्मृति 2.116)
5. द्विज शूद्रों की उपस्थिति में वेदों का अध्ययन न करें।(मनुस्मृति 4.99)
6. स्त्रियों का वेदों के श्लोकों से कोई सरोकार नहीं है। (मनुस्मृति 9.18)
7. यदि किसी द्विज ने (अनुचित रूप से) वेदों का रहस्योद्घाटन किया है (अर्थात् शूद्रों तथा स्त्रियों को), तो वह पाप करता है, एक वर्ष जौ का आहार करके अपने पाप का प्रायश्चित करे। (मनुस्मृति 11.198)

इन श्लोकों में तीन भिन्न-भिन्न प्रस्तावों का समावेश है। ब्राह्मण, क्षत्रिय तथा वैश्य वेदों का अध्ययन कर सकते हैं। परन्तु इनमें से केवल ब्राह्मण को ही शिक्षा देने का अधिकार है। शूद्रों को तो, अध्ययन तो दूर की बात, उसके पठन को भी सुनने का अधिकार नहीं है। मनु के उत्तराधिकारी तो और आगे बढ़ गये। उन्होंने शूद्रों के वेद अध्ययन को अपराध घोषित करके कड़े दंड देने का प्रावधान किया। उदाहरण के लिए गौतम ने कहा है–

> यदि शूद्र जान-बूझकर वेदों का पठन सुनता है, तब उसके कानों में पिघलता शीशा या लाख डाल दी जाये। यदि वह वेदों का उच्चारण करता है, तब उसकी जुबान काट दी जाये, यदि वह वेदों पर अपना प्रभुत्व स्थापित करता है, तब उसके शरीर के टुकड़े-टुकड़े कर दिये जायें। (गौतम स्मृति 12.4)

कात्यायन ने भी इसी प्रकार के विचार व्यक्त किये हैं।

इन नियमों की विवेचना करते हुए बाबा साहेब अम्बेडकर कहते हैं कि ऐसा कहा जा सकता है कि प्राचीन संसार ने सामान्य लोगों को शिक्षा देने की अपनी जिम्मेदारी निभाने में असफल होने का अपराध किया है, परन्तु संसार में हिन्दू समाज के अतिरिक्त ऐसा कोई समाज नहीं है, जिसने अपनी सामान्य जनता को धर्म-ग्रन्थों का अध्ययन करने की मनाही का अपराध किया हो। किसी भी समाज ने कभी भी अपनी सामान्य जनता पर शिक्षा प्राप्त करने पर प्रतिबन्ध लगाने का अपराध नहीं किया है। किसी भी समाज ने ऐसी चेष्टा नहीं की कि सामान्य मनुष्यों द्वारा ज्ञान

प्राप्त करने के प्रयासों को दंड देने योग्य अपराध घोषित किया जाये।[6]

वेद अध्ययन पर शूद्रों के लिए लगे ऐसे प्रतिबन्ध उनके वेद अध्ययन तक ही सीमित नहीं रहे, बल्कि इन प्रतिबन्धों ने देश के इस बहुसंख्यक समाज में निरक्षरता को भी अप्रत्यक्ष रूप से बढ़ावा दिया।

इस प्रकार हिन्दुत्ववादी व्यवस्था ने समाज के बड़े भाग को ज्ञान प्राप्ति से दूर रखा और उनके जीवन में अँधेरा भरने का हर सम्भव प्रयास किया। दरअसल हिन्दुत्ववादी व्यवस्था का मनुष्य की स्वतन्त्रता से कुछ लेना-देना नहीं है। यह तो यहाँ समाज के एक छोटे से वर्ग को तो स्वतन्त्रता देती है लेकिन साथ ही समाज के बहुसंख्यक भाग के पैरों में बेड़ियाँ डालती है।

## हिन्दुत्व में भ्रातृत्व का कोई स्थान नहीं

धर्म और समाज के कल्याणकारी स्वरूप के मूल्यांकन का तीसरा आधार भ्रातृत्व की भावना होती है। भ्रातृत्व की भावना किसी भी धर्म व धर्म आधारित समाज में मनुष्य के सर्वांगीण विकास के लिए आवश्यक लोकतान्त्रिक मूल्यों की स्थापना करती है। भ्रातृत्व की भावना की अनुपस्थिति समाज को व्यक्तिवाद की ओर धकेल देती है। व्यक्तिवाद कभी समाज का भला नहीं करता है।

भ्रातृत्व की भावना के सम्बन्ध में डॉ. अम्बेडकर का विश्लेषण पूर्णतया सही है। वे लिखते हैं समाज में दो शक्तियाँ कार्यरत हैं, व्यक्तिवाद और बन्धुत्व। व्यक्तिवाद का सर्वत्र संसार है। प्रत्येक व्यक्ति निरन्तर इस तरह के सवाल करता है कि वह तथा उसके पड़ोसी, क्या दोनों भाई-भाई हैं? क्या हम आपस में रिश्तेदार हैं? क्या मैं उनका पालक हूँ? तब मैं उनके साथ न्याय करूँ? और अपने स्वहितों की रक्षा के दबाव में आकर वह ऐसा कार्य करने लगता है, जिसका लक्ष्य केवल उसका अपना अस्तित्व होता है। इसके कारण एक असामाजिक और कभी-कभी समाज विरोधी व्यक्तित्व का निर्माण होता है। भ्रातृत्व बिलकुल इसके विपरीत एक शक्ति है। यह आपसी मित्रत्व की भावना का दूसरा नाम है। भ्रातृत्व का उस भावना में समावेश होता है, जो व्यक्ति को दूसरे व्यक्ति की श्रेष्ठता के साथ अपनी पहचान कराना सिखाती है, जिसके कारण दूसरों की उत्तमता उसके लिए एक स्वाभाविक तथा आवश्यक चीज बन जाती है; जिसके प्रति उसे उतना ही ध्यान देना चाहिए जितना वह शारीरिक स्थिति के अस्तित्व के लिए अपने पर ध्यान देता है। भ्रातृत्व की इस भावना के कारण ही एक व्यक्ति अपने-आप को शेष सहयोगी प्राणियों के साथ सुख प्राप्ति के साधनों में स्वयं को प्रतिस्पर्धी नहीं मानता, अन्यथा वह अपने उद्देश्य की प्राप्ति के लिए उनकी असफलता की कामना करता है, ताकि वह स्वयं सफल हो सके। व्यक्तिवाद से अराजकता का निर्माण होता है। भ्रातृत्व ही ऐसी भावना है, जो उसे नियन्त्रित कर सकती है और मनुष्य मात्र में नैतिक व्यवस्था बनाये रखने

में सहायक बन सकती है।[7]

भ्रातृत्व की भावना किस प्रकार मनुष्य को मनुष्य से जोड़ती है, इस सम्बन्ध में जो.एस. मिल ने कहा है, यह एक नैसर्गिक भावना है। सभ्य समाज में कोई भी मनुष्य किसी दूसरे मनुष्य के बारे में मित्रता की भावना के अतिरिक्त कुछ अन्य सोच ही नहीं सकता। दूसरों के प्रति मित्रता की भावना ही भ्रातृत्व है।

प्रश्न उठता है कि इस प्रकार की दूसरों के प्रति मित्रत्व की भावना क्या हिन्दुत्ववादी व्यवस्था अपने समाज को देती है? जब इस प्रश्न पर विचार करते हैं तो अफसोस होता है कि ऐसी भावना का उस सामाजिक व्यवस्था में कोई स्थान नहीं है, जिसे हिन्दुत्ववादी पुनः इस देश में स्थापित करना चाहते हैं।

हिन्दू समाज में भ्रातृत्व की भावना का अभाव क्यों है, इस बात का क्या स्पष्टीकरण दिया जा सकता है? हिन्दू धर्म और उसका दर्शन ही इस बात के लिए जिम्मेदार है। जैसा कि मिल ने कहा है, भ्रातृत्व की भावना स्वाभाविक होती है। लेकिन यह एक ऐसा पौधा है जो अनुकूल जमीन मिलने पर ही, अर्थात् जहाँ विकास के लिए उचित परिस्थितियाँ मौजूद हैं, बढ़ सकता है। भ्रातृत्व की भावना बढ़ाने के लिए केवल यह उपदेश देने की आवश्यकता नहीं कि हम सब ईश्वर की सन्तान हैं अथवा हम सब एक-दूसरे पर निर्भर हैं। किसी भावना के विकास के लिए यह एक बौद्धिक तर्क हो सकता है, लेकिन समाज में भ्रातृत्व की भावना सही तरह से विकसित होने के लिए जीवन की सभी सजीव प्रक्रियाओं में सहभागी बनना आवश्यक है। जन्म, मृत्यु, विवाह तथा भोजन आदि के सुख-दुख में हिस्सेदार बनने से भ्रातृत्व की भावना बढ़ती है। अतः जो इन प्रक्रियाओं में भाग लेते हैं, वे एक-दूसरे को भाई के समान मानते हैं।[8]

वास्तव में दूसरों के प्रति मित्रता की भावना या आपस में भाईचारे की भावना के बारे में बात करते ही हिन्दू धर्म का मूल आधार जातिव्यवस्था सामने आ जाती है। जैसा कि स्पष्ट है कि हिन्दू धर्म का मुख्य स्वरूप जातिव्यवस्था पर आधारित है। हिन्दू समाज असमानता के सिद्धान्त पर आधारित 4000 से भी अधिक जातियों में बँटा हुआ ऐसा समाज है, जिसमें सामाजिक व्यवस्था एक-दूसरे से जाति के आधार पर नफरत करना सिखाती है। ऐसे में आपस में मित्रता कैसे हो? आज 20वीं सदी के आधुनिक समय में भी लोगों का उठना-बैठना मुख्य रूप से अपनी जाति में ही होता है। विवाह अपनी जाति में होता है। खाने-पीने में अवश्य नियम कुछ ढीले हुए हैं विशेषतया शहरों में, लेकिन यह ढील भी नाम मात्र की है। आज भी, शहरों में भी विवाह या जन्म के अवसर पर दिये जाने वाले भोजों में 90 प्रतिशत अतिथि अपनी जाति के ही होते हैं।

इस सबका कारण है—जातिव्यवस्था के कारण समाज में भ्रातृत्व की भावना का अभाव। दरअसल जातिव्यवस्था का निर्माण लोगों में भ्रातृत्व की भावना को निरुद्ध

करने के उद्देश्य से ही किया गया था। विदेशी आर्य सदैव भारत में अपने को विजेता और यहाँ के मूल निवासियों को विजित के रूप में देखते रहे। मूलनिवासियों के प्रति इसी घृणा ने उन्हें वर्णव्यवस्था और फिर जातिव्यवस्था के निर्माण के लिए प्रेरित किया। आर्यों ने स्वयं को सवर्ण और मूलनिवासियों को अवर्ण घोषित किया।

आक्रमणकारी आर्यों ने स्वयं को तीन भागों अर्थात् तीन वर्णों ब्राह्मण, क्षत्रिय और वैश्य में बाँटा। बाद में जिन मूलनिवासियों ने जल्दी आत्मसमर्पण कर आर्यों की अधिनता स्वीकार कर ली थी, उन्हें चौथे वर्ण शूद्र के रूप में अपने समाज में शामिल कर लिया। जिन मूल निवासियों ने अधिक देर तक मुकाबला किया, आर्यों को अधिक परेशान किया, उन्हें आर्यों की सर्वाधिक घृणा का सामना करना पड़ा। उन्हें गाँव की सीमा से बाहर रखा गया और गन्दे काम करने के लिए विवश किया गया। मनुष्य के सारे मौलिक अधिकार उनसे छीन लिए गये। यही लोग बाद में अछूत कहलाये। हालाँकि प्रारम्भ में इनके साथ अस्पृश्यता का व्यवहार नहीं किया गया, लेकिन आर्यों की असीम घृणा बाद में अस्पृश्यता में बदल गयी। उन्हें सनातन धर्म में भी शामिल नहीं किया गया। सनातन धर्म या हिन्दू धर्म में तो इन्हें भारत में मुस्लिमों के आने के बाद शामिल किया गया। चूँकि मुस्लिम आक्रमणकारी सभी गैर मुस्लिमों को हिन्दू कहते थे, हिन्दू धर्माचार्यों ने अपनी संख्या बढ़ाने के उद्देश्य से इस अस्पृश्य वर्ग को पाँचवें वर्ण अति शूद्र के रूप में अपने धर्म में शामिल कर लिया।

मूलनिवासियों का जो वर्ग स्पृश्य माना गया, हालाँकि आर्यों ने उसे शूद्र वर्ण के रूप में वर्णव्यवस्था में शामिल कर लिया था, लेकिन अधिकार विहीन उसे भी बनाकर रखा। विभिन्न नियमों के माध्यम से उन्हें हमेशा याद दिलाया गया कि वे दास हैं, और उनका काम ऊपर के तीनों वर्णों की सेवा करना है।

आर्य जानते थे कि यदि मूलनिवासियों में भ्रातृत्व की भावना बनी रही, तो वे एकता के बल पर उनसे संघर्ष कर सकते हैं और उनसे सत्ता छीनकर सामाजिक व्यवस्था में परिवर्तन कर सकते हैं। इसलिए आर्यों ने शूद्र और अति-शूद्र दोनों तरह के मूलनिवासियों को उनके लिए निश्चित किये गये कार्यों के आधार पर विभिन्न जातियों में बाँटा। हर जाति के लिए इतने कठोर नियम बनाये गये कि व्यक्ति का उठना-बैठना, खाना-पीना, विवाह इत्यादि सब कुछ अपनी जाति में ही सीमित हो गया और इस प्रकार देश के बहुसंख्यक समाज में भ्रातृत्व की भावना समाप्त हो गयी।

बाद में भ्रातृत्व की भावना को और कम करने के लिए प्रत्येक जाति को उपजातियों और गोत्र के आधार पर कई भागों में बाँट दिया गया और उपजातियों के अन्दर भी ऊँच-नीच की भावना पैदा कर दी गयी। गोत्र की प्रथा का प्रभाव बाद में सवर्ण जातियों पर भी पड़ा। आज ब्राह्मण की ही लगभग 1886 उपजातियाँ हैं। पंजाब ही में सारस्वत ब्राह्मण 469 उपजातियों में बँटे हुए हैं, तो कायस्थ 590 उपजातियों में।

जाति व्यवस्था ने भ्रातृत्व की भावना का नाश केवल मूलनिवासियों में ही नहीं किया, आर्य जातियाँ भी इससे अछूती नहीं रहीं। प्राचीन धर्म ग्रन्थों में ब्राह्मण-क्षत्रिय संघर्ष के कितने उदाहरण मिलते हैं। परशुराम के लिए तो यही कहा गया कि उन्होंने 21 बार पृथ्वी को क्षत्रिय विहीन कर दिया। वैश्यों पर तो प्रभाव और भी अधिक हुआ। उनकी स्थिति ब्राह्मणों और क्षत्रियों की तुलना में काफी गिर गयी। कई धर्म ग्रन्थों में वैश्यों को शूद्रों के साथ एक समूह में रखा गया है।

इससे स्पष्ट होता जाता है कि हिन्दुत्व का भ्रातृत्व की भावना से कोई सम्बन्ध नहीं है। डॉ. अम्बेडकर कहते हैं कि हिन्दू समाज व्यवस्था भाईचारे के खिलाफ है। इसमें समानता के सिद्धान्त का कोई स्थान नहीं है। समानता को मान्यता प्रदान करने की बजाय यह असमानता को अपना आधिकारिक सिद्धान्त बनाती है। स्वतन्त्रता के बारे में स्थिति यह है कि व्यवसाय के चयन के बारे में कोई स्वतन्त्रता नहीं हैं प्रत्येक का उसके लिए निर्धारित अपना व्यवसाय है। उसे तो बस यही करते रहना है, जहाँ तक अभिव्यक्ति की स्वतन्त्रता का सवाल है यह स्वतन्त्रता है, लेकिन यह केवल उन्हीं लोगों के लिए है जो समाज व्यवस्था के पक्षधर हैं। जिस स्वतन्त्रता के बारे में वाल्टेयर कहता है कि “आप जो कुछ कहते हैं, मैं भले ही उससे सहमत नहीं हूँ, लेकिन मैं मरते दम तक आपके ऐसा कहने के अधिकार की रक्षा करूँगा”, ऐसी स्वतन्त्रता दूसरे समाजों में तो मिल जायेगी, लेकिन यह हिन्दू सामाजिक व्यवस्था में नहीं है।[9]

डॉ. अम्बेडकर कहते हैं कि भ्रातृत्व और स्वतन्त्रता, ये दोनों तत्व सही मायने में धारणायें हैं। मौलिक और बुनियादी तत्व हैं समानता और मानव व्यक्तित्व के प्रति आदर। भ्रातृत्व और स्वतन्त्रता, ये दोनों धारणायें इन दोनों मूल तत्वों से ही आगे बढ़ती हैं। इस बात को हम ऐसे भी कह सकते हैं कि समानता मूल धारणा और मानव व्यक्तित्व के प्रति आदर है। तब जहाँ समानता को नकारा गया है, तब यह मानना चाहिए कि अन्य सभी बातों को भी नकारा गया है।[10]

किसी समाज में वर्गों का होना स्वतन्त्र समाज-व्यवस्था के लिए उतना प्रतिकूल नहीं है, जितना कि पृथक्करण और अलगाव की भावना। स्वतन्त्र समाज व्यवस्था के अन्तर्गत समाज में समरसता की धारा प्रवाहित रहती है। डॉ. अम्बेडकर कहते हैं कि यह केवल तब सम्भव है, जब वर्गों को सामान्य हितों, उत्तरदायित्वों में भागीदारी करने का अवसर मिले और सामान्य रूप से जीवन मूल्यों का अधिकार मिले।[11]

मुसलमान या नाजियों जैसी समाज व्यवस्थाएँ इसके बिल्कुल विपरीत हैं। वे सभी को समान अवसर प्रदान करती हैं। इनमें ज्ञानार्जन की स्वतन्त्रता है। उनमें उन्हें हथियारों के उपयोग करने की स्वतन्त्रता है। लेकिन हिन्दू समाज में देश के बहुसंख्यक शूद्र और अतिशूद्र समाज को न तो कभी समान अवसर मिले, न ज्ञानार्जन का अधिकार मिला और न ही उन्हें हथियार उपयोग करने की स्वतन्त्रता मिली।

बाबा साहेब अम्बेडकर कहते हैं कि अवसर की स्वतन्त्रता न देना, ज्ञानार्जन की स्वतन्त्रता न देना, हथियार के उपयोग का अधिकार न देना सबसे बड़ी निर्दयता है। इसका परिणाम यह है कि मनु मानव के हाथ-पाँव काट लेता है और उसे नपुंसक बना देता है। लेकिन हिन्दू सामाजिक व्यवस्था के समर्थकों को इसमें कोई शर्म नहीं लगती।[12]

दरअसल हिन्दू सामाजिक व्यवस्था में व्यक्ति का स्थान एकदम महत्त्वहीन है। चूँकि हिन्दू सामाजिक व्यवस्था मुख्य रूप से वर्णव्यवस्था पर आधारित है, वह व्यक्ति को सामाजिक उद्देश्य का केन्द्र नहीं मानती। दूसरे समाजों की तरह यह व्यक्ति विशेष की विशिष्टता तथा उसके नैतिक दायित्व को महत्त्व नहीं देती।

न्याय और कल्याणकारी समाज की दृष्टि से हिन्दुत्व के दर्शन का उपरोक्त विश्लेषण यह सिद्ध करता है कि हिन्दुत्ववादी जिस दर्शन को इस देश की जनता पर थोपना चाहते हैं, उसमें मनुष्य के कल्याण की कोई सम्भावना नहीं है। इसके दर्शन में मानवता का कोई स्थान नहीं है। डॉ. अम्बेडकर कहते हैं कि हिन्दू धर्म का दर्शन ऐसा है कि उसे मानवता का धर्म नहीं कहा जा सकता। यह कहा जा सकता है कि यदि हिन्दू धर्म सर्वसाधारण लोगों के जीवन में गहरे प्रवेश करता है लेकिन उन्हें सुरक्षा का कवच नहीं प्रदान करता, वस्तुतः उन लोगों को विकलांग बनाता है। हिन्दू धर्म में सामान्य मानवीय आत्माओं के लिए कोई पोषक तत्व नहीं है। साधारण मानवीय दुख का कोई समाधान नहीं है। साधारण मानवीय कमजोरी के लिए कोई सहायता नहीं है। कुल मिलाकर हिन्दू धर्म लोगों को अन्धकार में छोड़ देता है।[13]

## सन्दर्भ


1. सम्पूर्ण वाङ्मय (खंड-6), डॉ. अम्बेडकर, पृ. 40
2. सम्पूर्ण वाङ्मय (खंड-6), डॉ. अम्बेडकर, पृ. 146
3. सम्पूर्ण वाङ्मय (खंड-6), डॉ. अम्बेडकर, पृ. 128
4. सम्पूर्ण वाङ्मय (खंड-6), डॉ. अम्बेडकर, पृ. 160
5. सम्पूर्ण वाङ्मय (खंड-6), डॉ. अम्बेडकर, पृ. 63-64
6. सम्पूर्ण वाङ्मय (खंड-6), डॉ. अम्बेडकर, पृ. 64-65
7. सम्पूर्ण वाङ्मय(खंड-6), डॉ. अम्बेडकर, पृ. 66
8. सम्पूर्ण वाङ्मय (खंड-6), डॉ. अम्बेडकर, पृ. 87
9. सम्पूर्ण वाङ्मय (खंड-6), डॉ. अम्बेडकर, पृ. 144
10. सम्पूर्ण वाङ्मय (खंड-6), डॉ. अम्बेडकर, पृ. 89
11. सम्पूर्ण वाङ्मय (खंड-6), डॉ. अम्बेडकर, पृ. 144
12. सम्पूर्ण वाङ्मय (खंड-6), डॉ. अम्बेडकर, पृ. 158
13. सम्पूर्ण वाङ्मय (खंड-6), डॉ. अम्बेडकर, पृ. 102

# वर्ग, नस्ल और बहुआयामी जातिव्यवस्था

'जाति' हिन्दू समाज का आधार है। बिना जाति के हिन्दू समाज की कल्पना भी नहीं की जा सकती। हजारों वर्षों से इस देश में 'जाति' चूँकि मानव द्वारा मानव के शोषण का कारण रही है, इसलिए प्रायः 'जाति' की तुलना 'वर्ग' और 'नस्ल' से की जाती रही है। इसका कारण है कि 'जाति' के समान ये दोनों भी विश्व में कहीं न कहीं मनुष्य-मनुष्य के बीच भेदभाव और घृणा उत्पन्न करने के कारण रहे हैं। अतः 'जाति' को एक व्यवस्था के रूप में उसके समग्र रूप को समझाने से पहले 'जाति' नामक इस संस्था के 'वर्ग' और 'नस्ल' से सम्बन्धों पर विचार करना आवश्यक है।

## जाति और वर्ग

जाति वर्ग में बदल रही है या जाति की चेतना का स्थान वर्ग की चेतना ले रही है–ऐसा कहने वाले तर्क देते हैं कि ग्रामीण भारत में जहाँ देश की जनसंख्या का लगभग 74 प्रतिशत भाग रहता है, निश्चित रूप से जातीय चेतना पर वर्गीय चेतना हावी हो रही है। ग्रामीण भारत में तीन प्रकार के वर्ग बन रहे हैं–पहला अगड़ी जातियों अर्थात् उच्च जातियों का वर्ग है, दूसरा पिछड़ा वर्ग है जिसमें पिछड़ी जातियाँ अर्थात् पुरानी शूद्र जातियाँ हैं और तीसरा वर्ग दलित अर्थात पुरानी अस्पृश्य जातियों का है। इन वर्गों के हित आपस में समान होते हैं और इसलिए अपने हितों की रक्षा के लिए जाति की दीवार तोड़कर वर्गीय हितों को प्राथमिकता देते हैं। पिछड़ी जातियों की इसी वर्गीय चेतना ने उन्हें राजनीतिक सत्ता तक भी पहुँचाया है। मानव शास्त्री श्रीमती मिरियम शर्मा कहती हैं कि–ग्रामीण भारत में बड़े किसान प्रायः उच्च जातियों के होते हैं और उनके खेतों में काम करने वाले मजदूर निम्न जातियों के और उनमें भी अधिकांश प्रायः अस्पृश्य जातियों के होते हैं। वे कहती हैं कि इसी प्रकार बीच के किसान खेती करने वाली अन्य पिछड़ी जातियों के होते हैं। यद्यपि जाति का महत्त्व गाँव में अब भी बना हुआ है, लेकिन आपसी हितों की समानता के कारण शहरों की भाँति ग्रामीण भारत में भी जातियाँ तीन वर्गों में सिमट रही हैं। तर्क दिया जाता है कि शहरों में भी लोग अपनी-अपनी जाति की बजाय आर्थिक हैसियत के

आधार पर एक दूसरे से मेल मिलाप कर रहे हैं और इस प्रकार जाति की बजाय आर्थिक हैसियत के आधार पर वर्गों का निर्माण हो रहा है। दूसरे शब्दों में कहा जा सकता है कि जाति का महत्त्व कम हो रहा है।

लेकिन प्रश्न है कि क्या वास्तव में शहरों और गाँवों में जाति का स्थान वर्ग ले रहे हैं? सत्य यह है कि ऐसा कुछ नहीं हो रहा है। यदि कोई दलित बड़ा किसान बन जाता है, तो ऐसा नहीं है कि वह उच्च जातियों के लोगों के वर्ग में शामिल हो जाता है। उसका उठना-बैठना अमीर होने पर अपनी जाति के लोगों के साथ ही होता है। किसी दलित के बड़ा किसान बनने पर उसके साथ मेल-मिलाप तो दूर, उच्च जातियों के लोगों द्वारा ईर्ष्यावश उसे नुकसान पहुँचाने का प्रयास किया जाता है। इसी प्रकार यदि ब्राह्मण खेतिहर मजदूर की स्थिति में भी पहुँच जाये, तो भी उसका उठना बैठना दलित मजदूरों के साथ नहीं होता। सत्यता यह है कि गाँव में लोगों के वर्ग हिन्दू सामाजिक व्यवस्था अर्थात् जाति की उच्चता और निम्नता के आधार पर बनते हैं और इससे जातीय चेतना कम नहीं होती, बल्कि और अधिक मजबूत होती है। यही कारण है कि पिछले कुछ वर्षों में गाँवों में जाति के आधार पर होने वाले अत्याचारों की घटनाओं में वृद्धि हुई है।

इसी तरह जहाँ तक शहरों का प्रश्न है, वहाँ अवश्य आर्थिक हैसियत के आधार पर लोगों के वर्ग बन रहे हैं, लेकिन ये वर्ग भी अपनी ही जाति के लोगों के साथ बन रहे हैं। उदाहरण के लिए दलित यदि उच्च जाति के लोगों की कॉलोनी में मकान ले भी लेता है, तो भी उसका उठना बैठना प्रायः दलित परिवारों के साथ ही होता है। कभी-कभी पिछड़ी जाति के परिवारों के साथ भी सम्बन्ध बन जाते हैं, लेकिन सवर्ण परिवारों के साथ या तो सम्बन्ध बनते ही नहीं हैं और यदि बनते भी हैं तो वे नाम के ही होते हैं। इसलिए व्यक्ति चाहे सवर्ण हो या चाहे दलित या पिछड़ी जाति का हो वह अपनी आर्थिक हैसियत वाले लोगों के साथ ही मेल मिलाप पसन्द करता है। लेकिन उसकी प्राथमिकता सदैव अपनी जाति ही रहती है। इसका कारण हिन्दू सामाजिक व्यवस्था है, जिसके कारण व्यक्ति को अपनेपन की अनुभूति प्रायः अपनी जाति में ही होती है। यह तथ्य इस बात से भी प्रमाणित होता है कि बड़े महानगरों में प्रायः यह देखा जाता है, जब किसी एक जाति के लोग किसी बहुमंजिला इमारत के सारे या अधिकांश फ्लैट्स एक साथ खरीद लेते हैं। हैदराबाद में धनाढ्य लोगों के रहने के लिए एक नयी कॉलोनी बनी है, लेकिन उसमें रहने के लिए ब्राह्मण होना आवश्यक है। अहमदाबाद में 2006 में एक आई.पी.एस. अधिकारी को एक बिल्डर ने फ्लैट बेचने से मना कर दिया, क्योंकि वह दलित था। दसअसल उस बिल्डिंग के अधिकांश फ्लैट्स सवर्ण जाति के लोगों ने खरीदे थे, जिनकी यह शर्त थी कि बिके हुए फ्लैट किसी दलित को नहीं बिकना चाहिए। इसके विरोध में उस आई.पी.एस. अधिकारी को उच्च न्यायालय का दरवाजा खटखटाना पड़ा। इन सब

घटनाओं से निष्कर्ष यही निकलता है कि चाहे ग्रामीण भारत हो या चाहे शहरी भारत, जातीय मानसिकता आज भी आर्थिक विकास पर हावी है। अतः यह कहना पूर्णतया असत्य है कि लोगों की आर्थिक हैसियत में आये परिवर्तन के कारण जाति का स्थान आर्थिक आधार पर बने नये वर्ग ले रहे हैं।

**जाति और वर्ग दोनों का एक ही अर्थ है**—ऐसी सोच रखने वाले लोगों की संख्या भी समाज में कम नहीं है। विशेषतौर पर वामपन्थी विचारधारा वाले जाति और वर्ग दोनों को एक मानते हैं। वे जाति और वर्ग के अँग्रेजी अनुवाद 'कास्ट' और 'क्लास' को भ्रमवश एक समान मान बैठते हैं या जानबूझ कर दोनों को एक बताकर लोगों में भ्रम पैदा करते हैं। वामपन्थी जाति व्यवस्था की उत्पत्ति में भी आर्थिक कारण ही ढूँढते हैं। इन लोगों के अनुसार दलितों-पिछड़ों के साथ होने वाले जातीय आधारित भेदभाव का मूल कारण इन जातियों का गरीब होना ही है। लेकिन सत्य इसके विपरीत है। यदि बहुसंख्यक दलित-पिछड़ी जातियों का बड़ा हिस्सा आज भी अधिकारविहीन है, तो इसका कारण उनकी गरीबी नहीं है, बल्कि वे आज अधिकारविहीन और गरीब हैं ही इसलिए कि हजारों वर्षों से वे भेदभाव पर आधारित हिन्दू जाति व्यवस्था का शिकार रहे हैं। हजारों वर्षों से धर्म की आड़ में चले आ रहे जाति आधारित शोषण ने ही उन्हें आर्थिक रूप से विपन्न बनाकर रखा हुआ है। भारतीय वामपन्थ का सवर्ण नेतृत्व इस सच्चाई को स्वीकार करने के स्थान पर 'कास्ट' और 'क्लास' को एक बताकर लोगों में भ्रम पैदा करता है, ताकि लोग जातीय भेदभाव के आर्थिक कारणों पर ध्यान देते रहें और इस भेदभाव के मूल कारण हिन्दू सामाजिक व्यवस्था पर ध्यान न दें। उनके इस जाल में प्रायः दलित और पिछड़ी जाति के शिक्षित लोग भी फँस जाते हैं। दिल्ली के एक दलित प्राध्यापक सामाजिक भेदभाव पर कहते हैं कि "जब मैं किसी आटो रिक्शा से हाथ में मोबाइल लिए उतरता हूँ और रिक्शा चालक के हाथ में भी मोबाइल देखता हूँ, तो मुझे लगता है कि मेरे और उसमें कोई भेद नहीं है...इसी प्रकार जब मैं ट्रेन में वातानुकूलित डिब्बे में यात्रा करता हूँ, तो मुझे वहाँ कोई भेदभाव नहीं दिखता, सभी एक ही क्लास के लगते हैं।" वास्तव में यह भ्रम वर्ण और वर्ग को लेकर है। दलित और पिछड़ी जाति के अनेक शिक्षित वर्ण और वर्ग को एक समझ बैठते हैं। रिक्शा चालक और रिक्शा यात्री का वर्ग (क्लास) मोबाइल रखने की दृष्टि से भले ही एक हों लेकिन यदि रिक्शा चालक ब्राह्मण है और उसके रिक्शे में सवार यात्री शिक्षित-सम्पन्न दलित है तो निश्चित ही इस तथ्य की जानकारी होते ही रिक्शा चालक के मन में अपनी सवारी के प्रति तिरस्कार के भाव ही आते हैं, सम्मान के भाव नहीं आते। यह बात दूसरी है कि अपनी गरीबी और पेशे की मजबूरी के कारण रिक्शा चालक अपने भावों को बाहर नहीं आने देता। इसी प्रकार ट्रेन के वातानुकूलित डिब्बे में यात्रा करते हुए दलित अपने सवर्ण सहयात्रियों को आर्थिक हैसियत के आधार पर भले ही अपने वर्ग का

मान ले, लेकिन बातचीत में यदि उसकी जाति सवर्ण सह यात्रियों को पता चल जाती है, तो उन सबकी मनोदशा उसके प्रति बदल जाती है। उनके लिए उसके वर्ग से अधिक उसकी जाति मायने रखती है। बातचीत के दौरान वे उसे उसकी प्रतिभा या आर्थिक हैसियत के आधार पर वह सम्मान नहीं देते, जो वे उसे उसकी जाति का पता चलने से पहले दे रहे होते हैं।

वास्तव में जाति और वर्ग एक दूसरे से पूर्णतया भिन्न और पृथक् हैं। वर्ग का आधार प्रायः आर्थिक होता है और वह परिवर्तनशील होता है। आज कोई गरीब है, तो वह कल अमीर हो सकता है। आज किसी के पास स्कूटर है, तो कल वह मोटर कार का भी मालिक बन सकता है। आज कोई छोटे मकान में रहता है, तो आने वाले दिनों में किसी कारण से आर्थिक रूप से सम्पन्न होन पर बंगले-कोठी का मालिक बन उच्च वर्ग में सम्मिलित हो सकता है। लेकिन इसके विपरीत जाति परिवर्तनशील नहीं होती। व्यक्ति जिस जाति में जन्म लेता है, मरने तक वह उसी जाति में रहता है।

जाति और वर्ग में दूसरा भेद यह है कि वर्गीय चेतना में उच्चता और निम्नता की भावना तो रहती है, लेकिन यह न तो उच्च वर्ग में निम्न वर्ग के प्रति घृणा की भावना पैदा करती है और न ही निम्न वर्ग के लोगों को हीनता का शिकार बनाती है। यदि वर्गीय चेतना निम्न वर्ग में हीनता की भावना पैदा भी करती है, तो भी उसका प्रभाव जाति वाला नहीं होता है। यदि कोई व्यक्ति गरीब होता है तो उसमें हीनता की भावना अवश्य होती है, लेकिन साथ ही अमीर बनने की इच्छा भी उसके मन में रहती है। उसकी इच्छा-शक्ति, उसका जोश और परिश्रम उसे व उसके परिवार को गरीब से अमीर बना सकते हैं। लेकिन वर्गीय चेतना की तुलना में जातीय चेतना में हीनता की भावना शोषित जातियों में खतरनाक प्रभाव छोड़ती है। जाति आधारित शोषित जातियाँ हीनता की भावना से इतना अधिक प्रभावित हो जाती हैं कि वे शोषक उच्च जातियों के अत्याचारों का विरोध करना तो दूर, सारा जीवन जातीय अत्याचार और भेदभाव को अपना भाग्य समझकर उन्हें सहन करती रहती हैं। यही कारण है कि दलित और पिछड़ी जाति के लोग महानगरों में जाति छुपाकर रहते हैं, ताकि उच्च जाति के लोगों के सामने हीनता का शिकार न होना पड़े और भविष्य में सामाजिक भेदभाव का भी सामना न करना पड़े।

## जाति और नस्ल

क्या जाति और नस्ल समान हैं? क्या जातीय भेदभाव नस्लीय भेदभाव का ही एक रूप है? ये प्रश्न सदैव समाजशास्त्रियों के बीच बहस के बिन्दु रहे हैं। अधिकांश समाजशास्त्री और मानवशास्त्री जातीय भेदभाव को नस्लीय भेदभाव का दूसरा रूप मानते हैं।

वास्तव में जिस प्रकार जाति के आधार पर भारत में भारत की ही एक बड़ी जनसंख्या को हजारों वर्षों तक पशुओं से भी बदतर जीवन जीने को विवश किया गया है, उसी प्रकार विश्व के अनेक देशों में विशेष रूप से यूरोप और अमेरिकी महाद्वीप के देशों में मनुष्य द्वारा मनुष्य को नस्ल के आधार पर गुलाम बनाया गया और उसे विभिन्न यातनाओं का शिकार बनाया गया। मनुष्य द्वारा मनुष्य के साथ किया जाने वाला भेदभाव भी भारत में जाति के आधार पर किये जाने वाले भेदभाव के समान ही मानवता को शर्मसार कर देने वाला है।

चाहे जाति हो या चाहे नस्ल, दोनों की स्थिति एक जैसी है। जाति और नस्ल दोनों ही जन्म पर आधारित हैं। समाज की इन दोनों प्रणालियों में ऊँच-नीच की भावना के आधार पर मनुष्य को मनुष्य से पृथक् करने की प्रक्रिया का महत्त्वपूर्ण स्थान है। नस्लवाद में यदि कोई नस्ल किसी दूसरी नस्ल को अपने से निम्न कोटि का मानती है, तो उसकी दृष्टि में वह सदा ही निम्न ही रहती है, उसी प्रकार जातिव्यवस्था में भी कोई जाति यदि किसी जाति से निम्न मानी जाती है तो वह कितना ही विकास क्यूँ न कर ले सामाजिक स्थिति में सदैव निम्न ही रहेगी। यदि कोई अस्पृश्य है तो वह सदैव अस्पृश्य ही रहेगा, भले ही स्थिति आपातकालीन क्यों न हो। उदाहरण के लिए चाहे दक्षिण भारत में सूनामी नामक समुद्री तूफान का समय हो या चाहे गुजरात में भूकम्प के कारण आयी विकराल स्थिति हो, दोनों ही समय दलितों के साथ सहायता सामग्री में भेदभाव किया गया। उन्हें सरकार द्वारा बनाये गये सार्वजनिक शौचालयों तक के प्रयोग करने से रोका गया। भेदभाव के ये मामले समाचार पत्रों की सुर्खियाँ बने, संसद तक में इन पर शोर शराबा हुआ। निष्कर्ष यही निकला कि कैसी भी विपदा की स्थिति हो, लोगों पर भेदभाव पर आधारित जातीय मानसिकता का प्रभाव समाप्त नहीं होता । जातिवाद और नस्लवाद दोनों में ही एक दूसरे से घृणा का व्यवहार करना सिखाया जाता है। इसी घृणा की भावना के कारण भारत में जैसे दलितों को अनेक तरह के अत्याचारों का सामना करना पड़ा, वैसे ही अफ्रीकी लोगों को यूरोप व अमेरिका में मात्र भिन्न नस्ल का होने के कारण भीषण अत्याचारों को सहना पड़ा है। जाति और नस्ल दोनों में ही तथाकथित उच्च वर्ग में सांस्कृतिक श्रेष्ठता की भावना आ जाती है और यह श्रेष्ठता की भावना उसे दूसरों को अपने समान मानने से रोकती है।

जाति और नस्ल की इस समानता के कारण जब भी कभी जाति आधारित भेदभाव की चर्चा हुई तो उसे नस्ल आधारित भेदभाव से जोड़ कर देखा गया और इसी तरह जब नस्लीय भेदभाव का मुद्दा बहस के लिए लिया गया तो जातीय भेदभाव का मुद्दा अपने आप बहस में आ गया। लेकिन ऐसी बहस जातीय मानसिकता से ग्रस्त कुछ तथाकथित हिन्दू विद्वानों को पसन्द नहीं आती। 2001 में जब डर्बन में नस्लवाद पर संयुक्त राष्ट्र संघ द्वारा बुलाये गये विश्व सम्मेलन में जातीय भेदभाव

के विरुद्ध संघर्ष कर रहे कुछ संगठनों ने उस सम्मेलन में जातीय भेदभाव के प्रश्न को उठाने का प्रयास किया, तो पत्र-पत्रिकाओं में अनेक लेख उसके विरोध में आये और उनमें यही बताने का प्रयास किया गया कि जातीय भेदभाव नस्लीय भेदभाव से पृथक् है अतः अन्तर्राष्ट्रीय मंच पर उसे उठाना ठीक नहीं है। मानवशास्त्री बेटिले ने दोनों को एक नहीं माना, लेकिन मार्टिन मकवान ने कहा कि भले ही दोनों भेदभाव एक समान न हों, लेकिन जातीय भेदभाव को नस्लीय भेदभाव से कम नहीं आँका जा सकता इसलिए जाति के प्रश्न को नस्ल के प्रश्न की ही भाँति अन्तर्राष्ट्रीय मंचों पर उठाना आवश्यक है।

जाति और नस्ल में समानता का विरोध करने वालों में सबसे प्रमुख हैं जे.एन.यू. के दीपांकर गुप्ता जो डर्बन में भारतीय प्रतिनिधि मंडल के सदस्य भी थे। दीपांकर गुप्ता जाति और नस्ल को एक नहीं मानने के लिए अनेक तर्क देते हैं। वे कहते हैं कि नस्ल के मामले में एक नस्ल के लोगों में शारीरिक बनावट में समानता पायी जाती है, लेकिन जाति व्यवस्था में एक जाति के लोगों में ऐसी समानता नहीं मिलती। लेकिन यह तर्क नस्ल के मामले में भी खरा नहीं उतरता। एक नस्ल के लोगों की शारीरिक बनावट एक समान किसी भी नस्ल के लोगों में नहीं मिलती।[1]

दीपांकर गुप्ता कहते हैं कि प्रत्येक जाति अपने को दूसरों से श्रेष्ठ मानती है, जबकि नस्ल में ऐसा नहीं। गुप्ता जी के अनुसार प्रत्येक जाति की अपनी सांस्कृतिक परम्पराएँ होती हैं, जिस पर वह जाति गर्व करती है। लेकिन वास्तविकता में ऐसा नहीं है। जाति व्यवस्था में कौन श्रेष्ठ है और कौन निम्न इस बात का निर्धारण कोई जाति स्वयं नहीं, बल्कि धर्म करता है। इसी प्रकार अपनी जाति या जाति की परम्पराओं पर यदि कोई गर्व करता, तो शहरों में जाति की हीन भावना के कारण लोगों को अपनी जातीय पहचान छुपाकर न रहना पड़ता।[2]

वे कहते हैं कि जाति का आधार पेशा है, जबकि आज समूह 'क' की सेवाओं में 13 प्रतिशत से अधिक वो लोग हैं जो कभी अछूत कहलाते थे। अर्थात् आज उनकी जाति बदल गयी है, लेकिन नस्ल के मामले में ऐसा नहीं होता। नस्ल कभी नहीं बदलती।[3] लेकिन गुप्ता जी का यह तर्क भी हास्यास्पद है। नस्ल की भाँति ही जाति भी कभी नहीं बदलती। यदि पेशे के आधार पर जाति बदल जाती तो दलित शिक्षकों और सवर्ण शिक्षको में, दलित नौकरशाहों और सवर्ण नौकरशाहों में और सफाई कर्मचारी के रूप में काम करने वाले ब्राह्मण और दलितों के बीच वैवाहिक सम्बन्ध स्थापित हो जाते। लेकिन वैवाहिक सम्बन्ध तो छोड़ो, एक ही पेशे से सम्बन्धित दलित व सवर्ण कर्मचारियों में मधुर सम्बन्ध बन जायें तो यह भी बड़ी बात होती है। वास्तव में दलित सदा दलित ही रहता है, चाहे वह किसी भी पद पर पहुँच जाये और सुलभ शौचालय में काम करने पर भी ब्राह्मण ब्राह्मण ही रहता है। इसका कारण है कि जाति पैदा होते ही मिल जाती है, और मरने तक साथ रहती

है। पेशा बदलने से जाति नहीं बदलती।

दरअसल दीपांकर गुप्ता जैसे लोगों की सोच उसी मनुवादी सोच का हिस्सा है जिसमें उन्हें लगता है कि नस्लीय भेदभाव और जातीय भेदभाव को एक समान मानने पर लोग इस भेदभाव के प्रारम्भ को जानने का प्रयास करेंगे और इतिहास में जाने से आर्यों के मूलनिवास स्थान का प्रश्न बहस का मुद्दा बन जायेगा। वर्ण व्यवस्था का प्रारम्भ मूलनिवासी भारतीयों को गुलाम बनाकर उनका शोषण करने के लिए हुआ था। लोग इस व्यवस्था का विरोध न करें, इसके लिए इसे धर्म आधारित करके ईश्वर द्वारा रचित बताया गया। अब यदि जाति और नस्ल की तुलना के चक्कर में लोगों को यह पता चला कि आर्यों ने नस्लीय भेदभाव की मानसिकता के कारण जातिव्यवस्था की स्थापना की, तो धर्म ही खतरे में पड़ सकता है। यह डर रह-रहकर उन्हें मजबूर करता है कि वे जातीय भेदभाव के बारे में कोई ऐसी धारणा न बनने दें, जो अन्ततोगत्वा हिन्दू धर्म पर ही चोट करे।

यह एक निर्विवाद सत्य है कि आर्य इस देश में बाहर से आये। यह तथ्य अमेरिका के ऊटाह विश्वविद्यालय के एवं भारत के आन्ध्रा विश्वविद्यालय के वैज्ञानिकों के द्वारा माइकल बमशाड के नेतृत्व में किये गये डी.एन.ए. अनुसन्धान के आधार पर सत्य सिद्ध हो चुका है[4] और स्वयं दीपांकर गुप्ता ने भी माना है कि आर्य इस देश के मूलनिवासी नहीं है[5], इसके साथ ही यह भी एक निर्विवाद तथ्य है कि इस देश की बहुसंख्यक जनता का शोषण आर्यों ने जातिव्यवस्था के आधार पर ही किया। इन बातों से यह सिद्ध होता है कि जाति आधारित भेदभाव भले ही नस्लीय भेदभाव से पूर्णतया समान न हो, लेकिन इसकी उत्पत्ति निश्चित रूप से नस्लीय भेदभाव के कारण ही हुई। देखा जाये तो जातीय भेदभाव नस्लीय भेदभाव से भी अधिक भयंकर है, क्योंकि इसने एक ही नस्ल के लोगों को हजारों जातियों में बाँट कर उनमें भेदभाव पैदा कर एक से दूसरे का शोषण कराया। वास्तव में जाति शोषण की एक ऐसी बहुआयामी व्यवस्था है, जिसमें वर्ग और नस्ल आधारित शोषण के विपरीत व्यक्ति स्वयं अपना शोषण करवाता है, धर्म के नाम पर ऐसे शोषण को सहन करता है और उफ भी नहीं करता।

## जाति एक बहुआयामी व्यवस्था

जाति-व्यवस्था हिन्दू धर्म का मूल आधार है या दूसरे शब्दों में यह हिन्दू धर्म की आत्मा है। बिना जातिव्यवस्था के हिन्दू धर्म या हिन्दुत्व की कल्पना भी नहीं की जा सकती। इसलिए यदि हिन्दुत्व को समझना है, तो पहले जाति व्यवस्था को समझना अति आवश्यक है। वास्तव में जाति व्यवस्था हिन्दुत्व की उस सूक्ति का दूसरा नाम है, जिसमें यह माना गया है कि समाज में ब्राह्मणों का स्थान सबसे ऊपर है। अर्थात् वे सबसे अधिक सम्मानित हैं और सम्मान की इस व्यवस्था में शूद्र सबसे

नीचे हैं। इस जातिव्यवस्था ने हिन्दू समाज के प्रत्येक पहलू को बहुत ही गम्भीर रूप से प्रभावित किया है। जातिव्यवस्था यदि सामाजिक व्यवस्था है, तो साथ ही यह राजनीतिक और आर्थिक व्यवस्था भी है।

## जाति एक सामाजिक व्यवस्था

हिन्दू समाज में मनुष्य के जीवन को यदि सबसे अधिक किसी चीज ने प्रभावित किया है, तो वह है जाति व्यवस्था। इसका कारण भी इसकी उत्पत्ति में ही है। वैदिक काल के अन्तिम समय में जिस वर्ण-व्यवस्था ने जन्म लिया था, उसने स्मृति काल आते-आते जाति-व्यवस्था का रूप ले लिया। ऊपर के तीनों वर्ण ब्राह्मण, क्षत्रिय और वैश्य क्रमशः तीन जातियों ब्राह्मण, क्षत्रिय और वैश्य में बदल गये लेकिन चौथे वर्ण शूद्र के साथ ऐसा नहीं हुआ। वास्तव में, जाति व्यवस्था का विकास भी इस चौथे वर्ण शूद्र के ही कारण हुआ था। यह शूद वर्ण इस देश के उन मूल निवासियों से बना था, जिन्हें आर्यों ने परास्त कर अपने गुलामों के रूप में वर्ण-व्यवस्था का चौथा अंग स्वीकार कर लिया था। लेकिन इस शूद्र वर्ण में अपनी पूर्व की जातीय भेदभाव से रहित व्यवस्था द्वारा उपजायी गयी जो सहज प्रगाढ़ भातृत्व की भावना परम्परा से विद्यमान थी, उससे आर्यों को सदैव भय बना रहता था। उन्हें लगता था कि यदि इस भ्रातृत्व की भावना के कारण ये मूलनिवासी कभी भी एक हो गये, तो उनके हाथ से राजनीतिक सत्ता तो जायेगी ही उनके द्वारा बनाई गयी सामाजिक व्यवस्था में भी पूरा उलट-फेर हो जायेगा। इसलिए उन्हें एक दूसरे से पृथक् करने के लिए विभिन्न जातियों में बाँटना आवश्यक था। अतः इन शूद्रों को हजारों जातियों में उनके पेशे के आधार पर बाँट दिया गया और बाद में अनुलोम-प्रतिलोम विवाह के कारण उत्पन्न जातियों को भी शूद्रों में ही रखा गया। इससे भी इन शूद्र जातियों की संख्या में वृद्धि हुई। अस्पृश्य जातियों को भी इसी प्रकार अनेक जातियों में बाँटने तक ही नहीं रुके उन्हें तो इनके बीच की भ्रातृत्व की भावना को समाप्त ही नहीं करना था, भविष्य में ऐसी किसी बात की सम्भावना को भी पूरी तरह समाप्त करना था। इसलिए आर्यों ने पूरी-जाति व्यवस्था को एक सीढ़ीनुमा ढाँचे में स्थापित किया। सीढ़ी में प्रत्येक पायदान पर एक ही लकड़ी होती है और दूसरी लकड़ी या तो उससे ऊपर होती है या फिर उससे नीचे। इसी प्रकार आर्यों की इस जाति व्यवस्था में भी प्रत्येक जाति हर दूसरी जाति से या तो ऊपर होती है या नीचे। जैसे-जैसे ऊपर जाते हैं, जाति का सम्मान बढ़ता जाता है। नीचे स्थित जाति की दृष्टि में भी अपने से ऊपर स्थित जाति के प्रति सम्मान ऊपर बढ़ने के साथ ही बढ़ता जाता है। इसी प्रकार ऊपर से नीचे आने पर जाति का समाज में सम्मान तो कम होता ही है, ऊपर स्थित जाति की दृष्टि में नीचे स्थित जाति के प्रति घृणा की भावना भी बढ़ती जाती है। बाबा साहेब अम्बेडकर ने इसे सामाजिक सम्मान का आरोही-अवरोही क्रम कहा है।

## जाति एक राजनीतिक व्यवस्था

हिन्दू राजनीतिक व्यवस्था में जाति का प्रभाव सदैव रहा है। वर्ण व्यवस्था, जो कि जाति व्यवस्था की मूल आधार है, दैवीय राजतन्त्र के सिद्धान्त का प्रतिपादन करती है। धर्म के अनुसार, राजा में ईश्वर का अंश होता है। अतः राजा की आज्ञा ईश्वर की आज्ञा मानी जानी चाहिए। वर्ण या जाति व्यवस्था के अनुसार प्रजा पर शासन करने का महत्त्वपूर्ण कार्य केवल क्षत्रिय जाति के लिए आरक्षित था। चूँकि राजा का कर्तव्य धर्म के अनुसार शासन व्यवस्था स्थापित करना था, इसलिए यदि प्राचीन भारतीय राजतन्त्रों को धर्मतन्त्र कहा गया तो गलत नहीं होगा। सही मायनों में, भारत में किसी भी हिन्दू राजा द्वारा शासन व्यवस्था को असली राजतन्त्र नहीं कहा जा सकता। ये सभी ब्राह्मण धर्माचार्यों के आगे नतमस्तक थे। हिन्दू राजाओं का अपना कोई पृथक् संविधान नहीं था, बल्कि धर्माचार्यों के बनाये नियम कानून ही संविधान के स्थान पर थे। ये नियम धार्मिक ग्रन्थों और स्मृतियों, विशेषतः मनुस्मृति में लिखे नियम थे। इसीलिए प्रत्येक राजा के यहाँ एक धर्म गुरु या राज गुरु अवश्य होता था और यह राजगुरु सदैव ब्राह्मण ही होता था। राजगुरु का कार्य केवल यह देखना था कि राजा जाति आधारित धार्मिक नियमों का पालन कर रहा है या नहीं और इस सम्बन्ध में उसे समय-समय पर सलाह देना था।

जाति का महत्त्व राजा के लिए कितना था, यह शिवाजी के राज्याभिषेक के प्रकरण से पता चलता है। राज्याभिषेक का कार्य केवल ब्राह्मण ही करवाता था, किन्तु मराठा राज्य के सभी ब्राह्मणों ने शिवाजी का राज्याभिषेक करने से इस आधार पर मना कर दिया कि वे शूद्र थे। शिवाजी चाहते तो राज्याभिषेक कियी अन्य जाति के व्यक्ति से करवा सकते थे, लेकिन हिन्दू राज-व्यवस्था में जाति के महत्त्व और वो भी ब्राह्मण जाति के महत्त्व से शिवाजी इतना प्रभावित थे कि उन्होंने महाराष्ट्र के राज्याभिषेक करने से मना करने वाले ब्राह्मणों को दंड देने और किसी अन्य जाति के व्यक्ति से राज्याभिषेक कराने के स्थान पर वाराणसी से ब्राह्मणों को बुलाकर अपना राज्याभिषेक करवाया। जब मध्यकाल में शिवाजी जैसे ताकतवर राजा को सिर्फ जाति के कारण ऐसे अपमान का सामना करना पड़ा तो प्राचीन भारत के राजतन्त्रों में जाति का क्या प्रभाव रहा होगा, इसका अनुमान सहज ही लगाया जा सकता है। अतः यह कहना गलत नहीं होगा कि हिन्दू राजतन्त्रों के इतिहास में ऐसा कोई भी राजा नहीं मिलेगा, जो इन जाति आधारित धार्मिक नियमों का गुलाम न रहा हो।

## जाति एक आर्थिक व्यवस्था

जाति-प्रथा व्यक्ति के सामाजिक शोषण के साथ ही, उसका आर्थिक शोषण भी व्यवस्थित तरीके से करती है। जाति-प्रथा में मनुष्यों को पेशे के आधार पर विभिन्न

जातियों में बाँटा गया है। चूँकि जाति जन्म आधारित है, अतः व्यक्ति ने जिस जाति में जन्म लिया है उसे उसी जाति का पेशा अपनाना पड़ता है। वह किसी अन्य जाति का पेशा नहीं अपना सकता। लेकिन जाति-प्रथा देश के मूलनिवासियों को पेशे के आधार पर अनेक जातियों में बाँट कर उन्हें अपनी जाति का पेशा अपनाने को मजबूर तो करती है, पर यह उन्हें अपने उत्पाद का अधिक मुनाफा कमाने से रोकती है। जैसे जाति-प्रथा के अनुसार तेल, लकड़ी की वस्तुओं का उत्पादन तो तेली और बढ़ई करेंगे लेकिन शहर में इन उत्पादों को बेचने का कार्य वैश्य करेगा, क्योंकि जाति-प्रथा वैश्य को ही व्यवसाय करने का अधिकार देती है। अर्थात् उत्पाद तो शूद्र तैयार करेगा, लेकिन बाजार में बेच कर मुनाफा बनिया कमायेगा। चूँकि बाजार पर आधिपत्य वैश्य का जाति-प्रथा के कारण है, अतः जाति-प्रथा से ही बँधा शूद्र इसका विरोध भी नहीं कर सकता। एस.के. विश्वास कहते हैं कि एक प्रकार से जाति-प्रथा ऐसी प्रक्रिया का नाम है, जिसमें व्यक्ति का निर्विघ्न और अन्तहीन शोषण बिना उसे विरोध या संघर्ष का अवसर प्रदान किये होता है।[6]

जाति-प्रथा पेशे पर आधारित जातियों में बाँट कर उनके पेशे में वंशानुगत सम्बन्ध स्थापित करती है। कोई व्यक्ति यदि बढ़ई है, तो इससे तुरन्त पता चल जाता है कि उसका पिता भी लकड़ी का ही काम करता होगा और यह भी पता चल जाता है कि इस व्यक्ति की सन्तान भी बढ़ई का ही काम करेगी। जाति-प्रथा में जाति के नाम से ही व्यक्ति के पेशे का पता चल जाता है। अर्थात् यदि आपको यह पता चलता है कि सामने खड़ा व्यक्ति कुम्हार जाति का है तो आपको उससे उसका पेशा नहीं पूछना पड़ता, बल्कि कुम्हार शब्द सुनते ही यह पता चल जाता है कि वह व्यक्ति मिट्टी की वस्तुएँ बनाने का कार्य करता है।

पेशे की वंशानुगत व्यवस्था जाति-प्रथा का मूल आधार है। जाति-व्यवस्था के प्रखर समर्थक गाँधी जी ने इसीलिए वंशानुगत पेशे को ही अपनाने की वकालत की। वे कहते हैं कि जाति-प्रथा को समाप्त करने और पश्चिमी यूरोपीय सामाजिक व्यवस्था को अपनाने का अर्थ है कि हिन्दू वंशानुगत पेशे के सिद्धान्त का त्याग कर दें जो कि जाति-व्यवस्था की आत्मा है। इसीलिए गाँधी जी ने वंशानुगत पेशे पर बहुत अधिक जोर दिया। उन्हें डर था कि यदि लोग अपनी जाति का काम छोड़ देंगे, तो जातिव्यवस्था कमजोर हो जायेगी। गाँधी जी चाहते थे कि लोग दूसरे पेशों का ज्ञान अवश्य प्राप्त कर सकते हैं, लेकिन अपने जीवन यापन हेतु उन्हें अपना जातिगत पेशा ही अपनाना चाहिए। दूसरे शब्दों में कहा जाये कि यदि तेली, बढ़ई इत्यादि जातियों के छात्र डॉक्टरी की पढ़ाई करना चाहते हैं तो बेशक वे ऐसा करें लेकिन अपने जीवनयापन हेतु जब कुछ काम करना हो तो उसके लिए अपनी जाति के पेशे को ही अपनायें।

## जाति एक अभिशाप

मस्तराम कपूर कहते हैं कि, जाति हिन्दू समाज की सबसे बड़ी पहचान और उसका अभिशाप है। पैदा होते ही बच्चे को जाति मिल जाती है, जिससे वह किसी से नीचे और किसी से ऊपर होने की हीनता और दम्भ प्राप्त कर लेता है और जिससे वह मृत्यु पर्यन्त मुक्त नहीं होता। यही उसका अभिशाप रूप है। इसके अलावा हिन्दू होने का मतलब है किसी जाति का होना। यदि कोई किसी जाति का नहीं है, तो वह हिन्दू भी नहीं है। इसलिए हिन्दू संस्कृति के झंडाबरदार जाति व्यवस्था की समाप्ति की कामना नहीं कर सकते। वे जाति उन्मूलन की सिर्फ बातें कर सकते हैं जो पाखंड मात्र होती हैं। वे विश्व-बन्धुत्व, मानव एकता आदि आदर्शों की लम्बी-चौड़ी बातें कर सकते हैं, किन्तु जैसे ही उन्हें जाति संस्था के टूटने का खतरा दिखायी देता है, वे हर छल-बल से उसकी रक्षा के लिए जुट जाते हैं, भले ही उन्हें कोई भी पाप करना पड़े। वैसे झूठ, अन्धविश्वास और हिंसा उनके प्रमुख हथियार हैं। वे देश और समाज तथा मानवता के साथ विश्वासघात भी कर सकते हैं। जाति व्यवस्था के बने रहने का मतलब है ब्राह्मण वर्चस्व का बने रहना, इसलिए जाति व्यवस्था ब्राह्मणवादी व्यवस्था का ही दूसरा नाम है। क्षत्रिय और वैश्य जातियों को इस व्यवस्था में राजशक्ति तथा धन शक्ति पर अधिकार मिल जाता है—इस शर्त के साथ कि वे अपनी शक्ति का इस्तेमाल ब्राह्मणों के हित में करेंगे। अतः वे ब्राह्मणों के आगे नतमस्तक रहते हुए भी इस व्यवस्था का सुख भोगते हैं। किन्तु शेष जातियों को, जिन्हें शूद्र और अति शूद्र कहा गया, इस व्यवस्था में केवल अपमान और तिरस्कार मिलता है। अतः यह घोर मानव विरोधी व्यवस्था है।[7]

जातिव्यवस्था समाज के सदाचार के नियमों के विरुद्ध है। यदि कोई मनुष्य जातिव्यवस्था में विश्वास करता है, तो वह सदाचारी हो ही नहीं सकता। वर्णवाद और जातिवाद ने इस देश में मानवीय सदाचार का संहार कर दिया है, जो अत्यन्त खेदजनक है। मानवीय सदाचार का अर्थ है सार्वजनिक सद्‌गुण और सार्वजनिक सदाचार। हिन्दू समाज में इनका मूल्यांकन जाति के आधार पर होता है। डॉ. अम्बेडकर इस सम्बन्ध में कहते हैं—"हिन्दुओं की नीति और आचार पर जाति प्रथा का प्रभाव अत्यधिक शोचनीय है। जाति प्रथा ने जन चेतना को नष्ट कर दिया है। उसने सार्वजनिक धर्मार्थ की भावना को भी नष्ट कर दिया है। जातिप्रथा के कारण किसी भी विषय पर सार्वजनिक सहमति का होना असम्भव हो गया है। हिन्दुओं के लिए उनकी जाति ही जनता है। उनका उत्तरदायित्व अपनी जाति तक सीमित है। उनकी निष्ठा अपनी जाति तक ही सीमित है। गुणों का आधार भी जाति ही है, और नैतिकता का आधार भी जाति ही है। सही व्यक्ति के प्रति (यदि वह उनकी अपनी जाति का नहीं है) उनकी सहानुभूति नहीं होती। गुणों की कोई सराहना नहीं

है, जरूरतमन्द के लिए सहायता नहीं है। दुखियों की पुकार का कोई जवाब नहीं है। अगर सहायता दें, तो वह केवल जाति मात्र तक सीमित है। सहानुभूति है, लेकिन अन्य जाति के लोगों के लिए नहीं। क्या हिन्दू किसी भी महान् और अच्छे व्यक्ति के नेतृत्व को स्वीकार कर सकते हैं, और उसका अनुसरण कर सकते हैं? यदि कोई महात्मा हो तो उसकी बात अलग है, लेकिन सामान्य उत्तर यही है कि वह किसी नेता का अनुसरण तभी करेगा, जब वह उसकी जाति का हो, ब्राह्मण ब्राह्मण नेता को ही मानेगा, कायस्थ कायस्थ नेता का ही अनुसरण करेगा, आदि आदि। हिन्दुओं में इस बात की क्षमता ही नहीं है कि अपनी जाति से भिन्न अन्य जाति के व्यक्ति के गुणों का सही मूल्यांकन कर सकें। गुणों की सराहना तभी होती है, जब वह व्यक्ति अपनी जाति का हो।"[8]

जातिप्रथा की बात उठने पर प्रायः हिन्दुत्ववादी जातिप्रथा के दुष्प्रभाव को आँकते हुए यह तर्क देते हैं कि जाति-भेद तो सभी धर्मों में है। सिख, मुसलमानों और ईसाइयों में भी जाति प्रथा विद्यमान है, तो फिर हिन्दू समाज के लिए ही इतनी हाय-तौबा क्यों? ऐसा तर्क देते समय ये लोग यह भूल जाते हैं कि इन धर्मों में जाति प्रथा धर्म की देन नहीं है और न ही धर्म ऐसी जाति-प्रथा का किसी प्रकार से समर्थन करता है। वैसे यहाँ यह कहना अधिक उचित होगा कि इन धर्मों में जाति-प्रथा, हिन्दू धर्म की जाति-प्रथा का ही इन्फेक्शन है। डॉ. अम्बेडकर दूसरे धर्मों की जाति प्रथा और हिन्दू समाज की जाति प्रथा में तीन मुख्य भेद बताते हैं। प्रथम, हिन्दुओं में कोई ऐसी संयोजन शक्ति नहीं है, जो वर्ण-भेद से उत्पन्न होने वाली भिन्नता का इलाज हो, जबकि गैर हिन्दुओं में सबको एकत्र रखने वाले अनेक बन्धन हैं एवं जातियों का उनके यहाँ कोई महत्त्व नहीं है। डॉ. अम्बेडकर कहते हैं कि यदि आप किसी गैर-हिन्दू से यह पूछते हैं कि वह कौन है और वह कहता है कि वह मुसलमान है या ईसाई है तो आप सन्तुष्ट हो जाते हैं, उससे यह नहीं पूछते हैं कि मुसलमानों में तुम शेख, सैयद या जुलाहा हो या ईसाइयों में कैथोलिक या प्रोटेस्टेंट हो? परन्तु जब कोई मनुष्य यह कहता है कि वह हिन्दू है, तो इतने से आपको सन्तोष नहीं होता और आपको उसकी जाति पूछने की आवश्यकता रहती है, क्योंकि हिन्दू होने की दशा में जाति इतनी आवश्यक है कि उसके जाने बिना आप यह निश्चित नहीं कर पाते कि उसके साथ कैसा व्यवहार करना है।

दूसरी बात यह कि मुसलमानों, सिखों और ईसाइयों में जात-पाँत का कोई सामाजिक महत्त्व न होने के कारण वे जाति तोड़ने वाले का बहिष्कार नहीं करते; परन्तु हिन्दू अपनी जाति तोड़ने पर बहिष्कृत हो जाता है। इससे हिन्दुओं और गैर हिन्दुओं की जात-पाँत के महत्त्व का अन्तर स्पष्ट समझ में आ जाता है।

तीसरी बात यह है कि हिन्दुओं का जाति भेद उनके धर्म का अंग है। व्यास आसन पर बैठकर कथा केवल ब्राह्मण ही बाँट सकता है, कायस्थ या कलवार नहीं

बाँट सकता, चाहे कितना ही विद्वान क्यों न हो। गैर हिन्दुओं की जातियाँ उनके धर्म का अंग नहीं है। धर्म हिन्दुओं को बाध्य करता है कि वे जातियों की पृथकता को सद्गुण और सदाचार समझें। गैर हिन्दुओं को ऐसा समझने के लिए धर्म बाध्य नहीं करता। हिन्दू यदि अपनी जाति को तोड़ना चाहे तो धर्म रास्ते में खड़ा हो जाता है, गैर हिन्दुओं में धर्म बाधक नहीं है। अतएव गैर हिन्दुओं में जात-पाँत देखकर हिन्दुओं को सन्तोष की साँस नहीं लेनी चाहिए।[9]

## क्या जातिप्रथा समाप्त हो सकती है?

ऐसा नहीं है कि हिन्दू समाज में जातिप्रथा को कभी चुनौती नहीं दी गयी। सबसे पहले बौद्ध धर्म और जैन धर्म ने इस जाति प्रथा को चुनौती दी। इसमें बौद्ध धर्म की चुनौती अधिक कठोर और लम्बे समय तक देश को प्रभावित करने वाली रही। बुद्ध ने जन्म पर आधारित जाति प्रथा को मानने से इन्कार कर दिया। उन्होंने जन्म के स्थान पर मनुष्य के गुणों को प्रधानता दी। बुद्ध ने कहा कि जन्म से कोई छोटा-बड़ा नहीं होता। समाज में मनुष्य को स्थान उसके गुणों के आधार पर ही मिलना चाहिए। समतामूलक समाज की स्थापना का संदेश सबसे पहले बुद्ध ने ही दिया। उन्होंने बौद्ध धर्म में सबको समान माना। भिक्षुओं को सम्बोधित करते हुए बुद्ध कहते हैं—"हे भिक्षुओं ! जिस प्रकार छोटी बड़ी नदियाँ देश के विभिन्न स्थानों से बहती हुई जब समुद्र में मिलती हैं, तो वे अपना पृथक् अस्तित्व खो देतीं है। उनका पानी केवल समुद्र का पानी कहलाता है। उसी प्रकार तुम लोग ब्राह्मण, वैश्य, शूद्र इत्यादि विभिन्न छोटी बड़ी जातियों से आये हो, लेकिन बौद्ध धर्म में आने के बाद तुम्हारा पृथक् अस्तित्व समाप्त हो गया है। अब तुम लोग केवल बौद्ध हो।"

समानता के संदेश के कारण बड़ी संख्या में लोगों ने बौद्ध धर्म को ग्रहण किया। इनमें निःसन्देह शूद्र और अति-शूद्र जातियों के लोगों की संख्या अधिक थी। सम्राट अशोक के समय में तो सनातन हिन्दू धर्म लगभग समाप्त सा हो गया था। लेकिन बाद में विभिन्न राजाओं के संरक्षण में जब हिन्दू धर्म का पुनरुत्थान हुआ, तो बौद्ध धर्मावलम्बियों पर इतने अत्याचार किये गये कि इस देश में पैदा हुआ बौद्ध धर्म देश की सीमाओं के बाहर तो रहा लेकिन देश के अन्दर उसका अस्तित्व लगभग समाप्त ही हो गया।

मध्यकाल मे भी अनेक सन्तों और समाज सुधारकों ने जाति प्रथा के विरुद्ध आवाज उठायी लेकिन उनके आन्दोलन सामयिक सिद्ध हुए। जाति-प्रथा को समाप्त नहीं किया जा सका। जाति-प्रथा के विरुद्ध सार्थक लड़ाई का प्रारम्भ उन्नीसवीं सदी में महाराष्ट्र में ज्योतिबा फुले ने किया। बाद में फुले की लड़ाई को एक बड़े आन्दोलन का रूप बाबा साहेब अम्बेडकर ने दिया। यदि आज जातिव्यवस्था में कुछ ढीलापन आया है तो उसमें आधुनिक और लोकतान्त्रिक जीवन से सम्बन्धित

पश्चिमी विचारधाराएँ एक कारण तो हैं, लेकिन इसका एक बड़ा कारण बाबा साहेब अम्बेडकर का आन्दोलन और उनके प्रयत्नों से संविधान में मिली आरक्षण व्यवस्था भी है। डॉ. अम्बेडकर के विचारों ने जहाँ इस देश के वंचित समाज में एकता की भावना पैदा की, वहीं उनमें अपने अधिकारों के प्रति चेतना भी उत्पन्न की। आरक्षण विरोधी इस आरक्षण प्रणाली का विभिन्न तरीकों से विरोध करते हैं। लेकिन वे भूल जाते हैं कि यह प्रणाली इस वंचित समाज के आर्थिक स्तर को सुधारने में कारगर सिद्ध हुई। ऐसी आरक्षण व्यवस्था अमेरिका सहित अनेक विकसित देशों में वहाँ के वंचित समाज को देश की मुख्य धारा में लाने के लिए लागू है। वैसे भी इस देश में आरक्षण व्यवस्था कोई नयी व्यवस्था नहीं है। हजारों वर्षों से जारी जाति व्यवस्था भी एक आरक्षण व्यवस्था ही है, जिसमें सारी सुख-सुविधाएँ मुट्ठी भर सवर्ण जातियों के लिए आरक्षित थीं और बहुसंख्यक शूद्रों-अतिशूद्रों के भाग्य में उच्च जातियों की सेवा लिखी थी। इनमें अतिशूद्रों की स्थिति तो और भी अधिक खराब थी। आज उनके साथ जाति के आधार पर होने वाले भेद-भाव में अगर कुछ कमी आयी है, तो इसका कारण आरक्षण की वजह से उनकी आर्थिक स्थिति में सुधार भी है।

कुछ लोगों का कहना है कि जाति प्रथा समाप्त करने के लिए अन्तरजातीय विवाहों को अधिक से अधिक बढ़ावा देना चाहिए। ऐसे विवाहों का समर्थन डॉ. अम्बेडकर भी करते हैं। जाति भेद मिटाने का वास्तविक उपाय अन्तरजातीय और अन्तरवर्णीय विवाह हो सकते हैं। केवल रक्त-मिश्रण ही स्वजन, आत्मीय और मित्र होने का भाव पैदा कर सकता है। जब तक यह आत्मीयता, बन्धुता और मित्रता का भाव प्रधान नहीं होता, तब तक जाति भेद द्वारा उत्पन्न किया हुआ घृणा से भरा व्यवहार दूर नहीं होगा। जाति भेद मिटाकर हिन्दुओं के सामाजिक जीवन को तेजस्वी बनाने का यही एक उपाय है। लेकिन विवाह में दो दिलों का मिलन होता और इसीलिए विवाह का निर्णय व्यक्ति का अपना होता है। विवाह का निर्णय मनुष्य के पूरे जीवन को प्रभावित करता है, ऐसे में अन्तरजातीय विवाह के लिए किसी को बाध्य नहीं किया जा सकता। जब तक किसी व्यक्ति के विचार और उसके विचारों को प्रभावित करने वाले लोगों के विचार नहीं बदलते, अन्तरजातीय विवाह का विचार कभी व्यावहारिक रूप नहीं ले सकता।

इसलिए विचारों में परिवर्तन के लिए जाति का टूटना आवश्यक है। लेकिन जाति का टूटना इतना आसान नहीं है। जातीय तादात्म्य इतना गहरा होता है कि यह न सिर्फ आदमी के जन्म के साथ जुड़ा हुआ है, बल्कि उसके विभिन्न संस्कारों पर भी हावी है। डॉ. अम्बेडकर कहते हैं कि "जाति ईंटों की दीवार या काँटेदार तारों की लाइन जैसी कोई भौतिक वस्तु नहीं है जो हिन्दुओं को मेल मिलाप से रोकती हो और जिसे तोड़ना आवश्यक है। जाति तो एक धारणा है और यह एक मानसिक स्थिति है। अतः जाति-व्यवस्था को नष्ट करने का अर्थ भौतिक रुकावटों को दूर

करना नहीं है। इसका अर्थ विचारात्मक परिवर्तन से है। जातिप्रथा अमानुषिक और अन्यायपूर्ण है, लेकिन हिन्दू लोगों द्वारा जातिप्रथा मानने का कारण यह नहीं है कि उनका व्यवहार अमानुषिक और अन्यायपूर्ण है। वे जात-पाँत को इसलिए मानते हैं, क्योंकि वे अत्यधिक धार्मिक होते हैं। अतः जात-पाँत के लिए उनका धर्म दोषी है, जिसके कारण जाति-व्यवस्था की धारणा का जन्म हुआ है। और इसलिए यदि जाति प्रथा का उपचार करना है, तो लोगों का उन शास्त्रों पर से विश्वास उठाना पड़ेगा, जो जाति-धर्म की शिक्षा देते हैं।"[10] डॉ. अम्बेडकर कहते हैं कि पहले प्रत्येक स्त्री और पुरुष को शास्त्रों के बन्धन से मुक्त कराओ, शास्त्रों द्वारा प्रतिष्ठापित हानिकर धारणाओं से उनके मस्तिष्क का पिंड छुड़ाओ, फिर देखो वे बिना किसी के कहे अन्तरजातीय विवाह का आयोजन करेंगे।[11]

## सन्दर्भ


1. Racism in Metropollitan Areas (the Politics of 'Caste is Race': the Impact of Urbanosation by Dipankar Gupta), p. 55
2. Caste, race, politics, Dipankar gupta, www.india-seminar.com/-/508/20
3. Caste, race, politics, Dipankar gupta, www.india-seminar.com/-/508/20
4. जेनेटिक, विडेन्स ऑन ओरिनियन ऑफ इंडियन कास्ट पापुलेशन, माइकल बमशाड
5. Caste, race, politics, Dipankar gupta, www.india-seminar.com/-/508/20
6. टुवर्डस्, कास्टलेस सोसायटी, एस.के. विश्वास
7. हिन्दुत्व की राजनीति, सम्पादक–राज किशोर, पृ. 147
8. सम्पूर्ण वाड्मय (खंड-1), डॉ. अम्बेडकर, पृ. 77
9. जाति का उन्मूलन, डॉ. अम्बेडकर
10. सम्पूर्ण वाड्मय (खंड-1), डॉ. अम्बेडकर, पृ. 91
11. सम्पूर्ण वाड्मय (खंड-1), डॉ. अम्बेडकर, पृ. 92

# हिन्दुत्व बनाम भारतीय लोकतन्त्र

भारतीय राज्य व्यवस्था संसदीय लोकतन्त्र पर आधारित है और इसका अपना एक लिखित संविधान है। भारतीय संविधान में परिवर्तन करने का अधिकार केवल भारत की आम जनता द्वारा चुनी गयी संसद को है। भारतीय संविधान के अस्तित्व में आने के बाद से ही हिन्दुत्ववादी शक्तियों द्वारा उसकी आलोचना किसी न किसी बहाने की जाती रही है। लेकिन उनका असली चेहरा स्पष्ट रूप से सामने तब आया, जब 6 दिसम्बर 1992 को बाबरी मस्जिद का ध्वंस करने के बाद हिन्दुत्व के समर्थक कुछ प्रमुख धर्माचार्यों ने भारतीय संविधान को हटा कर देश में मनुस्मृति पर आधारित संविधान को लागू करने की माँग की।

भारतीय संविधान विश्व के सर्वश्रेष्ठ संविधानों में से एक माना जाता है। दूसरे शब्दों में, यह कहने में अतिशयोक्ति नहीं होगी कि लोकतन्त्र का सच्चा प्रतिबिम्ब भारतीय संविधान में मिलता है। लेकिन फिर भी यह हिन्दुत्ववादी शक्तियों को स्वीकार क्यों नहीं हैं? यह एक विचारणीय प्रश्न है।

भारतीय संविधान समानता, स्वतन्त्रता और भ्रातृत्व के मूल्यों पर आधारित है। संविधान सभा में डॉ. अम्बेडकर द्वारा कहे गये शब्दों में "हमें केवल राजनैतिक लोकतन्त्र तक सीमित नहीं रहना है। राजनीतिक लोकतन्त्र को सामाजिक लोकतन्त्र बनाना होगा। सामाजिक लोकतन्त्र की नींव पर खड़ा राजनैतिक लोकतन्त्र कभी खत्म नहीं हो सकता है। सामाजिक लोकतन्त्र का क्या अर्थ है? यह जीवन की एक शैली है, जो स्वतन्त्रता, समानता और भ्रातृत्व को जीवन का सिद्धान्त मानती है। स्वतन्त्रता, समानता और भ्रातृत्व एक त्रिभुज के तीन कोंण हैं, उन्हें अलग नहीं किया जा सकता। स्वतन्त्रता को समानता से अलग नहीं किया जा सकता और न ही समानता को भ्रातृत्व से। समानता और स्वतन्त्रता के बिना एक ऐसी व्यवस्था पैदा होगी, जहाँ बहुसंख्यकों पर चन्द लोग अपनी श्रेष्ठता कायम करेंगे। भारत में इन दोनों चीजों का अभाव रहा है, जातिगत श्रेष्ठता पर आधारित समाज में समानता की बात नहीं सोची जा सकती। आर्थिक मोर्चे पर हमारे पास एक ऐसा समाज है जहाँ कुछ लोगों के पास अथाह सम्पत्ति है, तो कुछ लोग गरीबी के दलदल में धँसे हैं। 26 जनवरी 1950 को हम एक विरोधाभासी जिन्दगी शुरू करने जा रहे हैं। राजनीति

में हमारे पास समानता होगी, लेकिन सामाजिक जिन्दगी असमानता से भरी होगी। राजनीति में हम 'एक व्यक्ति एक वोट' और 'एक वोट एक मूल्य' के सिद्धान्त का अनुसरण करेंगे, लेकिन हमारी सामाजिक संरचना ऐसी है कि वास्तविक जिन्दगी में 'एक व्यक्ति एक मूल्य' की बात सम्भव नहीं। हम कब तक यह विरोधाभासी जिन्दगी जीते रहेंगे? हमें इस असमानता को खत्म करना होगा, नहीं तो एक दिन जो असमानता का शिकार हैं, इस राजनैतिक लोकतन्त्र को ध्वस्त कर देंगे, जिसे सभा ने बड़े परिश्रम से तैयार किया है।''

असमानता और स्वतन्त्रता के अधिकार को इसी कारण भारतीय संविधान में मौलिक अधिकारों में रखा गया है। अनुच्छेद 14, जहाँ कानून के सम्मुख व्यक्ति-व्यक्ति में धर्म, जाति, वंश व लिंग के आधार कोई भेद नहीं करता, उन्हें समान मानता है, वहीं अनुच्छेद 19 लोंगों को अपना व्यवसाय चुनने की स्वतन्त्रता प्रदान करता है। 'भ्रातृत्व' शब्द पर इसी प्रकर जोर देते हुए संविधान सभा में डॉ. अम्बेडकर ने कहा है कि ''मेरा ख़याल है, यह सोचना कि हम राष्ट्र हैं, एक बड़ी गलतफहमी को पालना है। हजारों जातियों में बँटे लोग एक राष्ट्र कैसे हो सकते हैं? जितनी जल्दी हम इस वास्तविकता को स्वीकार कर लेंगे, बेहतर होगा। तभी हम एक राष्ट्र बनने की जरूरत को महसूस कर पायेंगे और इसके लिए जरूरी कदम उठायेंगे...जैसा कि अब्राहम लिंकन ने कहा है कि अपने आप में विभाजित घर ज्यादा दिन तक टिक नहीं सकता। देश की आजादी और लोकतन्त्र तभी सम्भव हैं, जब जीवन के हर क्षेत्र में समता और भाईचारे की स्थापना हो।''

हिन्दुत्ववादी व्यवस्था में इन मूल्यों का कोई स्थान नहीं है। हिन्दुत्ववादी व्यवस्था जाति व्यवस्था पर आधारित है। सत्, रज और तम गुणों के आधार पर ब्राह्मण सर्वश्रेष्ठ हैं, सर्वाधिक सम्मान के पात्र हैं, वहीं शूद्र इस व्यवस्था में सबसे निम्न हैं और सर्वाधिक घृणा के पात्र हैं। प्रत्येक व्यक्ति को अपनी जाति का ही कार्य करना है, क्योंकि यह कार्य उसके लिए ईश्वर ने निश्चित किया है। मनु के अनुसार शूद्रों का जन्म ऊपर के तीनों वर्णों की सेवा के लिए हुआ है। ऐसी व्यवस्था में भ्रातृत्व का कोई स्थान नहीं है। वास्तव में, हिन्दुत्व या हिन्दू धर्म से अधिक एक सामाजिक व्यवस्था है। इस सामाजिक व्यवस्था पर ही हिन्दू धर्म के राजनैतिक और आर्थिक विचार टिके हैं। हिन्दुत्व की इस व्यवस्था का आधार स्मृतियों समेत विभिन्न धार्मिक ग्रन्थ हैं, जिनमें मनुस्मृति प्रमुख स्थान रखती है। मनुस्मृति हिन्दुत्ववादी व्यवस्था के विभिन्न नियमों का संग्रह है। दूसरे शब्दों में, यह हिन्दुत्व का संविधान है और इसी कारण प्रायः हिन्दुत्ववादी देश में मनुस्मृति पर आधारित संविधान को लागू करने की माँग करते हैं। दलितों-पिछड़ों की स्वतन्त्रता व समानता की बातें अपने राजनीतिक लाभ के लिए हिन्दुत्ववादी भले ही कर लें, लेकिन उनके हृदय में मनु का ही वास रहता है और इसी कारण मुरली मनोहर जोशी के मुँह से निकल पड़ता है कि ''मैं

मनु की ही सन्तान हूँ"। राजस्थान हाई कोर्ट में वे मनु की मूर्ति लगवाते हैं।

नारी की स्वतन्त्रता के प्रश्न पर ही हिन्दुत्व और भारतीय संविधान में भेद है। मनु के अनुसार औरत की जिन्दगी में किसी भी अवस्था में स्वतन्त्रता व आत्म निर्भरता नहीं रहेगी। बचपन में बेटी, युवावस्था में पत्नी, और वृद्धावस्था में माँ के रूप में वह क्रमशः पिता, पति व पुत्र का कहना मानेगी।

स्त्रियों को न तो सम्पत्ति का अधिकार था, न ही शिक्षा का। उन्हें धार्मिक व आध्यात्मिक कार्यों से भी अलग रखा गया। मनु के कट्टर समर्थक गोलवलकर के अनुसार असमानता प्रकृति का अविभाज्य अंग है। समाज के संगठन के पीछे बराबरी नहीं, बल्कि सद्भाव एक सिद्धान्त के रूप में अपनाया जाना चाहिए। स्त्रियों को मुख्य रूप से आदर्श माँ बनना चाहिए। इसीलिए संघ परिवार मानता है कि स्त्रियाँ समाज में माँ की भूमिका अदा करें। लेकिन इसके विपरीत भारतीय संविधान लिंग के आधार पर स्त्री-पुरुष में कोई भेदभाव नहीं करता है। संविधान में महिलाओं के अधिकारों के संरक्षण के लिए अनेक उपबन्ध किये गये हैं। अनुच्छेद 15(3), 16(2), 16,(41), 23, 23(क), 39(घ), 39(ड़), 41, 42, 43, 43(क), 44 और 51(क) में महिलाओं के अधिकारों के संरक्षण के लिए प्रावधान हैं। उदाहरण के लिए अनुच्छेद 39 में प्रावधान हैं," राज्य अपनी नीति का, विशिष्टतया इस प्रकार संचालन करेगा कि सुनिश्चित रूप से पुरुष और स्त्री सभी नागरिकों को समान रूप से ज़ीविका के पर्याप्त साधन प्राप्त करने का अधिकार हो?

बिना शिक्षण के अधिकार के कोई भी राज्य कल्याणकारी राज्य नहीं बन सकता। भारतीय संविधान में शिक्षण को नीति निर्देशक तत्वों में रखा गया है। अनुच्छेद 45 में यह प्रावधान है कि राज्य 14 वर्ष तक की आयु के सभी बच्चों को निःशुल्क और अनिवार्य शिक्षण देने के लिए उपबन्ध करने का प्रयास करेगा। इसके विपरीत मनु के अनुसार 'शिक्षा' प्राप्त करने का और देने का अधिकार केवल ब्राह्मण का है। शिक्षा प्राप्त करने का अधिकार क्षत्रियों और वैश्यों को भी दिया गया, लेकिन देश के बहुसंख्यक शूद्रों को शिक्षा के अधिकार से वंचित रखा गया। शिक्षा प्राप्त कर ज्ञानी बनने का प्रयास करने के कारण ही 'शम्बूक' को मृत्युदंड दिया गया। धनुर्विद्या सीखने पर एकलव्य को अँगूठा काटने पर विवश किया गया।

समाज के कमजोर वर्ग, विशिष्टतया अनुसूचित जातियों और जनजातियों की शिक्षा के लिए संविधान में विशेष प्रबन्ध किये गये हैं। अनुच्छेद 29 (2) के अनुसार–"राज्य द्वारा घोषित या राज्य निधि से सहायता पाने वाली किसी शिक्षा संस्था में प्रवेश किसी भी नागरिक को केवल धर्म, मूलवंश, जाति, भाषा या इनमें से किसी के आधार पर वंचित नहीं किया जायेगा।"

दरअसल ये सभी प्रावधान सदियों पुरानी हिन्दू संहिता व मनुस्मृति की बखिया उधेड़ते हैं। जिन लोगों ने राजस्थान उच्च न्यायालय, जयपुर के परिसर में मनु की

प्रतिमा स्थापित की, निस्सन्देह उन्हें संविधान के वे प्रावधान नागवार गुजरे होंगे?

प्रत्येक सभ्य समाज की तरह भारतीय संविधान का भी लक्ष्य भारत में समतामूलक समाज की स्थापना करना है। यदि समाज विभिन्न श्रेणियों में बँटा रहा है और सभी का विकास समान नहीं हुआ है, तो समतामूलक समाज की स्थापना के लिए वंचित समाज को विकास की मुख्यधारा में लाना आवश्यक है। हिन्दू समाज जाति के आधार पर श्रेणीबद्ध रहा है, जिसमें 85 प्रतिशत जनसंख्या वाला शूद्र-अतिशूद्र समाज सभी तरह के अधिकारों से वंचित रहा है। यह वर्ग सामाजिक और आर्थिक दोनों तरह के शोषण का शिकार हुआ है। अतः इस बहुसंख्यक समाज को विकास की मुख्य धारा में लाये बिना समतामूलक समाज की स्थापना नहीं हो सकती और भारत सच्चे अर्थों में विकसित राष्ट्र नहीं बन सकता। इसी कारण संविधान में इस वंचित समाज को शिक्षा, रोजगार आदि में विशेष अवसर प्रदान करने हेतु आरक्षण के माध्यम से अनेक प्रावधान किये गये हैं। चूँकि हिन्दू समाज भेदभाव, ऊँच-नीच व घृणा के सिद्धान्तों पर टिका है, अतः संविधान में महज समता का अधिकार देने से वंचित समाज के अधिकारों की रक्षा नहीं हो सकती थी। अतः इन लोगों के अधिकारों की रक्षा हेतु संविधान में जाति आधारित आरक्षण की घोषणा की गयी। इनमें प्रमुख अनुच्छेद 15(4), 16(4), 46, 330, 332, 334, 335, 338, 340, 341, और 342 हैं। इस आरक्षण व्यवस्था को ही सामाजिक न्याय कहा जाता है, अर्थात् जिस वर्ग के साथ समाज द्वारा अन्याय किया गया है, उस वर्ग को विशेष अवसर प्रदान कर विकास की मुख्य धारा में लाने का प्रयास करना।

सामाजिक न्याय की यह व्यवस्था केवल भारतीय संविधान में ही नहीं है, संयुक्त राज्य अमेरिका सहित अनेक पश्चिमी देशों में यह व्यवस्था विभिन्न नामों से अस्तित्व में है। अमेरिका में लिंडन जान्सन के समय एफर्मेटिव एक्शन नाम से यह प्रक्रिया शुरू की गयी थी। आज कनाडा और यूरोप के कई देशों में इसे अलग-अलग नामों से अपनाया जा रहा है। इस सिद्धान्त को डाइवर्सिटी या रिवर्स डिसक्रिमिनेशन भी कहा जाता है। सिद्धान्त वही है, जो भारत की आरक्षण व्यवस्था में है। अमेरिका में तो यह आरक्षण व्यवस्था वहाँ के अश्वेतों, हिस्पेनियों व मूल निवासियों के लिए निजी क्षेत्र में भी है।

प्रश्न उठता है कि जब आरक्षण व्यवस्था वंचित समुदाय के हक में विभिन्न नामों से अनेक देशों में स्वीकार्य है, तो हिन्दुत्ववादी इसका विरोध क्यों करते हैं? उत्तर सीधा है—संविधान की यह व्यवस्था हिन्दू समाज की धर्म समर्थित विसंगतियों को दूर करने का प्रयास है, अतः पुरातन व्यवस्था के समर्थकों से विरोध होना स्वाभाविक है। ऐसा नहीं है कि भारत में पहले आरक्षण व्यवस्था नहीं रही। वास्तविकता तो यह है कि आर्यों का उपनिवेश बनने के बाद से भारत में आरक्षण का बोलबाला चला आ रहा है। राजनीतिक, सामाजिक और आर्थिक क्षेत्र की सभी सुख-सुविधाओं पर ब्राह्मण,

क्षत्रिय और वैश्य वर्ग का आरक्षण था और 85 प्रतिशत संख्या वाले शूद्रों-अतिशूद्रों के भाग्य में मात्र गुलामी थी। इस व्यवस्था को धर्म द्वारा ईश्वर रचित घोषित किया गया। भारतीय संविधान ने केवल इतना किया कि इस दैवीय आरक्षण व्यवस्था को उलट दिया। जो धारा ऊपर से नीचे की ओर बहती थी, उसे नीचे से ऊपर की ओर कर दिया। यही बात हिन्दुत्ववादियों के उदर में मरोड़ उत्पन्न करती है।

भारतीय संविधान की मूल भावना लोकतन्त्र में निहित है और लोकतन्त्र में आतंकवाद का कोई स्थान नहीं है। लोकतन्त्र में प्रत्येक समस्या को शान्तिपूर्ण ढंग से सुलझाने का प्रयास किया जाता है, ताकि लोगों में भ्रातृत्व की भावना बनी रहे। इसके विपरीत हिन्दुत्ववादी अपने लक्ष्य की प्राप्ति के लिए किसी भी प्रकार की हिंसा को अपनाने को तैयार रहते हैं। वैसे तो संघ प्रमुख सुदर्शन का कहना है कि भारत में आतंकवादी गतिविधियों के लिए भारत में स्थित चर्च और ईसाई मिशनरियां उत्तरदायी हैं, लेकिन ग्राहम स्टेन्स की बच्चों सहित निर्ममतापूर्ण हत्या, उड़ीसा चर्च पर हमले, ननों के साथ बलात्कार और गुजरात में हिन्दुत्ववादी सरकार के संरक्षण में निर्दोष मुस्लिमों की हत्याएँ हिन्दुत्व का असली चेहरा उजागर कर देती हैं। ऐसी आतंकवादी व्यवस्था का भारतीय लोकतन्त्र के साथ तालमेल बैठ ही नहीं सकता।

सच्चिदानन्द सिन्हा कहते हैं कि एक ओर हमारा संविधान भारत को धर्मनिरपेक्ष घोषित करता है और दूसरी ओर हर दिन सुबह-शाम पाँच वर्ष से लेकर किशोरावस्था तक के बच्चों को देश भर में फैली संघ की हजारों शाखाओं में भगवा झंडे को राष्ट्र के ध्वज के रूप में स्वीकार कर उसके आगे सर झुकाकर उसका सम्मान करने की सीख दी जाती है, साथ ही इन शाखाओं में इन अबोध बच्चों को यह बताया जाता है कि सिर्फ हिन्दू ही इस राष्ट्र के नागरिक हैं। उनके मस्तिष्क में दूसरे धर्मावलम्बियों के विरुद्ध नफरत भरी जाती है।[1] धर्मनिरपेक्षता को हिन्दुत्वादी 'छद्म धर्मनिरपेक्षता बतलाकर यह सिद्ध करने की कोशिश कर रहें है कि 'हिन्दुत्व' अर्थात् कट्टरपंथियों का धुर सम्प्रदायवाद ही असली धर्मनिरपेक्षता है। उनके लिए हिन्दू साम्प्रदायिकता और धर्मनिरपेक्षता में कोई अन्तर नहीं है।

भारतीय संविधान हर किसी को किसी भी धर्म को मानने और उसका प्रचार करने की आजादी देता है। संविधान धर्म को हर व्यक्ति का व्यक्तिगत मामला मानता है। किसी भी व्यक्ति को किसी धर्म को मानने के लिए विवश नहीं किया जा सकता। उसे किसी धर्म विशेष के बन्धन में बाँधकर नहीं रखा जा सकता। मानवीय मूल्यों का सम्मान करते हुए संविधान हर व्यक्ति को अन्तःकरण की आजादी देता है, अर्थात् यदि किसी व्यक्ति का विश्वास किसी अन्य धर्म में हो गया है तो वह धर्मपरिवर्तन कर दूसरे धर्म में जा सकता है। लेकिन संघ परिवार धर्मपरिवर्तन पर रोक लगाने की माँग करता है। वह व्यक्ति को जबरदस्ती हिन्दू धर्म में जकड़ कर रखना चाहता है, भले ही उसका विश्वास हिन्दू धर्म में न हो। वैसे इस मामले में भी संघपरिवार दोगली

बात करता है। वह दूसरों के धर्म परिवर्तन का तो विरोध करता है, लेकिन ईसाई समाज के लोगों का घर वापसी के नाम पर धर्म परिवर्तन करके हिन्दू बनाता है।

हिन्दुत्ववादियों का संविधान में कोई विश्वास नहीं है। संविधान देश का नाम भारत बताता है, लेकिन संघ प्रमुख मोहन भागवत इसे हिन्दुस्तान कहते हैं। मोहन भागवत कहते हैं कि इस देश में रहने वाले सब हिन्दू हैं, देश की संस्कृति हिन्दुत्व है, जिसे सभी (ईसाई-मुस्लिम ) को मानना चाहिए। दूसरे धर्मावलम्बियों को धमकी देते हुए मोहन भागवत कहते है कि हिन्दू धर्म दूसरे धर्मों को हजम कर जाने की ताकत है। इस तरह के विचार रखने वालों से संवैधानिक और लोकतांन्त्रिक मूल्यों के सम्मान की आशा नहीं की जा सकती।

हिन्दुत्ववादी इस देश को हिन्दू राष्ट्र बनाना चाहते हैं, लेकिन क्या केवल धर्म के आधार पर किसी देश को एक राष्ट्र बनाया जा सकता है? भारत एक बहुधर्मी, बहुभाषायी और बहुसंस्कृतियों वाला देश है। निस्सन्देह हिन्दू धर्मावलम्बी इस देश में बहुसंख्यक हैं, लेकिन भाषा और संस्कृति की अनेकता को नकारा नहीं जा सकता। पाकिस्तान का निर्माण धर्म के आधार पर हुआ था, लेकिन भाषायी भिन्नता को अनदेखा करना महँगा साबित हुआ। पाकिस्तान के दोनों भागों में एक ही धर्म के बहुसंख्यकों के होते हुए भी भाषा और संस्कृति की भिन्नता के कारण अन्ततोगत्वा पाकिस्तान दो टुकड़ों में टूटा और बांग्लादेश का निर्माण हुआ। वास्तव में, लोकतन्त्र की मूलभूत मान्यताओं से धर्म आधारित राष्ट्र की परिकल्पना इतनी विपरीत है कि स्वयं कायदे आज़म मोहम्मद अली जिन्ना को पाकिस्तान की संविधान सभा के अपने उद्घाटन भाषण में यह आह्वान करना पड़ा कि अब जब पाकिस्तान बन गया है, यह एक ऐसा राष्ट्र होगा, जिसमें नागरिकों के बीच धर्म के आधार पर कोई भेदभाव नहीं होगा।[2]

वास्तव में साम्प्रदायिकता चाहे मुस्लिमों की हो या हिन्दुओं की, लोकतन्त्र के लिए एक बड़ा खतरा है। 'हिन्दुत्व' का नारा एक सशक्त और एकीकृत राष्ट्र के तौर पर भारत के संविधान में निहित लोकतान्त्रिक मूल्यों को चुनौती देता है। विपिन चन्द्रा कहते हैं—"1947 के उपनिवेशवादी सत्ता के प्रोत्साहन से साम्प्रदायिकता ने भारतीय जनता में दरार पैदा की थी और सामंतवाद के खिलाफ संघर्ष को कमजोर करके अपने आपको भारत के विभाजन का कारण बनाया था। अब भी साम्प्रदायिकता का खतरा उतना ही बड़ा बना हुआ है। साम्प्रदायिकता आज भी उतनी ही विभाजक साबित होगी। भारत में आज सबसे जरूरी और महत्त्वपूर्ण काम एक मजबूत और संगठित भारत का निर्माण करना और भारत का मनोवैज्ञानिक एकीकरण करना है। मगर यह प्रक्रिया तब तक विकसित नहीं हो सकती, जब तक स्वीकार नहीं किया जाये कि भारतवासियों की विविधता और यहाँ कई भाषाओं, धर्मों और संस्कृतियों की उपस्थिति एक सच है और इस देश को अपने अस्तित्व के लिए उसे साधना

ही पड़ेगा। भारत जैसा विविधतापूर्ण समाज एक तभी रह सकता है, जब वहाँ सबको सामाजिक, आर्थिक, धार्मिक और राजनीतिक तौर पर खुली अभिव्यक्ति की लोकतान्त्रिक आजादी हो।"

हिन्दुत्ववादी एक ओर तो मुस्लिम साम्प्रदायिकता की बात करते हैं और साथ ही हिन्दू राष्ट्रवाद की बात करते हैं। उनके लिए मुसलमानों द्वारा इस्लाम की बात करना साम्प्रदायिकता है, लेकिन हिन्दू राष्ट्र की बात करना साम्प्रदायिकता नहीं है। भाजपा के हृदय नारायण दीक्षित कहते हैं कि केवल राष्ट्रभाव की वृद्धि से ही साम्प्रदायिकता का नाश हो सकता है। लेकिन प्रश्न है कौन सा राष्ट्रभाव? निःसन्देह राष्ट्रभाव की वृद्धि से साम्प्रदायिकता समाप्त हो सकती है और राष्ट्रभाव संविधान में निहित है, धर्मनिरपेक्षता की अवधारणा पर आधारित है। हिन्दू राष्ट्रभाव तो स्वयं में एक साम्प्रदायिक विचार है और साम्प्रदायिकता से साम्प्रदायिकता बढ़ती है, समाप्त नहीं होती। जैसे, आग से आग कभी बुझती नहीं है।

यदि हमें भारतीय लोकतन्त्र को मजबूत करना है और साथ ही देश का समग्र विकास करना है, तो हिन्दुत्व के नाम से चल रहे धर्मान्धता के आन्दोलन को रोकना होगा। विपिन चन्द्रा के शब्दों में—"सिर्फ एक गलत कदम और विकास की हमारी ऐतिहासिक प्रक्रिया रुक जायेगी और वैसा ही बिखराव आ जायेगा, जैसा कि 1947 में आया था। धर्म के चोले में साम्प्रदायिकता तबाही ला सकती है। क्या कोई देश उस हालत में मजबूत हो सकता है, जब उसके अल्पसंख्यक असन्तुष्ट और अलग-अलग पड़े हों? क्या कोई गम्भीरता से विश्वास करेगा कि भारत के करोड़ों मुस्लिम, सिख, ईसाई हटाये या मिटाये जा सकते हैं?" भले ही ऐसा करने की कोशिशें नाकाम हो जायें, लेकिन इस तरह की बर्बर और फासिस्ट ताकतें हमारी लोकतान्त्रिक व्यवस्था को किस तरह लहूलुहान करेंगी, इसका अन्दाजा लगाया जा सकता है।

भले ही संघ परिवार के लोग हिन्दुत्व को एक समावेशी उदार दर्शन का नाम देकर अथवा इसे एक जीवन शैली बताकर हिन्दुत्व की राजनीति का औचित्य सिद्ध करें, लेकिन संघ परिवार और उससे जुड़े हुए संगठनों ने आज तक अपने आचरण में जिस हिन्दुत्व का सहारा लिया है, वह वस्तुतः हिन्दूवाद ही है जो पन्थ-निरपेक्ष भारतीय लोकतन्त्र की मूल अवधारणा को नकारता है।

पिछले 80 से अधिक वर्षों से संघ परिवार हिन्दुत्व के नाम पर हिन्दू धर्म का राजनीतिकरण करने का प्रयास कर रहा है, लेकिन इन ताकतों ने आज तक कभी भी हिन्दू समाज में समानता लाने का प्रयास नहीं किया। क्योंकि उनका उद्देश्य कभी समाज का लोकतान्त्रीकरण करना नहीं रहा है। इसका कारण यह है कि इन कट्टरपंथी शक्तियों को भारतीय संविधान के आधारभूत मूल्य समानता, स्वतन्त्रता, प्रभुत्व, न्याय पर विश्वास ही नहीं रहा है।

वास्तव में हिन्दुत्व एक तरह का राजनीतिक आन्दोलन है, जिसका भारतीय

संविधान और लोकतान्त्रिक मूल्यों से कोई सरोकार नहीं। लोकतन्त्र लोगों में एकता पैदा करता है, लेकिन 'हिन्दुत्व' इस एकता को खंडित कर देश को हिन्दू, गैर हिन्दू, सवर्ण और शूद्र-अतिशूद्र में विभाजित करता है। यह ऐसा हिन्दू राष्ट्र बनना चाहता है, जो कुछ मुट्ठीभर हिन्दुओं की आकांक्षाओं का प्रतीक होगा, लेकिन जिसमें पिछड़ी जातियों, दलितों, अल्पसंख्यकों और स्त्रियों के लिए कोई स्थान नहीं होगा। उनकी भूमिका केवल मातहत की होगी। हिन्दुत्व को लोकतान्त्रिक व्यवस्था कहने वाले लोगों को समझना चाहिए कि लोकतन्त्र महज शासन हथियाने की एक खास तरह की पद्धति नहीं है, जिसमें जात-पाँत, मजहब-मूल आदि की भावना का इस्तेमाल कर किसी तरह शासन पर कब्जा कर लिया जाये। इसकी आत्मा इसमें है कि लोकतन्त्र के भीतर का हर शासित समूह महसूस करे कि शासन में उसकी भावनाओं का भी कहीं प्रतिनिधित्व है। इस देश से न तो अल्पसंख्यकों को निकाला जा सकता है, न उन्हें दूसरे दर्जे का नागरिक बनाया जा सकता है और न ही पिछड़ी और दलित जातियों पर मनुस्मृति पर आधारित शासन थोपा जा सकता है, यह बात 'हिन्दुत्व' के पैरोपकारों को भली-भाँति समझ लेनी चाहिए।

## सन्दर्भ

1. लोकतन्त्र की चुनौतियाँ, सच्चिदानन्द सिन्हा, पृ. 19
2. लोकतन्त्र की चुनौतियाँ, सच्चिदानन्द सिन्हा, पृ. 17

# हिन्दुत्व : आदिवासी, दलित और पिछड़ा वर्ग

सभ्य समाज में यह आमतौर पर माना जाता है कि स्वतन्त्रता जीवन की पहली शर्त है, लेकिन स्वतन्त्रता बिना समानता के सम्भव नहीं है। समानता, स्वतन्त्रता और बन्धुत्व के मूल्य हिन्दुत्ववादी व्यवस्था में केवल वैयक्तिक साधना तक ही सीमित रहे हैं। सामाजिक जीवन में इन्हें कभी नहीं अपनाया गया, बल्कि इनके ठीक विपरीत मूल्य अपनाये गये। इसी कारण पिछले चार हजारों वर्षों से हिन्दुत्ववादी व्यवस्था में इस देश का 85 प्रतिशत समाज जिसे शूद्र और अतिशूद्र कहकर हेय दृष्टि से देखा गया; शिक्षा, सत्ता और सम्पत्ति से वंचित रखा गया, साथ ही विभिन्न तरह के कानून बना कर उनके गर्व को भी कुचला गया। गर्व स्वतन्त्रता का अनिवार्य अंग है, लेकिन इस हिन्दुत्ववादी व्यवस्था में गर्व को कुचलने के लिए इस मूलनिवासी बहुजन समाज में स्वतन्त्र चेतना का विकास कभी नहीं हाने दिया गया, क्योंकि स्वतन्त्र चेतना के विकसित होने से इन शूद्रों-अतिशूद्रों मे सनातन धर्म के विरुद्ध विद्रोह की भावना के विकसित होने का भय था। इसी कारण हिन्दुओं के सभी धर्म ग्रन्थों में इस बहुसंख्यक समाज को दबाने और कुचलने के लिए नये-नये नियमों के निर्माण पर अधिक बल दिया गया।

हिन्दुत्ववादी संस्कृति में इस देश के 85 प्रतिशत जनसंख्या वाले मूलनिवासी बहुजनों अर्थात् एस.सी., एस.टी. और ओ.बी. सी. का बहुत ही आश्चर्यजनक और महत्त्वपूर्ण स्थान है। महत्त्वपूर्ण इसलिए कि इस संस्कृति का निर्माण और विकास ही इन मूलनिवासियों के शोषण के लिए किया गया था, और आश्चर्यजनक इसलिए कि ये मूलनिवासी बहुजन ही इस शोषणवादी संस्कृति या व्यवस्था के संरक्षण का कारण भी रहे। इसे विदेशी आर्य शासक जातियों का कौशल ही कहा जायेगा कि उन्होंने ऐसी सामाजिक व्यवस्था को जन्म दिया जिसमें शोषित वर्ग ने अनेक अत्याचारों को सहने के बाद भी इस सामाजिक व्यवस्था का विरोध नहीं किया, उल्टे उसे सहारा दिया।

सिन्धुघाटी की सभ्यता को नष्ट करने के बाद आर्यों ने सप्तसिन्धु प्रदेश (पंजाब, पाकिस्तान सहित) में अपनी सत्ता तो स्थापित कर ली थी, लेकिन ये आर्य शासक जानते थे कि शक्ति के बल पर वे अधिक दिनों तक इस देश की जनता पर शासन नहीं कर पायेंगे। जिस दिन भी उनके वंशज कमजोर निकले, इस देश के मूलनिवासी उन्हें निकाल बाहर करेंगे। अतः वे ऐसी व्यवस्था का निर्माण करना चाहते थे, जिसमें

उनके कमजोर वंशज भी बहुसंख्यक मूलनिवासियों पर शासन कर सकें, और इस देश की धन-सम्पत्ति का उपभोग कर सकें। इसके लिए आर्यों ने वर्ण-व्यवस्था के रूप में एक नयी सामाजिक व्यवस्था इस देश के मूलनिवासियों पर थोपी। वर्ण-व्यवस्था का निर्माण आर्यों ने भारत में आकर किया या यह आर्यों के बीच उनके भारत आने से पूर्व अस्तित्व में आ चुकी थी, इस सम्बन्ध में दो मत हैं। बाबा साहेब अम्बेडकर ने माना है कि वर्ण-व्यवस्था का जन्म आर्यों के बीच ईरान में हुआ और जब वे भारत आये, तो उन्होंने उसी व्यवस्था को यहाँ के मूलनिवासियों के ऊपर थोप दिया। दूसरा मत यह है कि जब आर्य भारत आये तो उनमें वर्ण-व्यवस्था नहीं थी। इस वर्ण-व्यवस्था की रचना उन्होंने भारत में आने के बाद की। कई इतिहासकार दूसरे मत के समर्थक हैं। बहरहाल इनमें से किसी भी मत के आधार पर विचार किया जाये, निष्कर्ष यही निकलता है कि आर्यों ने वर्ण-व्यवस्था भारत के मूलनिवासियों को गुलाम बनाकर उनका शोषण करने के उद्देश्य से उन पर थोपी।

## वर्ण-व्यवस्था का प्रारम्भ

भारत में आर्यों ने सबसे पहले सप्तसिन्धु प्रदेश को अपना निवास स्थान बनाया, जिसे ब्राह्मवर्त कहा गया। ऋग्वेद आर्यों की सर्वाधिक प्राचीन रचना है। चूँकि ऋग्वेद और दूसरे वेदों के रचना के समय में बहुत अन्तर है इसलिए ऋग्वेद के रचना के काल को पृथक् रखकर ऋग्वैदिक काल कहा जाता है, और इसी काल से आर्यों के भारत में निवास का प्रारम्भ माना जाता है। ऋग्वैदिक काल के बाद का समय उत्तरवैदिक काल कहा जाता है, जिसमें अन्य वेदों सामवेद, यजुर्वेद, अथर्ववेद और ब्राह्मण, आरण्यक तथा उपनिषदों की रचना हुई।

ऋग्वैदिक काल में, प्रारम्भ में आर्य और अनार्य दो ही वर्गों का पता चलता है। इन नवागत आर्यों और भारत के मूलनिवासी अनार्यों में आधारभूत विभिन्नताएँ थीं—

1. आर्य आक्रमणकारी और अनार्य आक्रान्त थे।
2. आर्य गौर वर्ण और अनार्य कृष्ण वर्ण थे।
3. आर्यों और अनार्यों की शरीर रचना में भी भेद था। उदाहरणार्थ, आर्यों की नाक ऊँची होती थी। इसके विरुद्ध अनार्यों की नाक बैठी होती थी। इसी से ऋग्वेद में वे 'अनासः' कहे गये हैं।
4. आर्यों और मूलनिवासी अनार्यों में अनेक धार्मिक और सांस्कृतिक विभिन्नताएँ भी थीं। यही कारण है कि ऋग्वेद में अनार्यों के लिए अवृत्त (वृत्तों का पालन न करने वाले), अक्रतु (यज्ञ न करने वाले), मृडवाज (अस्पष्ट वाणी बोलने वाले) आदि शब्दों का प्रयोग किया गया है।[1]

रोमिला थापर, के.सी. चट्टोपाध्याय, आर.एस. शर्मा इत्यादि अनेक इतिहासकारों का

मत है कि जहाँ तक आर्यों के अपने समाज का प्रश्न है, उनमें प्रारम्भ में अर्थात् ऋग्वैदिक काल में कोई वर्ण-व्यवस्था न थी। दक्षिण भारत में ब्राह्मणवाद के विरुद्ध इस बीसवीं सदी के प्रारम्भ में अभियान छेड़ने वाले स्वामी धर्मतीर्थ के अनुसार भी प्रारम्भ में आर्यों में वर्ण व्यवस्था नहीं थी। वे लिखते हैं कि उस समय कोई ब्राह्मण या क्षत्रिय नहीं था। जाति प्रथा का अस्तित्व न था। सभी लोग एक ही समुदाय के थे, साथ-साथ रहते थे, खाते-पीते थे, आपस में विवाह करते थे।[2]

वी.सी. पाण्डेय लिखते हैं कि ऋग्वैदिक काल में प्रत्येक आर्य व्यक्तिगत रूप से देवोपासना एवं यज्ञ करता था। अतः ब्राह्मण पौरोहित्य की आवश्यकता न थी। इसी प्रकार एक मात्र युद्ध धर्म के लिए क्षत्रिय वर्ण की आवश्यकता न थी, क्योंकि प्रारम्भिक अवस्था में युद्ध में प्रत्येक व्यक्ति को भाग लेना पड़ता था। लेकिन कुछ समय बाद आर्यों को भारत में एक नवीन परिस्थिति का सामना करना पड़ा। जहाँ भौगोलिक विस्तार के कारण नयी-नयी आवश्यकताओं, समस्याओं का आर्यों को सामना करना पड़ रहा था। वहीं भारत के मूलनिवासी अनार्य भी पग-पग पर उनसे भीषण संघर्ष कर रहे थे। ऋग्वेद में आर्य उपासक कहता है कि "हम चारों ओर से दस्युओं से घिरे हुए हैं। ...वे मानव नहीं हैं। ओ रिपुदमन! इनका वध कर डालो। दास समुदाय का नाश कर दो।" इस प्रकार अनवरत युद्धों ने आर्यों को समाज का पुनर्गठन करने के लिए विवश कर दिया।[3]

स्वामी धर्मतीर्थ के अनुसार प्रारम्भ मे युद्ध प्रायः प्रत्येक दिन की आवश्यकता बन गया था। आर्यों को सदैव सतर्क रहना पड़ता था। इससे उन्हें कार्यों के बँटवारे की आवश्यकता महसूस होने लगी थी।[4]

वी.सी. पाण्डेय लिखते हैं कि "अनवरत युद्धों से आर्यों को भारी परेशानी का सामना करना पड़ रहा था और उन्हें कार्यों के बँटवारे की आवश्यकता महसूस होने लगी थी। समाज को संगठित और व्यवस्थित रखने के लिए यह आवश्यक था कि युद्ध-कर्म के लिए समाज में कार्य विभाजन की आवश्यकता हुई। समाज को एक ऐसे वर्ग की आवश्यकता थी जो युद्ध की विभीषिका से दूर रहकर आर्य धर्म की रक्षा कर सके, मन्त्र रचना और मन्त्र-संरक्षण कर सके, मन्त्रों को विशुद्ध रूप में याद रख सके और विशुद्ध रूप से उनका उच्चारण कर सके तथा राष्ट्र-कल्याण और शत्रु के विनाश के लिए देवी-देवताओं का आह्वान कर सके। इन्हीं आवश्यकताओं की पूर्ति के लिए पृथक् वर्ग का जन्म हुआ, जिसे कालान्तर में 'ब्राह्मण' कहा गया।[5] स्वामी धर्मतीर्थ के अनुसार ब्राह्मण का पेशा प्रारम्भ से ही आकर्षण का केन्द्र बन गया था, क्योंकि इसमें युद्ध में जाकर जान गँवाने का भी डर नहीं था और बिना कुछ किये ही जीवन की सारी आवश्यकताओं की पूर्ति हो जाती थी।[6]

इसके साथ-साथ समाज को एक ऐसे वर्ग की भी आवश्यकता थी, जो समस्त कर्मों से विरत होकर युद्ध विद्या में विशेष योग्यता प्राप्त कर सके और अवसर आने

पर राष्ट्र के धन-जन की संरक्षा कर सके। अतः इस कार्य के लिए समाज में पृथक् वर्ग बनाया गया, जिसे बाद में क्षत्रिय कहा गया।

आर्यों के लिए यह भी आवश्यक था कि उनके बीच कुछ ऐसे लोग भी हों, जो धर्म और युद्ध के कार्यों से निश्चिन्त होकर कृषि, वाणिज्य तथा अन्यान्य व्यवसायों द्वारा राष्ट्र की आर्थिक उन्नति पर पूरा ध्यान दें। इस आवश्यकता ने आर्यों में जिस वर्ग का निर्माण किया, वह कालान्तर में 'वैश्य' कहलाया।

आर्यों की एक अन्य समस्या पराजित एवं अधिकृत अनार्यों की थी। इन पराजित अनार्यों ने आर्यों की संस्कृति अपना ली थी या कह सकते हैं कि आर्यों ने इन्हें अपनी संस्कृति अपनाने के लिए विवश कर दिया था। आर्यों ने इन्हें विभिन्न निम्न स्तर के कार्यों के लिए नियोजित किया। इसी पराजित वर्ग को कालान्तर में आर्यों की वर्ण-व्यवस्था में शूद्र कहा गया। ऋग्वेद में अनार्यों को कृष्ण वर्ण का कहा गया है और बाद में बोधायन और आपस्तम्ब धर्म सूत्रों में 'शूद्र' को भी कृष्ण वर्ण का कहा गया है। इसी प्रकार गौतम ने भी शूद्रों को अनार्य कहा है।

पराजित मूलनिवासियों को अपनी वर्ण-व्यवस्था में सम्मिलित करने के लिए आर्यों ने पहले मूलनिवासियों को दो भागों में बाँटा। आर्य उन मूलनिवासियों को बहुत घृणा की दृष्टि से देखते थे, जिन्होंने उन्हें बहुत परेशान किया था और उनकी सभ्यता और श्रेष्ठता को स्वीकार नहीं किया था। आर्यों द्वारा उन्हें असुर, राक्षस इत्यादि कहा गया। इन्हीं लोगों में से जिन लोगों ने लम्बे संघर्ष के बाद आत्मसमर्पण किया, उन्हें गाँव की सीमा पर रहने को कहा गया ताकि उनसे गुलामी करवाई जा सके और साथ-साथ ही समाज से बहिष्कृत होने की अनूभूति भी सदैव होती रहे। यही वर्ग आज एस.सी. अर्थात् अनुसूचित जाति वर्ग कहलाता है। जो लोग जंगलों और पहाड़ों की ओर भाग गये ओर जिन्होंने कभी आर्य संस्कृति के सम्मुख शीश नहीं झुकाया, उसे कभी स्वीकार नहीं किया, उन्हें आज आदिवासी कहा जाता है।

इस प्रकार आर्यों ने सभी मूलनिवासियों को वर्ण-व्यवस्था में शामिल नहीं किया। जिन्होंने उनका अधिक विरोध नहीं किया था, और जल्दी पराजय स्वीकार कर ली थी, केवल उन्ही लोगों को वर्ण-व्यवस्था में चौथे वर्ण शूद्र के रूप में ले लिया गया। वर्ण-व्यवस्था में इन मूलनिवासियों को लेना आर्यों की मजबूरी थी, क्योंकि एक तो उन्हें अनेक कार्यों के लिए ऐसे लोगों की आवश्यकता थी, जिसका सेवक के रूप मे प्रयोग किया जा सके, दूसरे सामाजिक व्यवस्था से बाहर रखने पर सारे मूलनिवासी समाज में आर्यों के विरुद्ध एकता पैदा होने का भी खतरा था। अतः मूलनिवासियों को बाँटना जरूरी था। इसके लिए मूलनिवासी समाज के एक बड़े भाग को अन्य मूलनिवासी भाइयों से पृथक् कर 'शूद्र' के रूप में आर्यों ने अपने समाज में शामिल किया। इस प्रकार आर्यों ने गुलाम तो सभी पराजित मूलनिवासियों को बनाया, लेकिन गुलामों को भी दो भागों में बाँट दिया। कुछ को शूद्र के रूप में अपनी

सामाजिक व्यवस्था में अन्दर ले लिया और बाकी को गाँव की सीमा पर रखा और उनसे ज्यादा गन्दे काम कराये।

आर्यों द्वारा भारतीय समाज में अपनी सामाजिक व्यवस्था अर्थात् वर्णव्यवस्था प्रारम्भ करने से पूर्व भारत के मूलनिवासी समाज में जाति जैसी कोई विभाजन रेखा नहीं थी। अवश्य उस समय भी मूलनिवासी समाज अनेक वर्गों में बँटा हुआ था और इन समूहों के पृथक् नाम थे। लेकिन इन समूहों या वर्गों को 'जाति' न कहकर 'कुल या वंश' कहा जाता था। ये 'कुल या वंश' उन आदिवासी कबीलों से सम्बन्ध दर्शाते थे, जिनसे उस समय के लोगों के पूर्वजों का सम्बन्ध था। ये 'कुल' किसी 'पेशा' या 'व्यवसाय' पर आधारित नहीं थे। इन 'कुलों' या वंशों में ऊँच-नीच की भावना नहीं थी, बल्कि परस्पर भ्रातृत्व की भावना थी। आपस में विवाह इत्यादि होता था। उदाहरण के लिए, गौतम बुद्ध' के पिता 'शाक्य' (काछी) थे लेकिन माता 'कोलिय' वंश (वर्तमान कोली जाति) से थीं। इन्हीं कुलों को बाद में आर्यों ने जाति का रूप दे दिया।

आर्यों का व्यवहार 'मूलनिवासी समाज' के साथ बहुत ही कूटनीति वाला रहा। उन्हें गुलामी का एहसास तुरन्त नहीं कराया गया, क्योंकि इससे विद्रोह होने का खतरा था और दूसरे गंगा-जमुना के मैदान (आधुनिक पूर्वी उत्तर प्रदेश और बिहार) में मूलनिवासियों के अनेक शक्तिशाली राज्य थे, जिन्हें ताकत से हराया नहीं जा सकता था। आर्य ब्राह्मण ने उनके साथ मित्रता के सम्बन्ध स्थापित किये। उनके बीच अपने धर्म का प्रचार बड़ी चालाकी से कर उन्हें अपने धर्म में 'शूद्र' वर्ण में शामिल कर लिया। साम, दाम, दंड, भेद का सहारा लेकर उन्होंने शक्तिशाली मूलनिवासियों को आपस में ही लड़ाया, एक से दूसरे को मरवाया। उदारहण के लिए ब्राह्मण चाणक्य ने चन्द्रगुप्त मौर्य (काछी) से मगध के शक्तिशाली राजा धनानन्द (नाई) की हत्या करवायी। ऐसे कार्यों के साथ-साथ ही आर्य 'शूद्र' समाज को नियन्त्रण में करने वाले नियम भी बनाते रहे। विभिन्न 'कुलों' या 'वशों' को जाति का रूप दे दिया गया और उनके बीच की दीवारें समय के साथ मजबूत कर दी गयीं। 'अनुलोम और प्रतिलोम' विवाह से उत्पन्न सन्तान को एक नयी जाति में रखा गया। धीरे-धीरे प्रत्येक जाति को किसी एक निश्चित पेशे पर आधारित कर दिया गया। लेकिन फिर भी सम्राट अशोक के समय तक मूलनिवासी समाज काफी सम्मानित जीवन जी रहा था। अशोक के समय में बौद्ध धर्म के प्रचार से इस मूलनिवासी समाज ने बड़ी संख्या में बौद्ध धर्म ग्रहण कर लिया था, इसीलिए इतिहासकारों द्वारा सम्राट अशोक के शासनकाल में भारत को बौद्धमय कहा गया है, अर्थात् भारत की 70-80 प्रतिशत जनता बौद्ध धर्म की अनुयायी थी। लेकिन अन्तिम मौर्य सम्राट बृहद्रथ की हत्या करने के बाद जब पुष्यमित्र शुंग ने हिन्दू धर्म का पुनरुद्धार किया, तो आर्य धर्माचार्यों ने राजाओं का संरक्षण पाकर मूलनिवासी समाज को पूरी तरह से नियन्त्रण में रखने के लिए विभिन्न कठोर नियम बनाये। हिन्दुओं के अधिकांश धर्मग्रन्थ स्मृतियाँ, पुराण आदि

इसी काल में लिखे गये और ये सभी मूलनिवासी समाज की गुलामी को सख्त व दृढ़ बनाये जाने वाले नियमों से भरे पड़े हैं। इन ग्रन्थों का एक मात्र उद्देश्य मूलनिवासी समाज को इस प्रकार दबाना था, जिससे कि वे पुनः सनातन धर्म के विरुद्ध आवाज न उठा सकें। इसके लिए बौद्ध धर्म को समाप्त करने का पूरा प्रयास किया गया। पुष्यमित्र शुंग ने तो एक बौद्ध भिक्षु का सिर काट कर लाने पर सौ स्वर्ण मुद्रायें देने की भी घोषणा की थी।

हिन्दू व्यवस्था में जब भी सामाजिक नियम बने, वे मूलनिवासी समाज के लिए अलग बने और सवर्ण जातियों के लिए अलग। इसलिए रमणिका गुप्ता कहती हैं कि "हिन्दू संस्कृति हमेशा से दो संस्कृतियों में बँटी रही। इसने दो मापदंड बनाये, दो दृष्टिकोण रचे और निर्मित की दो आचार संहिताएँ, चाहे वे सामाजिक स्तर की हों, चाहे आर्थिक व राजनीतिक या धार्मिक स्तर की। ये अभिजात या सवर्ण संस्कृति राजतन्त्र, सामन्त, बुद्धिजीवी, व्यापारी व विशिष्ट लोगों की हित साधक अधिक रही। उसने श्रम करने वाले पिछड़ों, दलितों, आदिवासियों को अधिकारविहीन बना दिया। भाग्य और पूर्व जन्म पर आधारित सोच का गुलाम बनाकर इस अभिजात संस्कृति ने उनको अपनी गुलामी सहर्ष स्वीकार करने की हद तक ब्रेनवाश कर दिया और अपने लिए सुविधाएँ जुटाने का व्यूह रचती रही।"[7]

रमणिका गुप्ता आगे कहती हैं कि 'अभिजनों सवर्णों की मनुवादी-संस्कृति दरअसल अपसंस्कृति है, जिसने मानवता का अर्थ और मानव संवेदना का दायरा केवल कुछ जातियों तक ही सीमित रखा। इसने इतर अधिकार प्राप्त किये और बाकी जनसमूह को अधिकार-विहीन बनाकर दासता से बदतर पशुतुल्य जीवन जीने को बाध्य ही नहीं किया, बल्कि उनकी संवेदना को जड़ बनाकर उन्हें उसी में सन्तुष्ट रहना सिखाया। इस संस्कृति के तहत उन्होंने अपने लिए सब छूटें हासिल कीं। हालाँकि इन उच्च जातियों में भी कुछ व्यक्ति अति समृद्ध, अति विशिष्ट बने, बाकी गरीब रहे लेकिन जाति के जन्म से जुड़े होने के कारण वे जातीय दम्भ में इतने आत्ममुग्ध रहे कि बर्बर हो गये। वे अपने को सबसे ऊपर सर्वोपरि मानने लगे। इनकी आचार संहिता इनके अपने सन्दर्भ में लचीली थी, लेकिन शूद्रों और अतिशूद्रों के लिए अत्यन्त मजबूत नियम तथा कड़े कानून थे, जो आज भी हैं। योग्यता के बल पर कहीं शूद्र-अतिशूद्र (एस.सी., एस.टी. और ओ.बी.सी.) होड़ न करने लगें और उनकी प्राप्त सुविधाओं का प्रश्न न लगने लगे, इसलिए उन्हें एक तरफ तो पढ़ने का अधिकार ही नहीं दिया गया और दूसरी तरफ उन्हें चमत्कार, आस्था, झूठे मिथक और कथाएँ गढ़कर लुभाया और मुग्ध किया। उन्हें भयभीत भी किया जाता रहा, ताकि वे इनके शिकंजे से बाहर न निकल सकें और स्वेच्छा से निःशुल्क इनके सेवक बने रहें। मनुस्मृति में राजा और ब्राह्मण को झूठे चमत्कार पैदा कर जनता से चन्दा करने का प्रावधान भी किया गया है।"[8]

## हिन्दुत्व और आदिवासी

आर्य-अनार्य संघर्ष में कुछ अनार्यों अर्थात् भारत के मूलनिवासियों ने आर्यों से कभी पराजय स्वीकार नहीं की। उन्होंने आर्यों को अधिक शक्तिशाली पाकर आर्यों की गुलामी से बचने के लिए और अपनी संस्कृति को सुरक्षित रखने के लिए वनों और पर्वतों की शरण ले ली। ऐसी अनार्य जातियों को आज अनुसूचित जनजाति अर्थात् एस.टी. कहा जाता है और इन्ही को आदिवासी भी कहा जाता है। इस आदिवासी समाज ने ही इस देश की मूल संस्कृति को आज तक संरक्षित करके रखा है, क्योंकि इनका आर्यों के साथ न तो रक्त मिश्रण हुआ है और न ही इन्होंने अपनी संस्कृति छोड़ी है। आर्य हिन्दू धर्माचार्यों ने इनकी कभी परवाह नहीं की। कभी-कभी हिन्दू राजाओं ने किसी दूसरे राजा द्वारा आक्रमण की स्थिति में कुछ शक्तिशाली आदिवासी जातियों से सहायता अवश्य ली, लेकिन इससे अधिक राजाओं और उनके धर्माचार्यों ने इनके मामले में कभी हस्तक्षेप नहीं किया। इसीलिए इनके हिन्दूकरण के कभी प्रयास नहीं हुए। वैसे भी जंगलों में रहने वाले आदिवासी उनके लिए अधिक महत्त्वपूर्ण नहीं थे।

देश की आजादी के बाद भी कुछ समय तक हिन्दू धार्मिक नेता आदिवासियों को लेकर चिन्तित नहीं हुए, लेकिन पिछले दो दशकों से हिन्दुत्ववादियों की कार्यसूची में आदिवासी प्रमुख स्थान पर हैं। आज हिन्दुत्ववादी जहाँ एक ओर यदि आदिवासी क्षेत्रों में अपने धर्म का प्रचार कर, आदिवासियों का हिन्दूकरण करने का प्रयास कर रहे हैं, तो वहीं दूसरी आरे पिछले अनेक वर्षों से आदिवासियों के बीच शिक्षा व चिकित्सा के क्षेत्र में कार्य कर रही ईसाई मिशनरियों के प्रति अशिक्षित आदिवासियों के मन में विष भरने का कार्य भी ये हिन्दुत्ववादी कर रहे हैं। उनके बीच त्रिशूल, हनुमान और गणेश आदि हिन्दू देवताओं की मूर्तियाँ बाँटी जा रही हैं। शबरी मेला लगा कर उन्हें समझाया जा रहा है कि किस प्रकार राम ने शबरी के जूठे बेर खाये थे। (अमर उजाला 16/2/06) 'घरवापसी' कार्यक्रम द्वारा ईसाई धर्म अपना चुके आदिवासियों को हिन्दू बनाया जा रहा है।

प्रश्न उठता है कि क्या आदिवासी हिन्दू हैं? क्योंकि यदि आदिवासी हिन्दू है ही नहीं, तो ईसाई आदिवासी द्वारा हिन्दू धर्म अपनाने पर 'घरवापसी' कैसी? घरवापसी के लिए ईसाई आदिवासी द्वारा ईसाई धर्म अपनाने से पहले उसे हिन्दू होना चाहिए, तभी पुनः हिन्दू धर्म अपनाने पर उसे 'घरवापसी' कहा जा सकता है। ऐसे अनेक तथ्य हैं, जिनके आधार पर बड़ी सरलता से यह सिद्ध किया जा सकता है कि आदिवासी हिन्दू नहीं हैं। इनमें से कुछ तथ्य निम्नलिखित हैं–

1. आदिवासी समाज के अधिकांश संगठन यह मानते हैं कि वे हिन्दू नहीं हैं। उदाहरण के लिए झारखंड के आदिवासी स्वयं को उस क्षेत्र का मूलनिवासी

बताते हैं और अपना धर्म 'सरना' बताते हैं। वे कहते हैं कि 'सरना' धर्म 'हिन्दू' धर्म से पृथक् है और वे किसी को अपने धर्म को नष्ट नहीं करने देंगे। इसी प्रकार 'सन्थाल समाज' भी अपने को हिन्दू नहीं मानता है और अपने उन नेताओं का बहिष्कार करता है, जो हिन्दू धर्म का समर्थन करते हैं।

2. गोन्डवाना क्षेत्र की शक्तिशाली शासिका रानी दुर्गावती मुगल शासक अकबर की समकालीन थी और उसे अकबर ने हराया था। इस बात का फायदा उठाकर हिन्दुत्ववादियों ने आदिवासियों को मुस्लिमों के विरुद्ध भड़काने के कई प्रयास किये हैं, लेकिन 'गोन्ड' जाति के लोग फिर भी अपने को हिन्दू मानने को तैयार नहीं हैं। वे रामायण के खलनायक 'रावण' को श्रद्धा की दृष्टि से देखते हैं, क्योंकि उनका मानना है। कि रावण एक महान् मूलनिवासी राजा था, जिसे आर्य राजा राम ने हराकर मार दिया था। नवभारत टाइम्स 27/03/06 के अनुसार गोन्डवाना सेना नामक संगठन आदिवासियों को हिन्दू देवताओं की पूजा करने से रोक रहा है और इस बात पर मध्य प्रदेश विधान सभा में बहस भी हुई।
3. आदिवासी स्त्री को बहुत अधिक सम्मान देते हैं और उसे पूर्ण स्वतन्त्रता देते हैं, जबकि हिन्दू धर्म में मनु ने स्त्री को पुरुष के अधीन माना है। इसी प्रकार आदिवासियों के उत्सव त्योहार, रीति-रिवाज, देवी-देवता सभी हिन्दुओं से अलग हैं।
4. अँग्रेजों के समय में 1935 में सेन्ट्रल प्रॉविन्स के विधानमंडल ने हिन्दुओं के 'मीताक्षरा' कानून को आदिवासियों पर लागू करने के लिए एक विधेयक पारित किया, लेकिन उसे उच्च न्यायालय ने इस आधार पर निरस्त कर दिया कि आदिवासी हिन्दू नहीं हैं, इसलिए उन पर हिन्दुओं का कानून लागू नहीं होगा।[9]
5. दिल्ली उच्च न्यायालय के एक निर्णय में जस्टिस एम.एस.ए. सिद्दीकी ने कहा आदिवासी चूँकि हिन्दू धर्म से पृथक् हैं, अतः उन पर हिन्दू विवाह अधिनियम 1955 लागू नहीं होगा। वे एक से अधिक विवाह कर सकते हैं। इसी प्रकार हिन्दू उत्तराधिकार अधिनियम 1956, हिन्दू माइनॉरिटी एण्ड गार्जियनशिप एक्ट 1956 और हिन्दू एडाफ्सन एण्ड मेन्टीनेन्स एक्ट 1956 भी आदिवासियों पर लागू नहीं होते।

इस प्रकार यह सिद्ध हो जाता है कि आदिवासी हिन्दू नहीं हैं। लेकिन प्रश्न उठता है कि फिर हिन्दुत्ववादी, ईसाई आदिवासियों को हिन्दू बनाने पर 'घरवापसी' क्यों कहते हैं? इसका उत्तर सरल है। यदि हिन्दुत्ववादी आदिवासियों को हिन्दू नहीं मानते हैं,

तो ईसाई आदिवासी व्यक्ति को हिन्दू बनाने पर समस्या उठेगी कि उसे किस जाति में रखा जाये? लेकिन सारे आदिवासी समाज को हिन्दू मान लेने पर यह समस्या समाप्त हो जाती है, क्योंकि इस स्थिति में ईसाई आदिवासी द्वारा हिन्दू बनने पर उसे उसकी मूल आदिवासी जाति में रख दिया जाता है।

प्रश्न फिर सामने यह आ जाता है कि हिन्दुत्ववादियों के वर्तमान आदिवासी प्रेम का कारण क्या है? दरअसल हिन्दू धर्म के ठेकेदारों ने इन गरीब अशिक्षित आदिवासियों की ओर कभी ध्यान नहीं दिया और उनकी अशिक्षा का लाभ उठाकर आदिवासी बाहुल्य क्षेत्रों में भी राजनीतिक, सामाजिक व आर्थिक अर्थात् प्रत्येक क्षेत्र में अपनी सत्ता बनाये रहे। ईसाई मिशनरी संस्थाओं ने घने वनों में जाकर इन आदिवासियों को चिकित्सा सुविधा उपलब्ध करायी, उनमें शिक्षा का प्रसार किया, लेकिन इससे हिन्दुत्ववादियों के कानों पर जूँ तक नहीं रेंगी। उनका माथा तब ठनका जब आदिवासियों ने ईसाई धर्म अपनाना प्रारम्भ कर दिया, हालाँकि ऐसी घटनाएँ छिटपुट ही रहीं। शिक्षा के प्रसार से आदिवासियों में अपने अधिकारों के प्रति भी जब चेतना आने लगी तो हिन्दुत्ववादियों की परेशानी और बढ़ गयी, क्योंकि यह उनकी सत्ता को चुनौती थी। इसीलिए उन्होंने आदिवासियों को पहले तो हिन्दू घोषित कर दिया और फिर साथ ही उनका हिन्दूकरण करने के लिए उनके बीच हिन्दू देवताओं की मूर्तियों को बाँटना शुरू कर दिया। इससे उन्हें दो लाभ हैं। एक तो आदिवासियों को ईसाई मिशनरियों के विरुद्ध भड़काया जा सकता है, वहीं दूसरी ओर उनमें आ रही अपने अधिकारों के प्रति चेतना को धार्मिक भावनाओं के नीचे दबाया जा सकता है।

## हिन्दुत्ववादी व्यवस्था में अनुसूचित जाति (अतिशूद्र) की स्थिति

हिन्दू समाज के धर्म ग्रन्थों को उठा कर देखो तो ये सारे धर्म ग्रन्थ विशेषतौर पर स्मृतियाँ ऐसे नियमों से भरी पड़ी हैं, जिनकी रचना केवल इस देश के बहुसंख्यक शूद्र-अतिशूद्र को विभिन्न तरीकों से गुलाम बनाये रखने के लिए की गयी। अतिशूद्र अर्थात् अस्पृश्य जातियों का वर्णन इन ग्रन्थों में बहुत कम है, कहीं-कहीं 'अस्पृश्य या चाण्डाल' शब्दों का प्रयोग अतिशूद्रों के लिए किया गया है। इसका मुख्य कारण है कि उस काल में अतिशूद्रों को हिन्दू धर्म के अन्दर माना ही नहीं गया था। उन्हें चारों वर्णों से बाहर रखा गया था। फिर भी धर्मग्रन्थों विशेषतौर से मनुस्मृति और विष्णुस्मृति में अनुसूचित जातियों के बारे में निम्नलिखित व्यवस्था मिलती है–

1. इस पृथ्वी पर जो भी जातियाँ उस समुदाय से अलग रखी गयी हैं जो (विराट पुरुष या ब्रह्मा के) मुख, बाहु, जंघा और पैर से जन्मी हैं, वे दस्यु कहलाती हैं, जो चाहे म्लेच्छों की भाषा बोलें या आर्यों की। (मनुस्मृति, 10.50)
2. ये जातियाँ ग्राम या नगर के निकट किसी प्रसिद्ध वृक्ष के नीचे या श्मशान,

पर्वत अथवा उपवन के समीप बस कर कार्य करते हुए जीवन निर्वाह करें। (वही, 10.50)

3. चाण्डाल और श्वपच (मेहतर) ग्राम से बाहर रहें, ये धातु के पात्र न रख कर मिट्टी के बर्तन रखें, कुत्ते और गधे इनकी सम्पत्ति हों। (वही, 10.51)
4. ये शव से उतारे वस्त्र पहनें, मिट्टी के जीर्ण पात्रों में भोजन करें, लोहे के आभूषण पहनें तथा एक स्थान से दूसरे स्थान पर नित्य भ्रमण करते रहें। (वही, 10.52)
5. धार्मिक कार्य के समय मनुष्य इनसे दर्शन, संभाषण आदि न करे, इनका लेन-देन, व्यवहार तथा विवाह आदि भी समान जाति में ही होना चाहिए। (वही, 10.53)
6. इन्हें अन्य के हाथ से मिट्टी के टूटे पात्र में अन्न दिलाया जाये और ये लोग रात्रि के समय ग्राम या नगर में न घूमें। (वही, 10.54)
7. दिन में राजा द्वारा निश्चित चिन्ह धारण करें, जिससे इन्हें पहचाना जा सके, अपने कार्य से घूमें तथा बन्धु-बान्धवहीन मृतकों को श्मशान में ले ज़ाया करें, यही शास्त्र सम्मत नियम हैं। (वही, 10.55)
8. शास्त्रानुसार राजाज्ञा से अपराधी वध्य पुरुषों का वध करें तथा उनके वस्त्र, शय्या और आभूषणादि ले लें। (वही, 10.56)
9. जो भी व्यक्ति निम्नतम जातियों की किसी स्त्री के साथ सम्बन्ध रखता है, उसका वध कर दिया जायेगा। (वही, 5.43)
10. अगर कोई व्यक्ति जिसको (चाण्डाल या किसी निम्न जाति का होने के कारण) स्पर्श नहीं किया जाना चाहिए, जानबूझकर अपने स्पर्श से ऐसे व्यक्ति को अपवित्र करता है, जो द्विज जाति का होने के कारण केवल द्विज व्यक्ति द्वारा ही छुआ जा सकता है, तो उसका वध कर दिया जायेगा। (विष्णुस्मृति, 5.10)

वेदों आदि दूसरे प्राचीन ग्रन्थों का अध्ययन करने से पता चलता है कि प्रारम्भ मे अतिशूद्रों के साथ अस्पृश्यता जैसी कोई बात नहीं थी। आर्यों ने उनसे अधिक घृणा के कारण उन्हें वर्णव्यवस्था में शामिल नहीं किया था और उन्हें गाँव की सीमा पर रहने को मजबूर कर दिया था, लेकिन स्मृतिकाल तक स्थिति बदल गयी थी। इसका कारण था कि बौद्ध धर्म को जिस प्रकार मूलनिवासियों ने अर्थात् शूद्रों और अतिशूद्रों ने अपनाया उससे आर्य शासक जातियाँ घबरा गयी थीं। इसीलिए पुष्यमित्र शुंग के द्वारा हिन्दू धर्म के पुनरुत्थान के बाद आर्य ब्राह्मण धर्माचार्यों का क्रोध पूरे मूलनिवासी समाज पर उतरा। इसी काल में लोगों को जाति के आधार पर एक-दूसरे से पूरी तरह से पृथक् करने के लिए स्मृतियों आदि के रूप में अनेक नियम संग्रह बने। शूद्र वर्ण के लोगों को दूसरे मूलनिवासियों, जो कि गाँव की सीमा पर रहते थे (अतिशूद्रों

या वर्तमान एस.सी.) से सदैव के लिए पृथक् करने हेतु तरह-तरह के नियम बनाये गये। इस काल में इस वर्ग (अतिशूद्र) के साथ आर्यों की घृणा और बढ़ गयी। मनु ने अतिशूद्रों को हिन्दू वर्णव्यवस्था में स्वीकार नहीं किया, उसने पाँचवाँ वर्ण मानने से इनकार किया और अतिशूद्र जातियों को वर्ण-ब्राह्य, हीन व अन्तेवासी कहा, और उन्हें शूद्रों से भी निम्न बताया। (मनुस्मृति, 10-28/31/3916)

आर्य शासक जातियों के मन में इन अतिशूद्र जातियों के प्रति घृणा किस कदर बढ़ चुकी थी, वह मनु और विष्णु जैसे ब्राह्मण धर्माचार्यों द्वारा लिखित उपरोक्त नियमों से स्पष्ट हो जाती है। मनु ने अतिशूद्र जातियों को शूद्र जातियों से पूरी तरह पृथक् करने के लिए, उनके साथ अस्पृश्यता के व्यवहार की व्यवस्था निर्मित की। उसने उन्हें दीन हीन स्थिति में पहुँचाने के प्रयासों में कोई कसर नहीं छोड़ी। इसलिए दलितों द्वारा हिन्दू धर्माचार्यों में सबसे अधिक अपशब्द मनु के लिए ही प्रयोग किये जाते हैं। डॉ. अम्बेडकर कहते हैं कि मनु की इन व्यवस्थाओं को पढ़ कर कोई व्यक्ति इस बात से इन्कार नहीं कर सकता कि हिन्दुओं में अस्पृश्यता की भावना को चिरस्थाई बनाने और अतिशूद्रों के प्रति हिन्दुओं के मन में न्यायविहीनता और विवेकशून्यता भरने के लिए सबसे अधिक मनु ही उत्तरदायी है। हिन्दुओं द्वारा अतिशूद्र अर्थात् एस.सी. पर सारे अत्याचार मनु की इन्हीं व्यवस्थाओं के आधार पर हुए हैं।[10]

## हिन्दुत्ववादी व्यवस्था में पिछड़ी जातियों की स्थिति

धर्मग्रन्थों में रचनाकारों का पूरा जोर शूद्र अर्थात् पिछड़ी जातियों को गुलाम बनाये रखने के लिए विभिन्न तरीकों को अपनाने हेतु नये-नये नियमों की रचना पर था, क्योंकि यह वर्ग चौथे वर्ण 'शूद्र' के रूप में हिन्दू धर्म का अंग बन चुका था। इस शोषणवादी जाति व्यवस्था के निर्माण में सबसे बड़ा योगदान मनु का रहा है और इसी कारण जब भी जाति व्यवस्था के कारण हुए शोषण की बात होती है, तो इस व्यवस्था को मनुवादी व्यवस्था कह दिया जाता है। डॉ. अम्बेडकर कहते हैं कि हिन्दू समाज व्यवस्था में, जिसकी व्यवस्था उसके नियम निर्माता मनु ने की है, शूद्रों की स्थिति बड़ी विचित्र है। यद्यपि वे अस्पृश्य नहीं हैं लेकिन मनु ने उनके लिए जो नियम बनाये हैं, वे उतने ही घृणास्पद हैं जितने कि अस्पृश्य जातियों के लिए बनाये गये नियम।[11]

## धर्मग्रन्थों में शूद्रों की स्थिति इन नियमों से स्पष्ट होती है

शूद्र (ओ.बी.सी.) को सम्मान मिले या नहीं इस बारे में मनु व्यवस्था करता है–

1. ब्राह्मण, क्षत्रिय और वैश्य ऐसे देश में निवास न करें, जहाँ शूद्र शासक होते हों। (मनुस्मृति, 4.61)
2. कोई भी ब्राह्मण यज्ञ करने यानि धार्मिक प्रयोजनों के लिए कभी भी शूद्र से

धन नहीं माँगेगा। (मनुस्मृति, 11.24)

3. जिस किसी शूद्र ने किसी उच्च जाति की रक्षित या अरक्षित स्त्री के साथ शारीरिक सम्बन्ध स्थापित किया है, तो यदि स्त्री अरक्षित थी, तो उस व्यक्ति का लिंग कटवा दिया जाये और यदि वह रक्षित थी तो उसे प्राण-दंड दिया जाये और उसकी सम्पत्ति जब्त कर ली जाये। (मनुस्मृति, 8.374)
4. कोई भी ब्राह्मण जिसने न तो वेदों का अध्ययन किया है और न ही वेदों द्वारा अपेक्षित कोई कर्म किया है, वह राजा के अनुरोध पर उसके लिए धर्म का विवेचन कर सकता है, अर्थात् न्यायाधीश के रूप में कार्य कर सकता है, लेकिन शूद्र यह कार्य नहीं कर सकता (चाहे वह कितना ही विद्वान क्यों न हो) (मनुस्मृति, 8.21)
5. जिस राज्य में उसका राजा दर्शक की भाँति केवल देखता रहता है, उसी की ही उपस्थिति में शूद्र न्याय का विचार कर सकता है, वह राज्य उसी प्रकार अधोगति को प्राप्त होता है, जिस प्रकर गाय दलदल में नीचे को धँस जाती है। (मनुस्मृति, 8.21)
6. अगर कोई शूद्र उद्दंडता पूर्वक ब्राह्मण को धर्मोपदेश देने का साहस करता है, तब राजा उसके मुँह और कानों में खौलता हुआ तेल डलवाये। (मनुस्मृति, 8.272)

शूद्रों (ओ.बी.सी.) को विद्या और ज्ञान के अर्जन के बारे में मनु का आदेश है–

1. जो कोई शूद्र शिष्यों को शिक्षा देता है और जिसका गुरु कोई शूद्र है, वह श्राद्ध में निमन्त्रित होने के अयोग्य हो जाता है। (मनुस्मृति, 3.156)
2. सवर्ण जातियों को शूद्रों की उपस्थिति में कभी वेदों का अध्ययन नहीं करना चाहिए (मनुस्मृति, 4.99)

वेदाध्ययन करने पर शूद्र (ओ.बी.सी.) को कितना कठोर दंड दिया जाये, इस बारे में मनु के उत्तराधिकारी उसे भी मात कर गये। जैसे कि, कात्यायान का कहना है कि शूद्र कहीं से भी वेद को सुन ले या वह वेद के एक शब्द के भी उच्चारण का साहस करे, तब राजा को चाहिए कि वह उसकी जीभ को चिरवा दे और उसके कानों में पिघला सीसा डलवा दे।

मनु शद्रों को निर्धन बनाकर रखना चाहता है, क्योंकि उसे मालूम था कि यदि शूद्रों के पास सम्पत्ति होगी, तो उनकी स्थिति सुधरेगी और फिर वे शिक्षा आदि अन्य अधिकारों की माँग कर सकते हैं। अतः मनु शूद्रों के लिए सम्पत्ति रखने का निषेध करता है। वह व्यवस्था करता है–

1. किसी भी शूद्र को सम्पत्ति का संग्रह नहीं करना चाहिए, चाहे वह इसके लिए

कितना ही समर्थ क्यों न हो, क्योंकि जो शूद्र धन का संग्रह कर लेता है, उसे उसका मद हो जाता है और वह अपने उपेक्षापूर्ण व्यवहार से ब्राह्मणों को कष्ट पहुँचाता है। (मनुस्मृति, 10.129)

2. यदि किसी ब्राह्मण का जीवन संकट ग्रस्त हो, तो वह निस्संकोच शूद्र के धन को अधिग्रहीत कर ले (मनुस्मृति, 8.417)

इस व्यवस्था का कारण स्पष्ट है। यदि शूद्र धनवान हो जायेगा, तो सवर्णों की गुलामी कौन करेगा? इस प्रश्न को ध्यान में रखकर, शूद्रों को दासता की चक्की में सदा के लिए पीसते रहने के लिए ऐसे-ऐसे अमानुषिक नियम मनु ने बनाये।

रजनीकान्त शास्त्री कहते हैं–यह है आर्य जाति का धर्मशास्त्र, जो उन्हें अपने सहधर्मी भाइयों का धन भी किसी न किसी बहाने लूट लेने का आदेश देता है। संसार में और भी कितने धर्म हैं, जैसे इस्लाम, ईसाई, बौद्ध) आदि, पर इनके धर्मशास्त्र कभी भी अपने सहधर्मियों को किसी भी बहाने से लूटने का आदेश नहीं देते। इनके यहाँ धार्मिक दृष्टि से सभी सहधर्मी बराबर हैं। न कोई बड़ा है और न कोई छोटा। सभी को उन्नति का समान अधिकार है। उनके इस अधिकार को किसी भी धार्मिक आदेश के बहाने कोई छीन नहीं सकता। यही कारण है कि उनमें परस्पर इतना प्रेम, सहानुभूति तथा दृढ़ संगठन है। यदि उनमें से कोई अपने सहधर्मी पर अत्याचार करता है तो वह अपने धर्मशास्त्र के नाम पर नहीं, बल्कि अपनी ही जवाबदेही पर करता है।[12]

मनु शूद्र अर्थात् पिछड़ी जातियों को व्यवसाय के चयन की स्वतन्त्रता नहीं देता है। उसे मालूम था कि यदि इस समाज को व्यवसाय चुनने की स्वतन्त्रता मिलती है, तो बाद में उनकी आर्थिक उन्नति का कारण बनेगी और उनमें अपने अधिकारों के प्रति चेतना जगेगी।

अतः मनु कहता है–

1. ब्रह्मा ने शूद्र के लिए एक ही कर्त्तव्य निर्धारित किया कि वह विनम्रतापूर्वक इन तीन जातियों अर्थात् ब्राह्मण, क्षत्रिय और वैश्य की सेवा करे। (मनुस्मृति, 1.91)
2. ब्राह्मणों की सेवा करना शूद्र के लिए एक मात्र उत्तम कर्म कहा गया है, क्योंकि इसके अतिरिक्त वह जो कुछ करता है, उसका उसे कुछ भी फल नहीं मिलता। (मनुस्मृति, 10.123)

दरअसल मनु और दूसरे धर्म शास्त्रियों को शूद्र जातियों (ओ. बीं. सी.) से सनातन धर्म के विरुद्ध विद्रोह का भय बहुत सताता था, क्योंकि दलित जातियाँ उस समय तक तुलनात्मक रूप से काफी दीन-हीन अवस्था में पहुँच चुकी थीं और उनसे विद्रोह की आशंका न के बराबर थी। अतः शूद्र जातियों से शिक्षा और सम्पत्ति का

अधिकार छीनने के साथ ही, उन्होंने इस वर्ग में उच्च जातियों की सेवा की भावना अर्थात् गुलामी की भावना भरने के प्रयासों में कोई कसर नहीं छोड़ी। रजनीकान्त शास्त्री कहते है कि उनकी नाक में कानून की एक ऐसी मजबूत नकेल पहनाई कि वे बेचारे मूक पशुओं की तरह उनके इशारे मात्र पर बिना इधर-उधर ताके या कुछ भी ची-चपड़ किये उनके द्वारा निर्धारित मार्ग पर चलने लगे। पर कानून का शिंकजा केवल शरीर पर होता है, मन पर नहीं। अतः बाद में उन्होंने ऐसे उपदेश धर्म के नाम पर देने प्रारम्भ किये, जिससे शूद्र उनके मानसिक गुलाम बन जायें।[13]

गीता में कहा गया कि "अपना धर्म गुणहीन भी हो, वही अच्छा, किन्तु दूसरे का धर्म सुचारु रूप से सम्पादित होने पर भी अच्छा नहीं। अपने धर्म के पालन में मर जाना भी अच्छा है, क्योंकि दूसरे का धर्म खतरे से भरा है।"

इसका अभिप्राय यह है कि यदि किसी तेली, भुर्जी का लड़का अच्छी शिक्षा प्राप्त करके अध्यापक का काम खूब ठीक कर सकता हो या डॉक्टर का काम कर सकता हो तो भी उसे वह न करे। ऐसा करने से उसका कल्याण नहीं हो सकता। इसी कारण रजनीकान्त शास्त्री कहते है कि एक चमार बालक का भी कल्याण इसी में है, कि वह जूता सीते-सीते मर जाये, चाहे वह कितना भी योग्य क्यों न हो। **'स्वधर्मे निधनं श्रेयः'** से भी यह ध्वनि निकलती है कि अपने कर्म करते रहने से ही मरने पर सद्‌गति मिलती है; दूसरे का कर्म करने से सीधे नरक की यात्रा करनी पड़ती है।[14] धर्म ग्रन्थों में **'स्वधर्मे निधनं श्रेयः'** का ही उपदेश नहीं है, वरन् दूसरे का धर्म निभाने अर्थात् दूसरी जाति का कार्य करने पर राजा को ऐसे व्यक्ति को दंड देने की भी आज्ञा दी गयी है। यहाँ शम्बूक का उदाहरण दिया जा सकता है, जिसका गला राम ने इस कारण काट डाला था कि वह शूद्र होकर भी तपस्या कर रहा था। अर्थात् वह ज्ञान प्राप्त करने का प्रयास कर रहा था।

इस प्रकार धर्म का भय दिखा कर शूद्रों को अपनी ही जाति का काम करने को मजबूर किया गया और शूद्र भी जो धर्म के प्रभाव से मानसिक गुलाम बन चुका था, अपनी जाति के लिए धर्म द्वारा निश्चित किया गया। मानसिक गुलामी से अधिक भयंकर कोई गुलामी नहीं होती।

मनु ने इस गुलामी को एक धार्मिक करार माना और शूद्र उच्च वर्णों की सेवा से इनकार न कर सके, इसके लिए भी व्यवस्था की। यह व्याख्या इस प्रकार है–

1. ब्राह्मण शूद्र को चाहे तो खरीद कर या चाहे तो खरीदे बिना भी सेवा-कर्म करने के लिए बाध्य कर सकता है, क्योंकि ब्रह्मा ने शूद्रों की सृष्टि ब्राह्मणों की सेवा करने के लिए की है। (मनुस्मृति, 8.413)
2. ब्राह्मण या अन्य उच्च वर्णों को चाहिए कि वे शूद्र सेवक की योग्यता, उसके परिश्रम और यह ध्यान में रखकर कि उसे कितने आश्रितों का पालन पोषण

करना है, अपनी सम्पत्ति में से उसके लिए उचित अंश जीवन-निर्वाह के लिए नियत करे। (मनुस्मृति, 10.124)

मनु कहता है कि शूद्र सेवक को मालिक (सवर्ण) बचा हुआ भोजन और पुराने खाट-बर्तन आदि दे। (मनुस्मृति, 10.125)

शूद्र जातियों में सेवा की भावना को मजबूत करने के लिए मनु शूद्रों का सवर्ण जातियों के प्रति व्यवहार के सम्बन्ध में व्यवस्था करता है—

1. जो शूद्र व्यक्ति द्विज को दारुण वचन कह कर उसकी अवमानना करे, उसकी जीभ कटवा देनी चाहिए क्योंकि वह नीच कुलोद्भव है। (मनुस्मृति, 8.270)
2. यदि वह द्विज का नाम और उसकी जाति का उल्लेख अपमान के तौर पर करता है तब उसके मुँह में दस अंगुल लम्बी दहकती हुई लोहे की कील डाल दी जाये। (मनुस्मृति, 8.271)

मनु केवल इतने से सन्तुष्ट नहीं है। वह चाहता है कि शूद्र जाति के लोगों के नामों तथा उपनामों से भी शूद्र की दासता व्यक्त होनी चाहिए। मनु इसलिए कहता है—

1. ब्राह्मण के नाम का पहला भाग ऐसा हो जो शुभ का सूचक हो, क्षत्रिय का शक्ति का, वैश्य का सम्पत्ति का सूचक हो और शूद्र का नाम तिरस्कार का सूचक हो। (मनुस्मृति, 2.31)
2. ब्राह्मण के नाम का दूसरा भाग ऐसा शब्द हो जिसमें सुख का भाव निहित हो, क्षत्रिय का ऐसा हो जिसमें रक्षा का भाव और वैश्य का ऐसा जिसमें समृद्धि का भाव तथा शूद्र का ऐसा हो जो सेवा-कार्य का भाव सूचित करे। (मनुस्मृति, 2.32)

इन धर्मग्रन्थों में शूद्रों की स्थिति और वर्तमान समय के हिन्दुत्ववादी आन्दोलन पर दृष्टि डालने पर बड़ा आश्चर्य होता है कि आज हिन्दुत्ववादी आन्दोलन उन्हीं शूद्र पिछड़ी जातियों के कन्धों पर चल रहा है जिन्हें अपमानित करने में, जिन्हें गुलामी की जिन्दगी जीने को विवश करने के लिए नियम आदि बनाने में हिन्दुओं के इन धर्म ग्रन्थों में कोई कोताही नहीं बरती गयी है। यदि आज हिन्दुत्व जीवित है, तो वह केवल इन्हीं पिछड़ी जातियों के सहारे जीवित है। चाहे गुजरात के मुख्यमन्त्री मोदी हों, चाहे विनय कटियार या उमा भारती हों या फिर पिछड़ी जाति का कोई आम व्यक्ति हो, हिन्दुत्ववादियों ने अपने आन्दोलन को सफल बनाने का जब भी प्रयास किया है तो उसमें उन्होंने पिछड़ी जातियों के लोगों को लुभाने पर पूरा जोर दिया है। इसमें कोई सन्देह नहीं है कि पिछड़ी जातियाँ हजारों साल के शोषण के कारण शूद्रत्व की भावना से बाहर निकलने का प्रयास कर रही हैं और अपने इसी

प्रयास में वे हिन्दुत्ववादियों के आन्दोलन में कन्धे से कन्धा मिलाकर साथ दे रहीं हैं। दरअसल वे शूद्रत्व अर्थात् दासता के बोध से तो छुटकारा पाना चाहती हैं, लेकिन धर्म आधारित ब्राह्मणवादी व्यवस्था को छोड़ने की हिम्मत नहीं जुटा पातीं। या यह भी कहा जा सकता है कि अज्ञानता के कारण उनके दिमाग में ही यह नहीं आ पाता है कि शूद्रत्व का सम्बन्ध ब्राह्मणवादी व्यवस्था से है जिसका दूसरा नाम ही हिन्दू धर्म है अतः हिन्दू धर्म को मजबूत करने का अर्थ है ब्राह्मणवादी व्यवस्था को मजबूत करना और ब्राह्मणवादी व्यवस्था को मजबूत करने का परिणाम होगा उनको शूद्रत्व अर्थात् दासता का बोध कराने वाली सामाजिक व्यवस्था को मजबूत करना। पिछड़ी जातियों के नेताओं को हिन्दुत्ववादियों द्वारा थोड़ा सा भी सम्मान मिलता है, तो वे उनकी ओर भाग पड़ते हैं, और अपने पुरखों के हजारों वर्षों के अपमान को भूल जाते हैं। थोड़े से सम्मान के लालच में वे हिन्दू धर्म के ठेकेदारों की असली मंशा भी जानने का प्रयास नहीं करते और हिन्दुत्व के आन्दोलन को मजबूत करने का हर सम्भव प्रयास प्रारम्भ कर देते हैं। गुजरात के दंगों में जहाँ सरकारी मशीनरी का दुरुपयोग मुस्लिमों के विरुद्ध शूद्र मुख्यमन्त्री ने किया वहीं मध्यप्रदेश में जब उमा भारती मुख्यमन्त्री थीं और उन्होंने गाय की हत्या पर प्रतिबन्ध जब लगाया तो उसे मनुस्मृति के आधार पर न्यायोचित बताया। कितनी हास्यास्पद बात है। यदि उमा भारती गाय की हत्या पर प्रतिबन्ध इस आधार पर लगातीं हैं, कि गाय की हत्या से हिन्दुओं की धार्मिक भावना को चोट पहुँचती रही थी, तो बात समझ में आती, लेकिन जिस मनुस्मृति के आधार पर उनके पूर्वजों को अपमानित किया गया, उसी मनुस्मृति के आधार पर किसी काम को न्यायोचित सिद्ध करना तो अपने पूर्वजों के शोषण को ही सही साबित करना हुआ।

प्रश्न उठता है कि आखिर ये पिछड़ी जातियाँ हिन्दुत्ववादी आन्दोलन में बढ़-चढ़ कर हिस्सा क्यों ले रही हैं? क्या वर्तमान हिन्दुत्ववादी नेताओं की सोच शोषणवादी सनातन धर्म की व्यवस्था से भिन्न है? क्या आज के तथाकथित धार्मिक नेता हिन्दुत्ववादी व्यवस्था किन्हीं नये नियमों या लोकतान्त्रिक मूल्यों के आधार पर चलाना चाहते हैं? क्या वे जाति-व्यवस्था और मनुस्मृति को गलत मानते हैं? लेकिन ऐसा नहीं है। वर्तमान हिन्दुत्ववादी आन्दोलन के संस्थापक विनायक दामोदर सावरकर जाति-व्यवस्था के बहुत बड़े समर्थक थे और अपने पूरे जीवन में मनुस्मृति की तो वे पूजा ही करते रहे। सावरकर ने मनुस्मृति को वेदों के बाद दूसरे नम्बर का पूजनीय ग्रन्थ माना है और उन्होंने कहा कि यह आज भी हिन्दुओं के लिए एक कानून की भाँति है। इसी प्रकार राष्ट्रीय स्वयंसेवक संघ के माधव शिव गोलवलकर ने भी जाति-व्यवस्था का समर्थन ही नहीं किया, बल्कि विराट पुरुष से किस प्रकार चारों वर्ण उत्पन्न हुए हैं, इसका भी वर्णन किया है।[15] गोलवलकर ने यह मानने से ही इन्कार कर दिया है कि जाति-व्यवस्था के कारण हिन्दुओं की एकता में कोई कमी

आयी है। वे कहते हैं कि महाभारत और हर्षवर्धन के समय भी जाति-व्यवस्था जैसी तथाकथित बुराइयाँ थीं, लेकिन फिर भी वे युग भारतीय इतिहास के स्वर्णयुग कहलाते हैं।[16] इसलिए यह कहना एकदम गलत हैं कि भारतीय समाज की तमाम बुराइयों की जड़ जाति-व्यवस्था है। यहाँ तक कि वे यह भी कहते हैं कि जब शिवाजी के समय में हिन्दू समाज ने पुनरुत्थान किया था तो क्या उस समय जाति-व्यवस्था, अशिक्षा, जैसी बुराइयाँ इस देश में नहीं थीं। गोलवलकर जाति-व्यवस्था का समर्थन करते हुए यह भी कह जाते हैं कि जाति-व्यवस्था का विरोध करने वाले एक प्रकार से अपनी सांस्कृतिक विरासत का विरोध करते हैं और इस प्रकार वे राष्ट्र-विरोधी कार्य करते हैं।[17] जाति-व्यवस्था को देश की एकता से जोड़ते हुए गोलवलकर कहते हैं, कि जाति-व्यवस्था के कमजोर होने के कारण ही मुस्लिम शासन को देश के अन्दर फैलने में मदद मिली। वे कहते है, कि यह एक ऐतिहासिक तथ्य है कि भारत के उत्तर-पश्चिमी और उत्तर-पूर्वी भागों में जहाँ बौद्ध धर्म के प्रभाव के कारण जाति-व्यवस्था कमजोर हो गयी थी वे भाग बहुत आसानी से मुसलमानों के हाथों में आ गये, लेकिन दिल्ली के आस-पास के भाग जहाँ जाति बन्धन बहुत कड़े थे वे बहुत दिनों तक हिन्दू राजाओं के अधीन रहे और मुस्लिम शासन का विरोध करते रहे।[18]

गोलवलकर ने कठोर जातिव्यवस्था की पक्षधरता करते हुए आक्रमणकारियों के धर्म के प्रसार का कारण जातिव्यवस्था के बन्धन में ढील होना बताया है, और चिन्ता दर्शायी है। किन्तु गोलवलकर ने आक्रमणकारियों द्वारा बार-बार पराजित होने पर कोई चिन्ता नहीं दर्शायी। गुलाम बनकर जातिव्यवस्था की पक्षधरता करने वाले गुरु गोलवरक जैसे लोग पराजय विस्मृत कर जातिव्यवस्था की दम पर अपना अस्तित्व बचाये रखने में अपना गौरव मानने वाले लोगों में से हैं। यहाँ यह उल्लेख करना आवश्यक हो जाता है कि डॉ. लोहिया भारतीयों की विदेशियों के हाथों पराजय का एकमात्र कारण जातीय व्यवस्था को मानते हैं। डॉ. अम्बेडकर तो गुलामी की लम्बी आयु की तुलना में स्वतन्त्रता युक्त छोटी सी आयु को अधिक श्रेष्ठ मानते हैं। दरअसल सावरकर, गोलवलकर और उनके अनुयायी इस जाति-व्यवस्था से सीधे सर्वाधिक लाभान्वित होने वाले वर्ग से सम्बन्धित थे। इसलिए इसमें कोई भी आश्चर्य की बात नहीं है कि उन्होंने क्यों जाति-व्यवस्था को इतने गौरवशाली ढंग से वर्णित किया और सामाजिक संरचना में उसके योगदान को न्यायोचित बतलाया।

मस्तराम कपूर के अनुसार सामाजिक नीति के मामले में भी राष्ट्रीय स्वयं सेवक संघ का चरित्र और तद्नुसार संघ परिवार की सभी संस्थाओं का चरित्र काफी स्पष्ट रहा है। यह वर्णव्यवस्था का पोषक है, स्मृतियों को पवित्र ग्रन्थ मानता है, जिन्होंने इस देश के 90 प्रतिशत समाज को गुलामी की जिन्दगी जीने को विवश किया। 19वीं सदी के सुधार आन्दोलनों ने जाति-प्रथा और हिन्दू समाज की अन्य बुराइयों के खिलाफ चेतना पैदा की। इन सुधार आन्दोलनों का विरोध करने वाला तबका

सनातनी कहलाया। कांग्रेस की स्थापना होने पर जहाँ सुधार आन्दोलनों के समर्थक कांग्रेस में शामिल हो गये, वहीं सनातनी विचारों वाले लोग भी आये। तिलक के नेतृत्व में सामाजिक सुधारों का विरोध करने वाले सनातनी लोग प्रबल हो गये और उन्होनें कांग्रेस पर कब्जा कर लिया। कालान्तर में गाँधी के आगमन के बाद तिलक गुट कमजोर पड़ा और उससे जुड़े कई लोग कट्टर हिन्दूवादी संस्थाओं में चले गये। राष्ट्रीय स्वयं सेवक संघ के संस्थापक डॉ. के.बी. हेडगेवार भी तिलक गुट के थे। संघ के दूसरे सरसंघ चालक गोलवलकर ने केवल वर्ण व्यवस्था का समर्थन ही नहीं किया, बल्कि गीता के एक श्लोक का सहारा लेकर लोगों को अपने वर्ण के अनुसार निर्धारित कार्य करने को भी कहा। वे कहते हैं कि गीता हमें बताती है कि जो व्यक्ति अपने नियत कर्मों का पालन निःस्वार्थ भाव से करता है, वह अपने कर्मों द्वारा ईश्वर की पूजा करता है।[19] राष्ट्रीय स्वयं सेवक संघ ने स्मृतियों की जन्म आधारित वर्ण-व्यवस्था के खिलाफ कभी कोई आन्दोलन नहीं किया, इसके विपरीत उसकी सामाजिक नीति इस व्यवस्था को मजबूत करने के लक्ष्य को लेकर चली।

संघ परिवार के लिए मनुस्मृति एक पवित्र धार्मिक पुस्तक है। इसकी निन्दा को वे कतई सहन नहीं कर सकते। स्मृतियों द्वारा स्थापित वर्ण-व्यवस्था को समाप्त करने के किसी भी प्रयास को वे मन से कभी भी समर्थन नहीं कर सकते। इसीलिए वे भारत के संविधान की निन्दा करते हैं, और उसे विदेशी कहकर स्मृतियों के आधार पर नया संविधान भारत की जनता पर लादना चाहते हैं। भारत के संविधान से वे इसलिए चिढ़ते हैं कि इसमें ऊँच-नीच का भेदभाव समाप्त करके समता मूलक समाज की स्थापना का लक्ष्य रखा गया है। इसमें बिना भेदभाव के सब नागरिकों को समान राजनैतिक, आर्थिक और सामाजिक अधिकार दिये गये हैं, और इसमें सदियों से अधिकार वंचित लोगों को 'विशेष अवसर' देकर समकक्षता के स्तर पर लाने की बात कही गयी है। इन्हीं कारणों से वे संविधान को बदलने की माँग करते रहते हैं।

मनुस्मृति और जाति व्यवस्था के समर्थक इन हिन्दुत्ववादी संगठनों में पिछड़ी जातियों के प्रति प्रेम पिछले 35 वर्षों में ही देखा गया है। इससे पहले इन शूद्र पिछड़ी जातियों के लिए इस प्रकार के प्रेम का इजहार इन्होंने कभी नहीं किया। इसका कारण यह है कि उन्होंने पहले राजसत्ता की तुलना में अपने सनातन धर्म के आधार पर सामाजिक व्यवस्था को बनाये रखने के प्रयासों को प्राथमिकता दी। लेकिन 80 का दशक आते-आते उन्हें यह समझ में आ गया कि लोकतान्त्रिक व्यवस्था में जब तक वे इस देश के बहुसंख्यक इन शूद्र अर्थात् पिछड़ी जातियों को अपने साथ नहीं लेंगे, तब तक वे देश की राजनीतिक सत्ता पर अधिकार नहीं कर पायेंगे और जब तक राजनीतिक सत्ता पर उनका कब्जा नहीं होगा, तब तक इस देश को एक हिन्दू राष्ट्र बनाने का सपना केवल सपना ही बना रहेगा।

इसी कारण हिन्दुत्ववादी संगठनों और राजनीतिक दलों में पिछड़ी जाति के

कल्याण सिंह, मोदी, विनय कटियार और उमा भारती जैसे नेताओं को सवर्ण नेताओं की तुलना में तरजीह दी गयी। (लेकिन अपना एजेंडा कभी नहीं बदला) इसी समय 90 के दशक के प्रारम्भ में मंडल आयोग की रिपोर्ट के लागू होने से भारत की सामाजिक व्यवस्था में एक बहुत बड़ी उथल-पुथल हो गयी। विश्वनाथ प्रताप सिंह की सरकार ने मंडल आयोग की रिपोर्ट, जिसमें पिछड़ी जातियों के लिए सरकारी सेवाओं में आरक्षण का प्रावधान था, लागू कर दी । मंडल आयोग की रिपोर्ट लागू होने पर जिस प्रकार हिन्दुत्ववादी संगठनों ने पूरे देश में धरने प्रदर्शन किये, उसके परिणामस्वरूप पूरे देश में खास तौर पर उत्तर भारत में एस.सी. और ओ.बी.सी. का ध्रुवीकरण होने लगा। एस.सी. और ओ.बी.सी. जातियों के ध्रुवीकरण का परिणाम 1993 में उत्तर प्रदेश में सत्ता परिवर्तन के रूप में सामने आया। लेकिन एस.सी. और ओ.बी. सी. जातियों की यह एकता हिन्दुत्ववादी संगठनों को रास नहीं आयी, क्योंकि मूलनिवासी बहुजन समाज की एकता सनातन धर्म के लिए खतरे की घंटी थी। उन्हें मालूम था कि यादि इस ध्रुवीकरण को रोका नहीं गया और यदि यह पूरे देश में फैल गया तो भारत को हिन्दू राष्ट्र बनाने का सपना तो चूर-चूर होगा ही, सनातन धर्म का अस्तित्व भी खतरे में पड़ जायेगा। जाति-व्यवस्था, जो इस देश में हजारों वर्षों से चली आ रही है और इस देश के मूलनिवासी बहुजन समाज की दुर्दशा का मुख्य कारण है, को चकनाचूर करके इस देश में समता मूलक समाज की स्थापना में दलितों-पिछड़ों का यह ध्रुवीकरण सहायक सिद्ध होगा यह आभास हिन्दुत्ववादियों को हो गया था।

अतः हिन्दुत्ववादी नेताओं ने तुरन्त दो काम किये। पहला काम तो उन्होंने यह किया कि पिछड़ी जातियों में आये हुए सामाजिक चेतना के उभार को रोकने के लिए नेताओं को संगठन में सवर्ण नेताओं की तुलना में तरजीह दी और इसी कारण उत्तर प्रदेश में जब मंडल आयोग की रिपोर्ट लागू होने के बाद हिन्दुत्ववादियों की सरकार बनी, तो पिछड़ी जाति के कल्याण सिंह को मुख्यमन्त्री बनाया गया। मध्यप्रदेश में उमा भारती और बाद में बाबू लाल, गुजरात में मोदी को मुख्यमन्त्री बनाया गया। हिन्दुत्ववादियों ने प्रत्येक प्रदेश में ढूंढ-ढूंढ कर ऐसे शूद्र नेताओं को आगे लाने का प्रयास किया, जिससे पिछड़ी जाति के लोग भ्रमित होकर फिर से उनके पास लौट आयें और उनके जाल में फँस कर सनातन धर्म को मजबूत करें। इसमें उन्हें सफलता भी मिली और इसी का यह परिणाम रहा कि मध्य प्रदेश की मुख्यमन्त्री उमा भारती ने गाय की हत्या पर प्रतिबन्ध लगाने को जब सही ठहराया, तो इसके लिए उन्होंने मनुस्मृति का सहारा लिया और ऐसा करते हुए हिन्दुत्ववादियों के प्रभाव में वे यह भी भूल गयी कि जिस शूद्र वर्ण में वे पैदा हुई हैं, उसी शूद्र वर्ण के लिए अपमान जनक शब्दों से यह मनुस्मृति भरी पड़ी है।

हिन्दुत्ववादी शक्तियों ने एस.सी. और ओ.बी.सी. के ध्रुवीकरण को रोकने के लिए

दूसरा जो काम किया, वह यह कि ओ.बी.सी. अर्थात् पिछड़ी जातियों के साथ-साथ अब एस.सी. जातियों का भी हिन्दूकरण करने का पूरा प्रयास किया। उन्हें पिछड़ी जातियों के साथ-साथ अब यह मालूम था कि पिछड़ी जातियों में जो एस.सी. का भी हिन्दूकरण सामाजिक चेतना उभर रही है वह पूरी तरह दबाई नहीं जा सकती। प्रयास करने पर पिछड़ी जातियों के कुछ लोगों को तो लालचवश या भ्रमित कर पुनः सनातन धर्म का अन्ध-भक्त बनाया जा सकता है लेकिन पिछड़ी जातियों के लोंगों को इतनी बड़ी संख्या में हिन्दुत्व के झण्डे के नीचे नहीं लाया जा सकता, जिसके बल पर वे राजनैतिक सत्ता हासिल कर सकें। इसके लिए एस.सी. जातियों का हिन्दूकरण करना हिन्दू धर्म के इन ठेकेदारों के लिए आवश्यक हो गया ताकि एस.सी. जातियों का भी कुछ हिस्सा उनका वोट बैंक बन सके। एस.सी. जातियों का हिन्दूकरण करना इसलिए भी आवश्यक हो गया था कि एस.सी. जातियों में आयी चेतना सनातन धर्म के लिए सबसे बड़ा खतरा बन कर पिछले वर्षों में उभरी है। यह चेतना एक ऐसी शक्ति बनकर उभरी है कि वह सनातन धर्म पर आधारित इस शोषणवादी व्यवस्था के लिए एक बड़ा खतरा बन गयी है। बाबा साहेब अम्बेडकर और ज्योतिबा फूले के विचारों से प्रभावित एस.सी. जातियों का शिक्षित वर्ग न केवल अपने वर्ग की मुक्ति के लिए संघर्ष कर रहा है, बल्कि पिछड़ी जातियों को भी सनातन धर्म के षड्यन्त्रों से सावधान कर रहा है और उन्हें इस शोषणवादी व्यवस्था के बारे में जागृत कर रहा है। एस.सी. जातियों को हिन्दुत्ववादी आन्दोलन की ओर मोड़ने के लिए डॉ. अम्बेडकर का चित्र राष्ट्रीय स्वयं सेवक संघ के कार्यक्रमों में हेडगेवार और गोलवलकर के चित्रों के साथ रखा गया। कितनी अजीब सी बात है कि जिस अम्बेडकर ने मनुस्मृति को इसलिए जलाया कि वह मनुस्मृति इस देश में हजारों वर्षों से चली आर रही शोषणवादी जाति-व्यवस्था को नियमानुकूल ठहराती है, उसे संरक्षण प्रदार करती हैं, उसी अम्बेडकर का चित्र मनुस्मृति का समर्थन करने वाला राष्ट्रीय स्वयंसंघ अपने कार्यक्रमों में अपने नेता हेडगेवार और गोलवलकर के चित्रों के साथ रखता है। एस.सी. जातियों का हिन्दूकरण करने के लिए समरसता मंच बनाया गया। समरसता का अर्थ है जैसे शरीर के सभी अंग असमान हैं और उनके बीच समरसता बनी हुई स्वयंसेवक है, उसी प्रकार समाज में भी विभिन्न जातियों-वर्गों के बीच समरसता होनी चाहिए। अर्थात् वर्ण और जाति महत्त्वपूर्ण हैं, उनमें कोई खराबी नहीं है। आवश्यकता केवल इतनी है कि इन जातियों में जो द्वन्द्व उभर रहे हैं, उन्हें समरसता पैदा करके दूर किया जाये। भाजपा नेता डॉ. मुरली मनोहर जोशी कहते हैं कि यह पश्चिमी शिक्षा और पश्चिमी सभ्यता का परिणाम है कि देश में हमने विविधिताओं को विषमता, अपनी व्यवस्थाओं को विभेद और अपनी तमाम परम्पराओं को रूढ़ि के रूप में स्वीकार किया। उनका कहना है कि इसी कारण हमने समाज की आन्तरिक समरसता का अनुभव नहीं किया। उसी के

निर्माण की अब आवश्यकता है।

वास्तव में हिन्दुत्ववादी एस.सी., एस.टी., ओ.बी.सी. को कभी समानता का अधिकार देना ही नहीं चाहते, इसीलिए वे कभी न तो जाति-व्यवस्था का विरोध करते हैं और न ही कभी मनुस्मृति का। एस.सी. जातियों पर धर्म के नाम पर होने वाले भयावह अत्याचारों पर भी वे आँखें बन्द कर लेते हैं या कुछ देर को घड़ियाली आँसू बहा देते हैं। वर्ष 2002 में हरियाणा के झज्जर में अनुसूचित जाति के पाँच निर्दोष युवकों की हत्या केवल इसलिए कर दी गयी कि उन पर एक गाय की हत्या का सन्देह था। विश्व हिन्दू परिषद के गिरिराज किशोर ने इन पाँच युवकों की हत्या को इस आधार पर सही ठहराया, क्योंकि उनकी दृष्टि में एक गाय के जीवन का मूल्य अनुसूचित जाति के पाँच युवकों के जीवन के मूल्य से कहीं अधिक था। इस प्रकार के अत्याचार की घटनाएँ आये दिन समाचार पत्रों में छपती रहती हैं। इसलिए यह सोचना कि हिन्दुत्ववादी शक्तियाँ अपनी विचारधारा में परिवर्तन लाकर एस.सी., एस.टी. और ओ.बी.सी. को अपने साथ लेकर चलना चाहती हैं, यह मूर्खता है। कलराज मिश्र ने तो यहाँ तक कहा है कि "हम मनुवादी हैं, मनु की सन्तान हैं और मनु की आचार संहिता पर चलने वाले हैं।" इन सब बातों का अर्थ यही है कि संघ परिवार जाति-व्यवस्था को अक्षुण्ण रखकर उसी के अन्दर थोड़ा बहुत सुधार चाहती है। क्या यह मूलनिवासी बहुजन समाज को स्वीकार होगा? उमा भारती कहती हैं कि गीदड़ नहीं, शेर की तरह खड़े हो वंचित। वे अपने एक लेख में लिखती हैं कि "वर्तमान जाति-व्यवस्था उन लोंगों की देन है, जो धर्म, संस्कृति और पुरानी परम्पराओं की आड़ लेकर सत्ता को अपने हाथों में बनाये रखने का दुष्चक्र चलाते रहे हैं। वंचितों को समाजिक सम्मान देने के लिए कथित सवर्णों को अपनी मानसिकता बदलनी होगी। मैंने इस दौर में भी देखा है कि सत्ता मिलने के बाद भी वंचितों को सम्मान नहीं मिला है, जिसके लिए हमें जातिगत और परम्परागत व्यवसाय को बदलना होगा।" प्रश्न उठता है कि जिन हिन्दुत्ववादियों के साथ उमा भारती खड़ी हैं, क्या उनकी विचारधारा में कोई परिवर्तन आया है? वास्तव में उनकी विचारधारा में तो कोई बदलाव नहीं आया, लेकिन उनके प्रभाव में उमा भारती में बदलाव अवश्य आया तभी तो उन्हें मनुस्मृति बुरी नहीं लगती और वे सगर्व मनुस्मृति से प्रेरणा लेकर गौ हत्या पर प्रतिबन्ध लगाने की घोषणा करती हैं। यह बदलाव इस बात से भी स्पष्ट हो जाता है कि हिन्दुत्व के झण्डाबरदारों द्वारा बार-बार अपमानित होने के बाद भी वह राम मन्दिर और हिन्दुत्व का राग अलाप रहीं हैं। या यह कहिये कि सत्ता के स्वार्थ ने उन्हें आत्म सम्मान से विहीन कर दिया है।

संक्षेप में कहने का अर्थ यह है कि जब तक संघ परिवार और उनके समर्थक वर्णाश्रम व्यवस्था को छोड़ने को तैयार नही होते और मनुस्मृति का खुलेआम तिरस्कार नहीं करते, तब तक उनके एस.सी., एस.टी. और ओ.बी.सी. को अपनाने और

समतामूलक समाज की स्थापना के दावों पर विश्वास नहीं किया जा सकता। चूँकि वर्णाश्रम व्यवस्था हिन्दू धर्म का मूल आधार है और वर्णाश्रम व्यवस्था को छोड़ना उनके लिए आत्महत्या के समान है, अतः इस बात की कोई सम्भावना नहीं है कि हिन्दुत्ववादी एस.सी., एस.टी. और ओ.बी.सी. को कभी भी समानता का अधिकार देंगे। वे वोट हथियाने के लिए चारा डाल कर उन्हें आकर्षित तो कर सकते हैं, लेकिन वास्तविकता में ईमानदारी से वे कभी भी उन्हें समानता का दर्जा नहीं देंगे। वैसे भी सत्ता में आने पर मनु की मूर्ति राजस्थान उच्च न्यायालय के परिसर में लगवा कर अपनी मानसिकता का परिचय वे दे चुके हैं। अनुसूचित जातियों के सन्दर्भ में संघ परिवार द्वारा अपनायी जा रही नीति पर विचार करते समय डॉ. लोहिया की कुछ बातों का स्मरण होना स्वाभाविक है। जाति-प्रथा पर लिखे अपने निबन्ध में डॉ. राम मनोहर लोहिया कहते हैं कि "अपने अप्राकृत वर्चस्व को बनाये रखने के लिए सवर्ण जातियाँ कपट का खौलता पिंड बन गयीं। ऊँची जातियाँ सुसंस्कृत और झूठी हैं और निम्न जातियाँ जड़ता ग्रस्त और निर्जीव हैं। ऊँची जातियों की उदारता और दानशीलता संक्षेप में अपनी जाति और अपने सम्बन्धियों के माध्यम से स्वार्थ साधना है। ...निष्कपट कार्य और बहादुरी की बजाय तिकड़म, खुला समर्पण के स्थान पर गुप्त अधीनता राजनीति में सफल व्यक्ति के गुण बन जाते हैं। सामान्य वातावरण पाखंड हो जाता है और सार्वजनिक जीवन का मुख्य गुण झूठ बन जाता है।"

## मूलनिवासी समाज में परस्पर संघर्ष क्यों?

एस.सी., एस.टी. और ओ.बी.सी. की एकता हिन्दुत्ववादी व्यवस्था के लिए सबसे बड़ा खतरा है और इसीलिए आपस में किसी न किसी बहाने उन्हें लड़ाया जाता है। वास्तव में मूलनिवासी बहुजनों को आपस में लड़ाना हिन्दुत्व की मजबूरी है, लेकिन उनकी समानता के अधिकारें की माँग हिन्दुत्ववादी कभी स्वीकार नहीं करते। वास्तव में हिन्दुत्ववादी व्यवस्था के समर्थकों ने हमेशा जाति-व्यवस्था को मजबूत बनाने के लिए शूद्र जातियों का ही प्रयोग किया। उन्हें जाति आधारित ऊँच-नीच की भावना को खूब बढ़ावा दिया गया। उन्हें आपस में लड़ाया जाता है और इसी ऊँच-नीच की भावना को बल देकर उनमें अनुसूचित जातियों के विरुद्ध भड़काया जाता है। इसी कारण गाँव में जब भी अनुसूचित जातियों पर अत्याचार हुए, तो इन शूद्र जातियों ने हमेशा सवर्णों का साथ दिया और स्वयं भी उनका उत्पीड़न किया।

बाबा साहेब अम्बेडकर कहते हैं कि "सच तो यह है कि हिन्दू समाज व्यवस्था पर अनुसूचित जातियों के आक्रमण का सामना करने के लिए शूद्र वस्तुतः ब्राह्मणों के लिए पुलिस की भूमिका अदा करते हैं। यह एक अजीब सी बात है। लेकिन यह एक हकीकत है। अगर अनुसूचित जाति के लोग इस स्थापित व्यवस्था के नियमों को तोड़ने की कोशिश करते हैं, तो उन पर जो अत्याचार किये जाते हैं वे सबके

सब शूद्रों के द्वारा किये जाते हैं।''[20] वास्तव में ऐसा इसलिए है कि पिछड़ी जातियाँ आज भी ब्राह्मणवाद के प्रभाव में हैं।

सनातन धर्मियों ने पिछड़ी जातियों को सदैव अपने धर्म के प्रहरी के रूप में प्रयोग किया। लेकिन उनका व्यवहार इन पिछड़ी जातियों के साथ सदा दोहरा रहा। हिन्दू धर्म के इन नेताओं ने पिछड़ी जातियों को अनुसूचित जातियों से लड़ाया, उन्हें आपस में भी लड़ाया और इस प्रकार उनका उपयोग अपनी सनातन व्यवस्था को मजबूत करने के लिए किया, पर जब भी इन जातियों द्वारा अपने अधिकारों के सम्बन्ध में कोई आवाज उठाई गयी तो वह धर्म के इन ठेकेदारों को रास नहीं आयी। वे तो केवल यही चाहते थे कि पिछड़ी जाति के लोग हिन्दू धर्म की रक्षा तो करें लेकिन अधिकारों की बात न करें, क्योंकि शूद्रों द्वारा अधिकारों की बात करना ही धर्म-विरुद्ध है। इसी कारण अपने अधिकारों के प्रति चेतना इन शूद्र जातियों में जब भी आयी, उसे सदैव दबा दिया गया, कभी राज सत्ता के सहारे तो कभी धर्मसत्ता के सहारे। मध्यकाल में जब अनेक सन्तों ने जाति-व्यवस्था के विरुद्ध आवाज उठाई, तो इन शूद्र जातियों में आशा का नया संचार हुआ। बड़ी संख्या में शूद्र जातियों के लोग इन निर्गुण सन्तों के अनुयायी बने। सनातन धर्म के ठेकेदारों ने जब अपनी जातिवादी व्यवस्था को संकट में देखा, तो उन्होंने इन निर्गुण आन्दोलन के सन्तों के उत्तर में सगुण आन्दोलन चला दिया। सगुण आन्दोलन चूँकि धर्म पर आधारित था, अतः इसने लोगों की धार्मिक भावनाओं को बहुत जल्दी अपने प्रभाव में ले लिया। सगुण आन्दोलन ने कबीर, दादू, गुरुनानक जैसे निर्गुणवादी सन्तों की जाति-व्यवस्था के विरुद्ध उठी आवाज के प्रभाव को दबा दिया। शूद्र अर्थात् पिछड़ी जाति के लोगों में समानता के अधिकार के प्रति आयी चेतना बहुत शीघ्र समाप्त हो गयी और वह फिर से जाति-आधारित धार्मिक-सामाजिक व्यवस्था को मजबूत करने में लग गया।

हिन्दुत्व का ढोल पीटने वालों के दिलों में इन शूद्र जातियों के विरुद्ध कितना जहर भरा है, यह कट्टर हिन्दुत्ववादी बालगंगाधर तिलक के बयान से समझ में आता हैं। उन्नीसवीं सदी में महाराष्ट्र में महात्मा ज्योतिबा फुले के प्रयासों से पिछड़ी जातियों में सामाजिक चेतना विकसित हो रही थी। रामजीत यादव लिखते हैं कि सन् 1917 में ब्रिटिश संसद में प्रौढ़ मताधिकार का मामला उठा। खतरे की घंटी भारत में बजने लगी, क्योंकि उस समय भारत ब्रिटिश इण्डिया था। भारत के सन्दर्भ में भी 1919 का अधिनियम ब्रिटिश संसद पास करने वाली थी। पिछड़ी जातियों के बुद्धिजीवी वर्ग में राजनैतिक महत्त्वाकांक्षा का प्रादुर्भाव हुआ और उनमें राजनीति में प्रवेश को लेकर चर्चा आरम्भ हो गयी। 'स्वराज हमारा जन्मसिद्ध अधिकार है' का नारा देने वाले कट्टर हिन्दुत्ववादी बालगंगाधर तिलक से नहीं रहा गया। 'अथनी' (महाराष्ट्र) की एक जनसभा को सम्बोधित करते हुए उन्होंने अपने दिल की बात कह डाली, ''मेरी समझ में नहीं

आता ये तेली क्या संसद में जाकर तेल बेचेगा? तमोली क्या संसद में जाकर कपड़ा सिलेगा? कुनभट (कुर्मी) क्या संसद में जाकर हल चलायेंगें?[21]

एस.सी., एस.टी. और ओ.बी.सी. इस देश के मूलनिवासी हैं, यह एक ऐतिहासिक और वैज्ञानिक सत्य है। संसार के अधिकांश इतिहासकार इस बात पर एक मत हैं कि आर्य इस देश में बाहर से आये। यही नहीं, कट्टर हिन्दुत्ववादी विनायक दामोदर सावरकर और बालगंगाधर तिलक ने भी आर्यों को भारत के बाहर का माना। दयानन्द सरस्वती और जवाहर लाल नेहरू ने भी आर्यों को विदेशी मूल का माना। आर्यों के विदेशी मूल का सिद्ध होते ही यह स्वयं सिद्ध हो जाता है कि जो आर्य नहीं हैं, अर्थात् शूद्र और अतिशूद्र (एस.सी., एस.टी. और ओ.बी.सी.) इस देश के मूल निवासी हैं। यह बात वैज्ञानिक आधार पर भी सत्य सिद्ध हो चुकी है। यह वैज्ञानिक आधार है–डी.एन.ए. रिपोर्ट। अमेरिका के कोलम्बिया विश्वविद्यालय और भारत के आन्ध्रा विश्वविद्यालय के कुछ वैज्ञानिकों ने यूरोप और भारत के एक लाख से अधिक लोगों के रक्त के नमूने एकत्र करके उनका डी.एन.ए. परीक्षण किया। इस टीम का नेतृत्व माइकल बमशाड ने किया था। ऊटाह विश्वविद्यालय के वैज्ञानिकों द्वारा किये गये डी.एन.ए. परीक्षण के परिणाम अत्यन्त चौंकाने वाले थे। इसके अनुसार हिन्दुओं की सवर्ण जातियों के पुरुषों का डी.एन.ए. युरोपियन पुरुषों के डी.एन.ए. से बहुत अधिक सादृश्यता वाला सिद्ध हुआ, जबकि दूसरी जातियों अर्थात् शूदों-अतिशूद्रों का डी.एन.ए. आपस में तो सादृश्य है, लेकिन यूरोपियन लोगों के डी.एन.ए. से पृथक् है। पुरुषों की तुलना में सवर्ण जातियों की महिलाओं का डी.एन.ए. यूरोपियन महिलाओं के डी.एन.ए. के सादृश्य नहीं निकला।[22] उनकी रिपोर्ट सन् 2001 में टाइम्स ऑफ इंडिया सहित भारत के सभी प्रमुख अंग्रेजी समाचार पत्रों में प्रकाशित हुई। इस रिपोर्ट से पता चला कि एस.सी, एस.टी. और ओ.बी.सी. जातियों का डी.एन.ए. एक-दूसरे से मिलता-जुलता है। लेकिन सवर्ण जातियों का डी.एन.ए. उनके डी.एन.ए. जैसा नहीं है, बल्कि सवर्ण जातियों का डी. एन.ए. यूरोपीय लोगों के जैसा है।

इस प्रकार ऐतिहासिक और वैज्ञानिक दोनों आधारों पर भी यह सिद्ध हो चुका है कि अन्य पिछड़ी जातियाँ और दलित जातियाँ सभी इस देश की मूलनिवासी हैं और भाई-भाई हैं, लेकिन शोषणवादी व्यवस्था के समर्थक इनके बीच में दरार डालकर उन्हें आपस में लड़ाते रहते हैं। रामजीत यादव कहते हैं कि ''कुछ लोगों को तीतर पालने का शौक होता है। तीतर का मालिक तीतर को दाना चुगने के लिए मैदान में छोड़ देता है। मालिक के इशारे पर एक-एक दाने के लिए वह अपने ही भाइयों से लड़ता हैं और मालिक का मनोरंजन करता है। यही हाल दलितों और पिछड़ी जातियों का है। दोनों की स्थिति तीतर जैसी है। दोनों ही आर्य सनातनी व्यवस्था को मानते हैं और अपने जीवन में उसका आचरण करते हैं। उनके पूर्वजों को अपना

पूर्वज मानते हैं, जिन्होंने उन्हें लाचारी और गुलामी दी।''[23]

ब्राह्मणवाद का सबसे बड़ा दाँव पेंच है भाग्यवाद, पुनर्जन्म, अन्धविश्वास, चमत्कार और पाखंड का सिद्धान्त। ये उनके चुम्बक हैं। चुम्बक हमेशा छोटे-छोटे टुकड़ों को अपनी ओर खींचता है और उन्हें अपने से चिपका लेता है। रामजीत यादव कहते हैं कि हिन्दू धर्म का ये चुम्बक भी असंगठित छः हजार जातियों में बँटे मूलनिवासी बहुजन जातियों के छोटे-छोटे टुकड़ों को अपनी तरफ खींचता है और अपने से चिपका लेता है। हिन्दू धर्म के ये चुम्बक इतने शक्तिशाली हैं कि जो भी इनके चंगुल में फँसा वह आज तक उनकी असलियत को जानते हुए भी उनसे खुद को अलग नहीं कर पाया। यही कारण है कि दलित-पिछड़ी जाति के लोग जाति-प्रथा की कितनी भी बुराई क्यों न करें, वे स्वयं को इस बुराई से अलग नहीं कर पाये। यही उनकी एकता में मुख्य अड़ंगा है और यही उनके शोषण का मुख्य कारण है।[24]

मूलनिवासी बहुजन समाज ने क्रान्ति क्यों नही की? प्रायः एक प्रश्न उठता है कि 85 प्रतिशत जनसंख्या वाले इस बहुसंख्यक मूलनिवासी बहुजन समाज ने अपने ऊपर हो रहे अत्याचारों के विरुद्ध विद्रोह क्यों नहीं किया? आखिर क्यों वे इस उत्पीड़न को इतने लम्बे समय तक मूक पशुवत् हो चुपचाप सहते रहे? अपने उत्पीड़नों के विरुद्ध बगावत करके उन्होंने अपनी दासता की कठोर बेड़ियों को तोड़कर फेंका क्यों नहीं? विश्व के अनेक देशों में अत्याचारी शासन हुए हैं, लेकिन जनता ने कभी उसे अधिक दिनों तक सहन नहीं किया। अवसर मिलते ही अत्याचारी शासन को उखाड़ फेंका। फ्रांस और रूस की क्रान्तियाँ इस सन्दर्भ में उदाहरण हैं। पर हिन्दू भारत में ऐसी क्रान्ति क्यों नहीं हुई? इसका कारण है कि भारत में आकर बस जाने वाले ये विदेशी आर्य शासक बहुत चालाक थे। जो मूलनिवासी समाज मौर्य काल तक समाज में एक प्रभावशाली भूमि निभा रहा था, उसकी एकता और ताकत समाप्त करने के लिए उनसे शस्त्र, सम्पत्ति और शिक्षा का अधिकार छीन लिया गया। इस सम्बन्ध में पुष्यमित्र शुंग से लेकर गुप्त काल तक आर्य धर्माचार्यों ने क्रमबद्ध तरीके से कानून बनाये और राजाओं से उन्हें लागू करने को कहा। शस्त्र ग्रहण के अधिकार के छिन जाने से मूलनिवासियों की शस्त्र द्वारा विद्रोह की सम्भावना समाप्त हो गयी। ऊँच-नीच की भावना ने मूलनिवासियों को आपस में ही बाँट दिया था, जिससे उनकी एकता भी समाप्त हो गयी थी।

लेकिन इस व्यवस्था से मूलनिवासियों के केवल शरीर पर नियन्त्रण हुआ, आर्य शासक जातियों को मालूम था कि जब तक इस बहुसंख्यक समाज को मानसिक गुलाम नहीं बनाया जायेगा, उनकी ओर से विद्रोह की सम्भावना बनी रहेगी। मूलनिवासियों से शिक्षा के अधिकार को छीनने के पीछे यह भी एक कारण था। शिक्षा का अधिकार न रहने से मूलनिवासी अपना इतिहास भूल चुके थे। आर्य धर्माचार्यों ने शोषण के लिए विभिन्न नियम बना कर और उन्हें धर्म आधारित बता कर उनकी भावनाओं

से खेला। जब कभी किसी ने जाति के आधार पर शोषण की शिकायत की, तो उससे कहा गया कि यह तो तुम्हारे पूर्व जन्म के कर्मों का फल है। यदि तुम इस जन्म में तेली या कुम्हार जाति में पैदा हुए हो, तो इसका अर्थ है कि तुमने पिछले जन्म में धर्म का पालन ठीक से नहीं किया। इसलिए यदि अगले जन्म में किसी ऊँची जाति में पैदा होना चाहते हो, तो कम से कम इस जन्म में तो धर्म का पालन करो। (अर्थात् धर्म के द्वारा निश्चित किया गया जाति आधारित कार्य करो या दूसरे शब्दों में ऊपर के वर्णों की सेवा करो) रजनीकान्त शास्त्री लिखते हैं कि जन्म आधारित जाति-व्यवस्था का औचित्य सिद्ध करने के लिए जन्मान्तरवाद की व्यवस्था दी गयी। जन्मान्तरवाद ने मूलनिवासियों को इस भ्रम में डाला कि अपने पूर्व जन्म के कर्मानुसार ही किसी मनुष्य का किसी वर्ण में जन्म होता है। अतः सभी के लिए यही उचित है कि परमात्मा, जिसकी बनाई हुई यह वर्ण-व्यवस्था है, जिसको जिस वर्ण में अपने पूर्व जन्म के कर्मानुसार जन्म दे, उसको उसी वर्ण का कर्तव्य-पालन करना चाहिए। ऐसा करने से ही परमात्मा प्रसन्न होकर उसको सद्गति प्रदान करता है। अन्यथा वर्णानुसार कर्तव्य-पालन न करने वाला परमात्मा का कोपभाजन बन कर अपने को घोर नरक-यन्त्रणा का अधिकारी बना लेता है, इत्यादि।[25]

इस प्रकार धर्म और परमात्मा का भय दिखा कर इस देश के शूद्रों-अतिशूद्रों को मानसिक गुलाम बना लिया। इनमें शूद्रों अर्थात् पिछड़ी जातियों की मानसिक गुलामी ने शासक हिन्दुत्ववादी व्यवस्था को सबसे अधिक सहारा दिया। ये संख्या बल और सामाजिक स्थिति में अतिशूद्रों (एस.सी.) से बेहतर स्थिति में थे, लेकिन शासकों के विरुद्ध विद्रोह करने के स्थान पर ये उनका ही सहारा बन गये। मानसिक गुलाम कभी विद्रोह नहीं कर सकता। रामजीत यादव कहते हैं कि एक गुलाम वह होता है, जिसके हाथ और पैर में बेड़ियाँ पड़ी होती हैं और दूसरा गुलाम वह होता है जिसकी अपनी कोई राय नहीं होती, वह दूसरों की राय और रुचि पर निर्भर होता है। ऐसे गुलाम को मानसिक गुलाम कहते हैं। जिनका दिमाग किसी व्यक्ति अथवा व्यवस्था के नियन्त्रण में होता है, उनके हाथ-पैर में बेड़ी डालने की कोई जरूरत नहीं क्योंकि जिसका दिमाग नियन्त्रण में होगा उसका पूरा शरीर अपने आप नियन्त्रण में आ जायेगा। पिछड़ी जातियों के दिमाग पर हिन्दुत्ववादी व्यवस्था का नियन्त्रण है।[26]

## मूलनिवासी बहुजन समाज की एकता कैसे सम्भव?

डॉ. अम्बेडकर कहते हैं–"शूद्र और अतिशूद्र जातियों की एकता न होने के कारण क्रमिक असमानता की व्यवस्था में मिलते हैं, जिसके अनुसार ब्राह्मण सबका सिरमौर बना हुआ है और 'शूद्र' ब्राह्मण के नीचे लेकिन एस.सी. के ऊपर है। यदि हिन्दू समाज व्यवस्था का आधार सिर्फ असमानता होती, तो वह कब की उखाड़कर फेंक दी गयी होती। लेकिन वह तो क्रमिक असमानता पर टिकी है। जब शूद्र ब्राह्मण को गिराना

चाहता है, तब उस समय वह इस बात के लिए तैयार नहीं होता है कि एस.सी. भी ऊपर उठकर उसकी बराबरी पर आ जाये। शूद्र ब्राह्मणों द्वारा किये गये घोर अपमान का कड़वा घूँट तो पीना पसन्द करता है, पर वह समाज-व्यवस्था को एक समान स्तर पर लाने में एस.सी. का साथ नहीं देता। इसीलिए सामाजिक परिवर्तन की लड़ाई में एस.सी. अलग-थलग पड़ जाता है। उसे उन वर्गों का भी विरोध सहना पड़ता है, जिन्हें उसका समर्थक होना चाहिए।"[27] परिणाम यह होता है कि शूद्र भी सामाजिक परिवर्तन की लड़ाई अकेले लड़ने में स्वयं को असमर्थ पाता है। वास्तव में एकता या भाईचारा यदि एस.सी. और ओ.बी.सी. में नहीं है, तो यह ओ.बी.सी. जातियों में आपस में भी नहीं हैं और इसी प्रकार यह एस.सी. जातियों में भी नहीं है। जाति प्रथा की जिस ऊँच-नींच की भावना के कारण एस.सी. और ओ.बी.सी. का शोषण हुआ है, वही ऊँच-नीच की भावना उनकी एकता में सबसे बड़ी अड़चन है। प्रत्येक जाति अपने से ऊँची जाति के जातीय अहंकार का तो विरोध करती है, लेकिन जाति-व्यवस्था में अपने से नीचे स्थित जाति को बराबरी पर नहीं आने देना चाहती।

एस.सी., ओ.बी.सी. की इस कमजोरी का लाभ हिन्दू धर्म के ठेकेदार उठाते हैं, जो उन्हें आपस में लड़ाकर उनमें अपने अधिकारों के प्रति आ रही चेतना को दबा देते हैं। ओ.बी.सी. को एस.सी. से ही नहीं, ओ.बी.सी. को आपस में भी जातीय भावना को उभार कर लड़ाया जाता है। हिन्दुत्ववादियों का तो मकसद ही यह है कि 85 प्रतिशत जनसंख्या वाला बहुजन समाज एक न हो सके, जिससे देश के सामाजिक, आर्थिक और राजनैतिक क्षेत्र में उनका एकाधिकार बना रहे और उसे चुनौती न मिले। प्रायः यह आभास दिया जाता है कि हिन्दू धर्म के वर्तमान ठेकेदार जाति-प्रथा में विश्वास नहीं करते, लेकिन यह जाल केवल दलितों-पिछड़ों को गुमराह करने के लिए ही होता है। वास्तविकता में, जाति-प्रथा को नष्ट करने के मुद्दे पर उनके यहाँ बात तक नहीं होती। सारे मूलनिवासी बहुजन समाज को इस बात को समझना होगा। उन्हें यह समझना होगा कि आपस में झगड़े से लाभ किसे होता है? ऐसे झगड़ों से वे किसके हाथ मजबूत कर रहे हैं? उन्हें यह भी समझना होगा कि हिन्दू संस्कृति के झंडाबरदार जाति-प्रथा की सोच के बारे में सोच भी नहीं सकते, क्योंकि इसका आधार धर्मग्रन्थ हैं। जाति-प्रथा धर्म पर पकड़ बनाये रखने के लिए प्रमुख शस्त्र है। इसलिए उनकी जाति उन्मूलन की बातें पाखंड मात्र होती हैं। जाति-व्यवस्था की रक्षा के लिए वे कुछ भी कर सकते हैं, किसी भी छल-बल का सहारा ले सकते हैं।

अतः अपने अधिकारों की प्राप्ति के लिए, समतामूलक समाज की स्थापना के लिए सारे मूलनिवासी बहुजन समाज को एक होना होगा। इसके लिए उन्हें अपना इतिहास जानना होगा। अपनी मूल पहचान जाननी होगी। उन्हें इस बात को समझना होगा कि तेली, अहीर, कुर्मी, भुर्जी, चमार, धोबी आदि उनकी वास्तविक पहचान नहीं है। ये तो आर्य व्यवस्थाओं द्वारा उन पर थोपी हुई पहचान है। उनकी असली पहचान

यही है कि वे इस देश के मूलनिवासी हैं, मूलनागरिक हैं। उन्हें याद रखना होगा कि ताकत के सम्मुख प्रत्येक व्यक्ति झुकता है और मूलनिवासी बहुजन समाज की ताकत उनकी एकता में निहित है। जहाँ तक हिन्दुत्ववादियों का प्रश्न है यदि उन्होंने अपनी दृष्टि और चरित्र को नहीं बदला और हमेशा की तरह वे छल-कपट का सहारा लेकर सामाजिक परिवर्तन के आन्दोलन को दबाने के लिए षड्यन्त्र करते रहे, तो एक दिन उन्हें भी उसी अस्पृश्यता का पात्र बनना पड़ेगा जिसे उन्होंने अतिशूद्रों पर लादा था।

## सन्दर्भ


1. प्राचीन भारत का राजनीतिक तथा सांस्कृतिक इतिहास, विमल चन्द्र पाण्डेय, पृ. 118
2. हिस्ट्री ऑफ हिन्दू इम्पीरियलिज्म, स्वामी धर्मतीर्थ, प्रकाशक बाबा साहब अम्बेडकर फाउण्डेशन, केरल, पृ. 16
3. प्राचीन भारत का राजनीतिक तथा सांस्कृतिक इतिहास, लेखक विमल चन्द्र पाण्डेय, पृ. 117
4. हिस्ट्री ऑफ हिन्दू इम्पीरियलिज्म, स्वामी धर्मतीर्थ, प्रकाशक बाबा साहब अम्बेडकर फाउण्डेशन, केरल, पृ. 16
5. प्राचीन भारत का राजनीतिक तथा सांस्कृतिक इतिहास, विमल चन्द्र पाण्डेय, पृ. 117
6. हिस्ट्री ऑफ हिन्दू इम्पीरियलिज्म, स्वामी धर्मतीर्थ, प्रकाशक बाबा साहब अम्बेडकर फाउण्डेशन, केरल, पृ. 33
7. दलित चेतना : साहित्यिक एवं सामाजिक सरोकार, रमणिका गुप्ता
8. दलित चेतना : साहित्यिक एवं सामाजिक सरोकार, रमणिका गुप्ता
9. ट्राइबल लॉ एण्ड जस्टिस, डब्ल्यू.सी. आर्जेकर, पृ. 643
10. सम्पूर्ण वाङ्मय (खंड-9), डॉ. अम्बेडकर, पृ. 144
11. सम्पूर्ण वाङ्मय (खंड-9), डॉ. अम्बेडकर, पृ. 175
12. हिन्दू जाति का उत्थान और पतन, रजनीकान्त शास्त्री, पृ. 275
13. हिन्दू जाति का उत्थान और पतन, रजनीकान्त शास्त्री, पृ. 283
14. हिन्दू जाति का उत्थान और पतन, रजनीकान्त शास्त्री, पृ. 283
15. विचार नवनीत (बंच आफ थाट), एम.एस. गोलवलकर, पृ. 26
16. विचार नवनीत (बंच आफ थाट), एम.एस. गोलवलकर, पृ. 109
17. विचार नवनीत (बंच आफ थाट), एम.एस. गोलवलकर, पृ. 112
18. विचार नवनीत (बंच आफ थाट), एम.एस. गोलवलकर, पृ. 111
19. विचार नवनीत (बंच आफ थाट), एम.एस. गोलवलकर, पृ. 109
20. सम्पूर्ण वाङ्मय (खंड-9), डॉ. अम्बेडकर, पृ. 179
21. meghnet.wordpress..comèpage/35
22. जेनेटिक एविडेन्स ऑन ओरिनियन ऑफ इंडियन कास्ट पापुलेशन, माइकल बमशाड
23. अन्य पिछड़ा वर्ग बनाम ब्राह्मणवाद, रामजीत यादव, पृ. 26-27
24. अन्य पिछड़ा वर्ग बनाम ब्राह्मणवाद, रामजीत यादव, पृ. 23
25. हिन्दू जाति का उत्थान और पतन, रजनीकान्त शास्त्री, पृ. 287
26. अन्य पिछड़ा वर्ग बनाम ब्राह्मणवाद, रामजीत यादव, पृ. 23-24
27. सम्पूर्ण वाङ्मय (खंड-9), डॉ. अम्बेडकर, पृ. 179

# नारी : समानता और मुक्ति का प्रश्न

भारतीय संविधान लिंग के आधार पर बिना भेद-भाव किये सभी स्त्री-पुरुषों को समान अधिकारों की गारंटी देता है, और जाति, नस्ल, रंग के आधार पर कोई भेद-भाव न करने का वचन देता है। इन संवैधानिक प्रावधानों के बावजूद आज भी नारी पुरुष के समान नहीं मानी जाती। उसकी दशा आज भी दुःखदायी है। समाचार-पत्रों में आये दिन स्त्रियों के साथ बलात्कार या दहेज के कारण उनकी हत्याओं की घटनाएँ छपती रहती हैं। वास्तव में नारी की इस दशा के मूल कारण हिन्दू धर्म ग्रन्थों में छुपे हुए हैं। हिन्दू धर्म में प्रारम्भ से ही नारी को पुरुष के समान न मानकर पुरुष के स्वामित्व वाली एक वस्तु माना गया है। विवाह से पहले वह पिता या भाई के अधीन है और विवाह के पश्चात् पति के। यही नहीं, हिन्दू धर्म ग्रन्थों में पति को परमेश्वर का स्थान भी दिया गया है।

कहा जाता है कि वैदिक काल में नारी का बहुत सम्माननीय स्थान था। इस दावे की सत्यता सिद्ध करने के लिए संस्कृत के एक बहुत ही लोकप्रिय श्लोक का सहारा लिया जाता है–

**यत्र नार्यस्तु पूज्यन्ते रमन्ते तत्र देवता**

अर्थात् जहाँ-जहाँ नारी की पूजा होती है, वहाँ देवताओं का वास होता है। गार्गी और मैत्रेयी जैसी स्त्रियों ने ज्ञानार्जन कर समाज में सम्मानजनक स्थान प्राप्त किया था, जिससे यह अनुमान निकाला जाता है कि वैदिक काल में नारी को पर्याप्त स्वतन्त्रता थी। लेकिन ऐसा नहीं है, गार्गी और मैत्रेयी के उदाहरण मात्र अपवाद हैं। वैदिक काल में ही नारी के प्रति अपमान जनक भाषा का प्रयोग प्रारम्भ हो गया था। उस पर प्रतिबन्धों का निर्माण शुरू हो गया था। महाकाव्य काल और पुराणों के समय तक तो ये प्रतिबन्ध बहुत कड़े हो गये थे।

वेदों में ऐसे अनेक उदाहरण हैं जिनमें नारी के प्रति अपमानजनक भाषा का पता चलता है, जो कि अमानवीय, आपत्तिजनक और निन्दनीय हैं। इन्हीं का अनुकरण करते हुए बाद के धर्मग्रन्थों के रचयिताओं ने अपनी तरफ से मिर्च मसाला लगाकर नारी की और छीछालेदर की। नारी की दुर्दशा के लिए उत्तरदायी सती प्रथा, दासी

प्रथा, नियोग प्रथा आदि का वर्णन वेदों में मिलता है। वेदों से पता चलता है कि पुत्र के जन्म को शुभ माना जाता था और पुत्री अनिच्छित सन्तान मानी जाती थी। पुत्र प्राप्ति के लिए विशेष संस्कार का प्रचलन था, जिसे पुंसवन संस्कार कहा जाता था। पुत्र-जन्म को शुभ बताने वाले और नारी के लिए अपमानजनक अनेक उद्धरण वेदों में मिलते हैं। इनमें से कुछ इस प्रकार हैं–

–ऋग्वेद में नवविवाहिता को दस पुत्रों की माँ होने का आशीर्वाद दिया गया। (ऋग्वेद, 10-84-85)
–अथर्ववेद में पुत्र जन्म की कामना की गयी है। (अथर्ववेद, 6-11-3)
–यजुर्वेद के व्याख्यान शतपथ ब्राह्मण में पुत्र हीन स्त्री को अभागिन कहा गया है। (शतपथ ब्राह्मण, 5-3-2-2)
–स्त्री के मन को शिक्षित नहीं किया जा सकता। उसकी बुद्धि तुच्छ होती है। (ऋग्वेद, 8-33-17)
–स्त्रियों के साथ मैत्री नहीं हो सकती। इनके दिल लकड़बग्घों के दिलों की तरह क्रूर होते है। (ऋग्वेद, 10-95-15)
–स्त्रियाँ बिना शक्ति की हैं, उन्हें सम्पत्ति में भाग नहीं मिलता, वे दुष्ट से भी दुर्बल ढंग से बोलती हैं। (यजुर्वेद, 6-5-8-2)
–यजुर्वेद के शतपथ ब्राह्मण के अनुसार स्त्री, शूद्र, कुत्ते और कौ, में असत्य, पाप एवं अन्धकार विराजमान रहता है। (यजुर्वेद, 14-1-1-31)
–ऋग्वेद के व्याख्यान ऐतरेय ब्राह्मण के अनुसार पुत्रियाँ कष्टप्रदा और दुःख देने वाली होती हैं। (ऋग्वेद, 7-3-1)

महाकाव्य काल आते-आते स्त्रियों की दशा में बहुत गिरावट आ गयी। रामायण में राम के सीता के साथ किये गये व्यवहार से स्त्री की दीन-हीन दशा का पता चलता है कि किस प्रकार वह पुरुष के स्वामित्व वाली एक वस्तु मात्र बनकर रह गयी थी। रावण को युद्ध में हराने के पश्चात् राम तुरन्त सीता के पास नहीं गये, पहले विभीषण का राज्याभिषेक कराया। इसके बाद भी स्वयं न जाकर सीता को अपने पास बुलाया। राम ने सीता को सम्बोधित किया–

"तुम्हें कैद में रखने वाले अपने शत्रु को मार कर मैंने तुम्हें युद्ध में जीती हुई सम्पत्ति के रूप में प्राप्त किया है। मैंने अपने स्वाभिमान की रक्षा की और शत्रु को दंडित किया। लोगों ने मेरे सामरिक सामर्थ्य को देख लिया। मुझे खुशी है कि मेरा श्रम सफल हुआ है। मैं यहाँ रावण को मार कर अपने अपमान का बदला लेने आया था। मैंने इतना सारा कष्ट तुम्हारे लिए नहीं उठाया।"

राम का सीता के साथ निर्दयी व्यवहार यहीं नहीं रुका। वे आगे कहते हैं–"मैं तुम्हारे चरित्र के प्रति सशंक हूँ। तुम्हें रावण ने अवश्य कलंकित किया होगा। तुम्हारी

शक्ल से ही मुझे घृणा है। हे जनक पुत्री! मैं तुम्हें जहाँ चाहो जाने की छूट देता हूँ। मुझे तुमसे कुछ लेना देना नहीं है। मैंने तुम्हें वापिस जीत लिया। मैं इससे सन्तुष्ट हूँ, क्योंकि यही मेरा उद्देश्य था। मैं यह सोच नहीं सकता कि तुम्हारी जैसी सुन्दरी को रावण ने अछूता छोड़ा होगा।"

बाद में राम अग्नि परीक्षा के बाद ही सीता को साथ ले जाते हैं। लेकिन राम का शक पूरी तरह समाप्त नहीं होता है। अयोध्या में जब राम को पता चलता है कि प्रजा में कुछ लोग सीता पर शक कर रहे हैं, तो वह गर्भवती सीता को जंगल में असहाय छुड़वा देते हैं। बाद में लव-कुश से युद्ध पर राम को पता चलता है कि वे दोनों उनके पुत्र हैं और सीता सामने आती हैं तो भी राम स्वीकार करने के स्थान पर सीता को पुनः परीक्षा देने को कहते हैं। अपमान से त्रस्त सीता आखिरकार धरती में समा कर आत्महत्या करने का निश्चय कर लेती हैं।

महाभारत में तो नारी की स्थिति और भी खराब है। माँ कुन्ती के मुख से निकले शब्दों का अन्यथा लाभ उठाकर जिस प्रकार अर्जुन की पत्नी को दूसरे भाई भी अपनी पत्नी बना लेते हैं, उससे यह पता चलता है कि स्त्री एक भोग्या मात्र थी। बाद में द्रौपदी को वस्तु की भाँति जुए में लगा दिया। उसका भरी सभा में वस्त्रहरण का प्रयास किया जाता है, लेकिन पाँचों पतियों के साथ-साथ, भीष्म, द्रोणाचार्य जैसे योद्धाओं से भरी सभा चुपचाप देखती रही। महाकाव्यकाल के बाद स्त्री की स्थिति में और गिरावट आयी। उस पर धर्माचार्यों ने तरह-तरह के प्रतिबन्ध लगाये। जिनमें कुछ इस प्रकार हैं—

—नारी का इस संसार में केवल एक ही कर्तव्य है कि वह अपने पति पर निर्भर रहे और उसके प्रति आज्ञाकारी रहे। यह एक कार्य उसके जीवन का लक्ष्य निर्मित करता है।[1]

—सन्त अष्टावक्र स्वतन्त्रता के बारे में बातें करते हुए कहतें हैं कि नारी कभी स्वयं की स्वामिनी नहीं हो सकती यह स्वयं रचयिता का विचार है। नारी कभी स्वतन्त्रता के योग्य नहीं है। तीनों लोकों में एक भी स्थान ऐसा नहीं है, जहाँ उसे स्वयं की स्वामिनी माना जा सके। जब वह क्वाँरी है तो पिता उसकी रक्षा करता है, जब वह युवा है तो पति रक्षा करता है और जब वह वृद्ध है तो पुत्र उसकी रक्षा करता है। स्त्री जब तक जीवित है, वह कभी स्वतन्त्र नहीं हो सकती।[2]

स्मृतिकाल में तो आकर स्त्री की दशा समाज में और गिर गयी। उस पर अनेक कठोर प्रतिबन्ध लगा दिये गये। विष्णुस्मृति कहती है कि "एक अच्छी पत्नी जो पति की मृत्यु के बाद ब्रह्मचर्य का पालन करती है, वह स्वर्ग को जाती है भले ही उसका कोई पुत्र न हो।" (25:17)

लेकिन स्मृतिकाल के लेखकों मे नारी की स्थिति को अपमानजनक बनाने में सबसे बड़ा हाथ मनु का रहा। इसी मनुवादी व्यवस्था को हिन्दुत्ववादी इस देश में

पुनः लाना चाहते हैं। अतः मनु ने नारी के बारे में क्या कहा है, यह जानना बहुत आवश्यक है।

मनु स्त्री के मूल स्वभाव का वर्णन इस प्रकार करता है–"मद्यपान, दुष्टसंग, पति-वियोग, एकाकी-भ्रमण, असमय में शयन और पराये घर में निवास–यह छह दोष स्त्री को दूषित करने वाले हैं। वे रूप की परीक्षा नहीं करतीं, आयु का ध्यान नहीं रखतीं, पुरुष सुन्दर हो या असुन्दर उसी से भौगोलिप्त होती हैं पर पुरुष को देखकर उनमें भोग की लालसा, चित्त की चंचलता और स्वभाव में शून्यता के कारण प्रयत्नपूर्वक घर में रोकी जाने पर भी वे अपने भर्त्ता के विरुद्ध कार्य करतीं हैं। स्त्रियों का यह स्वभाव ब्रह्मा ने ही रचा है, यह जानकर पुरुष उसकी रक्षा में पूरी तरह प्रयत्नशील रहे। शय्या, आसन, अलंकार (जेवर), काम, क्रोध, कुटिलता, द्रोहभाव, अनाचार–यह सब सृष्टि के प्रारम्भ में स्त्रियों के लिए ही निश्चित किये गये थे। स्त्रियों को जातकर्मादि क्रिया मन्त्रों से न करने का विधान है, अज्ञान के कारण मन्त्र का उन्हें अधिकार नहीं होता, क्योंकि उनकी स्थिति ही असत्य में है।" (मनुस्मृति, 9:13-18)

स्त्री की स्वतन्त्रता के विषय में मनु कहता है–"पुरुष अपनी स्त्रियों को कभी स्वतन्त्र न होने दे तथा यदि वे विषयों में आसक्त हों, तो भी उन्हें अपने वशीभूत रखे। बालावस्था में पिता, युवावस्था में पति, वृद्धावस्था में पुत्र नारी के रक्षक होते हैं, वह स्वतन्त्र कभी नहीं रहनी चाहिए।" आगे मनु (9:5) कहता है कि अन्य दुःसंग से स्त्रियों की यत्नपूर्वक रक्षा करें, क्योंकि अनारक्षित नारी दोनों कुलों में कलंक लगाती है और शोकाकुल करती है।"

इसी प्रकार स्त्री के कर्तव्यों की विवेचना करते हुए मनु निर्धारित करता है, "बालिका युवा स्त्री अथवा वृद्धा स्त्री को भी कोई गृहकार्य स्वतन्त्रतापूर्वक नहीं करना चाहिए। स्त्री बालिका अवस्था में पिता के, यौवनावस्था में पति के और पति के परलोकगमन होने पर पुत्रों के अधीन रहे, स्वतन्त्र न रहे। पिता, पति या पुत्र से अलग रहने की कभी इच्छा न करे। क्योंकि ऐसा करने वाली स्त्री अपने पिता और पति दोनों के कुलों को निन्दित करती है। स्त्री सदा प्रसन्न रहकर गृह कार्यों को दक्षता पूर्वक करे, सभी वस्तुओं को स्वच्छ रखे और धन का व्यय करे।" (मनुस्मृति, 5:147-150)

विवाह के समय स्त्री की इच्छा का क्या मूल्य है और विवाह के बाद स्त्री के क्या कर्तव्य हैं, इस पर मनु कहता है–

> "पिता अथवा पिता की अनुमति से भाई जिसको पाणिग्रहण करा दे, उसकी जीवन पर्यन्त सेवा करे और उसके मरणोपरान्त भी धर्मोल्लंघन न करे। विवाह के समय किया जाने वाला स्वस्ति कर्म और प्रजापति व्यय पति-पत्नी दोनों के ही कल्याणार्थ होता है तथा वाग्दान के पश्चात् स्त्री पर पति का अधिकार हो जाता है। मन्त्र-संस्कार पूर्वक पाणिग्रहणकर्ता पति स्त्री को ऋतुकाल और

अनृतु काल में इहलौकिक सुख देता हुआ परलोक में भी सुख प्रदान करता है। पति अनाचारी परस्त्री रत या विद्यादि गुण से हीन हो, तो भी साध्वी पत्नी उसकी सेवा सदा देवता के समान करे। स्त्रियों के लिए पृथक् यज्ञ, व्रत और उपवास आदि नहीं हैं, वह तो पति की सेवा करने से ही स्वर्ग में पूजित होती है। स्वर्गलोक प्राप्ति की इच्छा वाली साध्वी अपनी जीविका या मृत पति के प्रति कोई भी अप्रिय कार्य न करे।" (मनुस्मृति, 5:147-150)

**विधवा स्त्री के कर्तव्यों के बारे में मनु के निर्देश हैं**–"पति के मरने पर स्त्री पवित्र पुष्प फल-मूल आदि का भोजन करती हुई अपनी देह को क्षीण करें, किन्तु पर-पुरुष का कभी नाम तक न ले। विधवा स्त्री को सदा श्रेष्ठ पतिव्रताओं के धर्म की इच्छा करने वाली क्षमामयी और ब्रह्मचारिणी रहना चाहिए। सहस्रों अविवाहित ब्रह्मचारी ब्राह्मण वंशवृद्धि के निमित्त पुत्र उत्पन्न किये बिना ही स्वर्ग को प्राप्त हो चुके हैं। पति की मृत्यु के उपरान्त जो पतिव्रता ब्रम्हचर्य का पालन करती है, वह पुत्र रहित होकर भी ब्रह्मचारियों के समान स्वर्ग में जाती है। किन्तु जो सन्तान प्रलोभन में पति का अतिक्रमण करती है, वह इस लोक में निन्दित होती हुई परलोक से भी गिर जाती है। अन्य पुरुष द्वारा उत्पन्न सन्तान शास्त्र विरुद्ध तथा अन्य स्त्री में उत्पन्न सन्तान उत्पादनकर्ता की नहीं होती, प्रतिव्रता के लिए परपति उपदेश कहीं नहीं हैं।" (मनुस्मृति, 5:147-162)

इसी प्रकार पति के जीवित रहते हुए भी स्त्री का पर पुरुष गमन पर विधान देते हुए मनु कहता–

> "अपने हीन पति को त्याग कर अन्य श्रेष्ठ पुरुष को स्वीकार करने वाली स्त्री इस लोक में निन्दित होती हुई व्यभिचारिणी कहलाती है। परपुरुष से व्यभिचार करने से निन्दित मानी जाने वाली स्त्री कुष्ठ आदि रोगों से ग्रस्त और मरने पर गीदड़ी होती है। जो मन, वचन, कर्म से पति को प्राप्त करती है, इस लोक में सज्जन पुरुष उसे साध्वी कहते हैं। इस नारी धर्म के अनुसार तन, मन, वचन से पतिसेवा करने वाली स्त्री इस लोक से सुयश और परलोक में पति के साथ सुख पाती है।" (मनुस्मृति, 5:147-166)

## नारी विरोधी–कुप्रथाएँ

भारतीय नारी की अधोगति के लिए जितनी भी कुप्रथाएँ समाज में व्याप्त हैं, उन सबको हिन्दुत्व के आधारभूत धर्म ग्रन्थों का समर्थन मिलता है। हाँ! यह बात अवश्य है कि जब कभी नारी समाज की उन्नति के लिए पुरुषों के समान ही उन्हें स्वाधिकारी बनाने के लिए रंच मात्र भी प्रयत्न किया जाता है, तो तुरन्त धर्म के ठेकेदार इन प्रयत्नों को पश्चिमी सभ्यता से प्रभावित बताते हुए कहते हैं कि 'इसकी

क्या आवश्यकता है। हमारे धर्म में नारी को देवी माना जाता है, उसकी पूजा की जाती है।' और फिर आपनी बात का समर्थन करने के लिए संस्कृत के दो चार श्लोक पढ़ देते हैं। वास्तविकता यह है कि नारी से सम्बन्धित सारी कुप्रथाएँ जैसे बहुपत्नी प्रथा, नियोग या सती प्रथा का हिन्दू धर्म ग्रन्थों में मात्र उल्लेख ही नहीं है उन्हें उचित भी बताया गया है।

## बहुपत्नी प्रथा

वैदिक काल में बहुपत्नी प्रथा प्रचलित थी। एक व्यक्ति की कई-कई पत्नियाँ हुआ करती थीं, और उनका समय प्रायः इसी बात में व्यतीत हो जाया करता था कि कैसे अपनी सौतों को नष्ट करके पति की मुख्य कृपापात्र बन सकें। ऋग्वेद (10/45) और अथर्ववेद (3/18) में इस प्रकार के जिक्र स्पष्ट मिलते हैं। उस समय के आर्य लोग यहाँ के मूलनिवासियों या अपने ही दूसरे कबीलों पर हमला करके उनकी स्त्रियों को लूट व छीन लिया करते थे। इस तरह जो जितना ज्यादा लड़ाकू या बदमाश होता था, उसके पास उतनी ही ज्यादा पत्नियाँ होती थीं। वास्तव में, स्त्री की स्थिति को गिराने का प्रयास इस बहुपत्नी प्रथा से ही प्रारम्भ हुआ।

ऋग्वेद (10/159) में लिखा है कि इन्द्र की कई पत्नियाँ थीं। ऋग्वेद के व्याख्यान ऐतरेय ब्राह्मण (33/1) में लिखा है कि हरिश्चन्द्र की एक सौ पत्नियाँ थीं। इसी तरह का उल्लेख यजुर्वेद (23/24/26/28) में है कि राजा की कई पत्नियाँ यज्ञ में भाग लेती हैं। तैत्तरीय ब्राह्मण (3/8/4) में लिखा है कि पत्नियाँ सचमुच सम्पत्ति के समान होती हैं। अथर्ववेद (14/1/61, 14/2/14/) से यह भी पता चलता है कि बहुत से पुरुषों की संयुक्त पत्नी भी होती थीं।

## सती प्रथा

हिन्दू धर्म की सबसे कुत्सित प्रथा सती प्रथा है जिसे 'विधवा दहन' कहना ज्यादा उचित है, क्योंकि इसमें पति की मृत्यु के बाद उसके शव के साथ उसकी विधवा को चिता में जिन्दा जलना होता है। वैसे तो इस प्रथा को ब्रिटिश काल में ही 19वीं शताब्दी में लार्ड विलियम बैटिक ने गैर कानूनी घोषित कर दिया था, लेकिन आज भी कभी-कभार ऐसी घटनाएँ हो जाती हैं और फिर सती प्रथा को लेकर बहस प्रारम्भ हो जाती है। जहाँ प्रगतिशील लोग ऐसी घटनाओं का विरोध करते हैं, वहीं हिन्दुत्ववादी ऐसी घटनाओं के सहारे लोगों की धार्मिक भावनाओं को उभारने का प्रयास करते हैं।

जब राजस्थान में 18 वर्षीय रूपकँवर को सती किया गया और कई मानवाधिकार संगइठनों ने इसके लिए हिन्दू धर्म को उत्तरदायी ठहराया तो कुछ हिन्दुओं ने यह प्रचारित करना प्रारम्भ कर दिया कि सती प्रथा तो एक सामाजिक बुराई है और इसका हिन्दू धर्म से कोई सम्बन्ध नहीं है और न ही हिन्दू धर्म ग्रन्थ इसका अनुमोदन

करते हैं। जबकि वास्तविकता यह है कि हिन्दू धर्म सती प्रथा को प्रारम्भ से ही प्रेरणा देता रहा है। यह बात दूसरी है कि हर विधवा के लिए ऐसा करना सम्भव नहीं रहा लेकिन ऐसी विधवाओं को जीते जी मृत्यु से भी बदतर जीवन बिताने को मजबूर कर दिया गया। हिन्दू धर्म ग्रन्थों मे सती की महिमा में तो अनेक श्लोक उपलब्ध होते हैं, किन्तु जीवित रहने वाली विधवा की प्रशंसा मे एक भी पंक्ति नहीं मिलती। यही कारण है कि शिलालेखों तक में सतियों की महिमा वर्णित और उल्लिखित है, सतियों की समाधियों की पूजा होती है, उन पर मासिक व वार्षिक मेले लगते हैं और इन सतियों के 'सत्' को हिन्दू धर्म की अद्वितीय थाती कहा जाता है। इन सबका कारण है कि हिन्दुओं के धार्मिक ग्रन्थ ही 'सती प्रथा' का समर्थन करते हैं।

इस सम्बन्ध में कुछ उदाहरण इस प्रकार हैं—

1. रामायण में, उत्तरकाण्ड (17/14) में आता है कि राजर्षि कुशध्वज को जब शुम्भ नामक दैत्य ने मार डाला तब कुशध्वज की पत्नी ने पति के शव का आलिंगन कर अपने आप को आग लगा ली और सती हो गयी।
2. महाभारत आदिपर्व (125/19) राजा पाण्डु की मृत्यु पर उसकी पत्नी माद्री पति के शव के साथ सती हो गयी।
3. महाभारत मौसल पर्व (7/18) में कृष्ण के पिता वासुदेव की चारों पत्नियाँ देवकी, मुद्रा, रोहिणी और मदिरा अपने पति के शव के साथ सती हो जाती हैं।
4. विष्णु पुराण (5/38/2) के अनुसार कृष्ण की मृत्यु पर उसकी आठ रानियों ने अग्नि में प्रवेश किया।
5. भागवत पुराण (1/13/57) के अनुसार धृतराष्ट्र की पत्नी गान्धारी ने पति के शव के साथ अपने को भस्म कर लिया।
6. याज्ञवलक्य स्मृति (1/86) पर मिताक्षर टीका, अपरार्क पृष्ठ 110 के अनुसार पति के साथ मरने वाली नारी स्वर्ग में तब तक आनन्द मनाती हुई रहती है, जब तक चौदह इन्द्रों का काल समाप्त नहीं हो जाता।
7. मिताक्षरा (1/86) के अनुसार पत्नी का पति के साथ सहमरण वेद सम्मत है, और सहमरण द्वारा स्नान स्वर्ग की कामना करती है।
8. नारी को बहकाते हुए गरुड़ पुराण (10/42-43) कहता है कि नारी को आग से डरना नहीं चाहिए, क्योंकि जब औरत पति की लाश के साथ आग में बैठती है, तब अंगों को जलन महसूस नहीं होती। उस आग में केवल पाप जलते हैं, जैसे बरतन को आग में रखने पर उसके केवल मैल जलता है।

ऐसे उद्धरण हिन्दू धर्म ग्रन्थों में भरे पड़े हैं। विश्व के अनेक देशों में जंगलीपन के दिनों में यद्यपि यह प्रथा प्रचलित थी लेकिन शीघ्र ही समाप्त हो गयी, क्योंकि वहाँ इसका कारण अशिक्षा और सभ्यता का विकास न होना था। लेकिन भारत में सभ्यता

के विकास के साथ यह प्रथा और अधिक विकसित होती गयी। इसका कारण सिर्फ यही रहा कि धर्माचार्यों ने और धर्म ग्रन्थों ने इसका समर्थन किया।

धर्म ग्रन्थों में नारी की ऐसी शोचनीय स्थिति दिखने पर प्रायः यह प्रश्न उठता है कि आखिर नारी को हिन्दू धर्माचार्यों ने इतने कठोर बन्धनों में क्यों जकड़ा? उसे क्यों इतनी गिरी हुई स्थिति प्रदान की? क्यों उन्होंने इन बन्धनों से सवर्ण नारी को भी छूट प्रदान नहीं की? इन सारे प्रश्नों का उत्तर भी धर्म ग्रन्थों में ही मिल जाता है। दरअसल धर्मान्ध हिन्दुत्व नारी को भी शूद्र के समान ही मानता है। अधिकांश धर्म ग्रन्थ नारी को शिक्षा का अधिकार नहीं देते हैं। शंकराचार्य ने नारी को नरक का द्वार कहा है तो नारी को शूद्र समान बताते हुए तुलसीदास नारी की तुलना ढोल और पशु से करते हैं। नारी सम्बन्धित तुलसी दास की मानसिकता उनकी इस चौपाई से स्पष्ट हो जाती है–

**ढोल, गँवार, शूद्र, पशु, नारी।**
**सकल ताड़ना के अधिकारी॥**

वैसे तो हिन्दू धर्म में नारी को 'देवी', 'लक्ष्मी' आदि नामों से सम्बोधित किया गया है, लेकिन उसका एक स्वतन्त्र मानव के रूप में कभी विचार नहीं किया गया। प्रसिद्ध विद्वान् तथा लेखक डॉ. ए. एस. अल्तेकर कहते हैं कि 'हिन्दू समाज में सबसे अधिक दासता तथा शोषण के घटक नारी और शूद्र ये दोनों ही थे, हिन्दू परिवेश की विषम व्यवस्था का सबसे अधिक बोझ उन पर ही पड़ा था। नारी की अवस्था गुलामों से भी बुरी थी। सती प्रथा तो वेद काल से ही चली आयी थी।'[3]

संक्षेप में नारी को कभी स्वतन्त्र नहीं होना चाहिए–इस विचार के कारण उस पर अनेक धार्मिक, सामाजिक, सांस्कृतिक, आर्थिक, बन्धन लादे गये। बाल विवाह, परदा प्रथा, शिक्षा पर पाबन्दी, बाल हत्या, बहुपत्नी प्रथा, सती प्रथा एक से बढ़कर एक अमानवीय प्रथाओं के कारण नारी की स्थिति हिन्दुत्ववादी व्यवस्था में गुलामों से भी बदतर रही।

अतः जो हिन्दुत्ववादी प्राचीन गौरवमयी हिन्दू सभ्यता का बखान करते हैं, उन्हें अपना मत सती प्रथा पर स्पष्ट करना चाहिए। यदि जरा भी नैतिक साहस हो तो बेहिचक स्वीकार करना चाहिए कि यद्यपि हमारा धर्म सती प्रथा का प्रवर्तक, समर्थक और प्रचारक है, तथापि हम इस अमानवीय एवं क्रूर विधान को नितान्त निन्दनीय एवं त्याज्य समझते हैं, लेकिन हिन्दुत्व के ठेकेदारों में ऐसा साहस कहाँ?

ऐसा नहीं है कि वर्तमान समय में हिन्दुत्ववादियों ने अपने धर्मग्रन्थों द्वारा समर्थित नारी सम्बन्धित गन्दी मानसिकता त्याग दी हो। आज भी जो हिन्दुत्ववादी प्राचीन गौरवमयी हिन्दू सभ्यता का बखान करते हैं, वे सती प्रथा जैसी घृणित प्रथा का विरोध करने के स्थान पर प्रायः उसका समर्थन ही करते हैं। संघ परिवार की विजय राजे

सिन्धिया ने तो एक बार सती प्रथा के समर्थन में एक जुलूस का भी नेतृत्व किया था। हिन्दुत्ववादियों का प्रमुख संगठन आर.एस.एस. है, लेकिन महिलाओं को उसका सदस्य बनने का अधिकार नहीं है। उनके लिए एक प्रथक संगठन राष्ट्र सेविका समिति है। राष्ट्रीय स्वयं सेवक संघ की तुलना महिलाओं के इस संगठन के नाम में ही 'स्वयं सेवक' शब्द के स्थान पर मात्र 'सेविका' शब्द ही रखा गया है, क्योंकि जितने भी पुरुष प्रभुत्व वाले फासीवादी संगठन होते हैं उनमे नारी की कोई 'स्वयं' की अर्थात् स्वतन्त्र सोच नहीं होती है। इसीलिए महिलाओं के संगठन का नाम 'राष्ट्रीय स्वयं सेविका या समिति' के स्थान पर, 'राष्ट्रीय सेविका समिति' है जो राष्ट्रीय स्वयं सेवक संघ की पुरुषवादी सोच को दर्शाता है। वे आज भी स्त्री के सम्बन्ध में मनुस्मृति के विचारों को लेकर ही चल रहे हैं, जिसमें स्त्री के गर्भाशय की तुलना खेत से की गयी है। उसमें पुरुष बीज बोता है, इसलिए खेत के उत्पादन पर भी उसी का हक होता है। गोलवलकर के अनुसार असमानता प्रकृति का अविभाज्य अंग है। समाज के संगठन के पीछे बराबरी नहीं, सद्भाव को सिद्धान्त के रूप मे अपनाया जाना चाहिए।[4] अतः पुरुष और स्त्री में भी समानता नहीं, सद्भाव बनाने का प्रयास किया जाना चाहिए। उनके अनुसार स्त्री-पुरुष में सद्भाव तभी बन सकता है, जब वे प्रकृति द्वारा प्रदत्त अपने कार्य सुचारु रूप से करते रहें। राष्ट्रीय स्वयं सेवक संघ का मानना है कि नारी का प्रमुख कार्य अच्छी पत्नी और माँ के रूप में ही है।

मानव समाज के सम्पूर्ण विकास के लिए नारियों को समानता मिलनी आवश्यक है और इसके लिए उसे धर्म के बन्धनों से मुक्त होना होगा। ज्योतिबा फुले ने 'सार्वजनिक सत्य धर्म' पुस्तक में स्पष्ट किया है कि—'हम सभी के स्रष्टा ने सभी प्राणियों को पैदा किया हे। इनमें से नारी-पुरुष जन्म से ही स्वतन्त्र तथा सभी अधिकारों का उपभोग करने के पात्र हैं।[5] हिन्दुत्ववादी व्यवस्था में नारी की शोचनीय स्थिति पर ज्योतिबा फुले कहते हैं—'नारी पुरुष दोनों समान रूप से सभी मानवीय अधिकारों का उपभोग करने के अधिकारी हैं। फिर नारी के लिए अलग नियम और लोभी, अहंकारी पुरुष के लिए दूसरे प्रकार का नियम व्यवहार में लाना पक्षपात के अलावा कुछ नहीं है।[6]

## सन्दर्भ


1. अनुशासन पर्व, महाभारत, अध्याय-19
2. अनुशासन पर्व, महाभारत, अध्याय-20
3. द पोजीशन ऑफ वूमैन इन हिन्दू सिविलाइजेशन, डॉ. ए.एस. अल्तेकर, पृ. 66
4. विचार नवनीत (बंच आफ थाट), एम.एस. गोलवलकर, पृ. 26
5. महात्मा फुले : समग्र वाङ्मय, 1991, पृ. 498
6. महात्मा फूले : समग्र वाङ्मय, 1991, पृ. 450

# हिन्दुत्व : ईसाई समुदाय और धर्म परिवर्तन का प्रश्न

फासीवादी शक्तियाँ विश्व के विभिन्न हिस्सों में अलग-अलग रंगों और रूपों में सक्रिय हैं। भारत में सक्रिय ऐसी शक्तियों में सबसे खतरनाक हिन्दुत्ववादी शक्तियाँ हैं, जिनका उदय 19वीं सदी के प्रारम्भ में एक निश्चित लक्ष्य के साथ हुआ था। वह लक्ष्य था—अँग्रेजों के देश छोड़ने के बाद भारत को कट्टर हिन्दू राष्ट्र के रूप में स्थापित करना। इसलिए प्रारम्भ में ही हिन्दुत्ववादियों का मुख्य कार्य मुस्लिम और ईसाई अल्पसंख्यकों का विरोध करना, उनके विरुद्ध जहर उगलना रहा है। उनके इस कार्य ने अनेकों बार देश को साम्प्रदायिक झगड़ों की आग में भी झोंक दिया। लेकिन 1947 में अंग्रेजों से आजादी मिलने के बाद इन फासीवादी ताकतों का मंसूबा पूरा नहीं हुआ और भारत सभी धर्मों का सम्मान करने वाला एक लोकतान्त्रिक देश बन गया। लेकिन फिर भी हिन्दुत्ववादियों ने अपना उद्देश्य नहीं बदला और धार्मिक अल्पसंख्यकों पर उनके आक्रमण जारी रहे।

अल्पसंख्यकों के विरुद्ध सामान्य हिन्दू के मन को उद्वेलित करने के लिए भावनात्मक मुद्दों का प्रयोग हिन्दुत्ववादियों का प्रमुख हथियार है। यदि राम मन्दिर, समान नागरिक संहिता और धारा 370 जैसे मुद्दों का प्रयोग मुस्लिम समाज के विरुद्ध किया जाता है तो धर्मान्तरण के मुद्दे का उपयोग तरह-तरह की भ्रान्तियाँ फैला कर ईसाई समुदाय के प्रति हिन्दू समाज में घृणा की भावना उत्पन्न करने हेतु किया जा रहा है। ईसाई धर्म से सम्बन्धित चाहे शैक्षणिक या सामाजिक कार्य में लगी हुई कोई संस्था हो या कोई धर्म गुरु या उनका कोई भी कार्यक्रम, हिन्दू कट्टरपंथियों के लिए तो ऐसे शब्द एक तरह से खतरे का पर्याय बन गये हैं। इनका सन्दर्भ आते ही ये लोग 'हिन्दू धर्म खतरे में है' का शोर मचाना प्रारम्भ कर देते है। क्योंकि उनके लिए ईसाई संस्थाओं का भारत में एक मात्र उद्देश्य समाज सेवा की आड़ में गरीब हिन्दू दलितों व आदिवासियों का धर्म परिवर्तन कराकर हिन्दू धर्म को भारत में अल्पसंख्यक बनाना है। वैसे तो हिन्दुत्ववादी शक्तियों ने सदैव मुस्लिमों को ही अपना प्रमुख शत्रु माना है, लेकिन पिछले 10-15 वर्षों में उन्होंने ईसाइयों पर आक्रमण काफी तेज कर दिये हैं। इसका कारण है कि एक तो मुस्लिमों की तुलना में ईसाइयों पर आक्रमण करना अधिक आसान है और दूसरे ईसाई मिशनरियों के

द्वारा दलितों और आदिवासियों में जो शिक्षा का प्रसार हुआ है, उसने इस वंचित वर्ग में जाति आधारित शोषण के विरुद्ध आवाज उठाने की ताकत का भी प्रसार किया है। इसी कारण हिन्दुत्ववादी शक्तियों के आक्रमणों का शिकार अधिकतर मध्य प्रदेश, उड़ीसा, गुजरात, कर्नाटक, आन्ध्रप्रदेश के आदिवासी ईसाई हुए हैं।

ईसाई धर्म प्रचारक बेनी हिन के जनवरी 2005 में भारत (बंगलोर) आने पर उनके आने से पहले ही हिन्दुत्व का राग अलापने वाले कट्टरपंथियों ने हो हल्ला करना प्रारम्भ कर दिया कि बेनी हिन भारत में अपने धर्म का प्रचार करने आ रहे हैं। बेनी हिन ने भी इसका कई बार खंडन किया। खैर अनेक धरना प्रदर्शनों के बावजूद बेनी हिन के आने का कार्यक्रम तो नहीं टल सका, लेकिन हिन्दुत्ववादी हिन्दुओं के दिलों में नफरत के बीज बोने में कामयाब रहे। इसी का परिणाम यह हुआ कि बाद के समय में कर्नाटक में भी ईसाई मिशनरियों पर और उनके धार्मिक स्थलों पर हमले प्रारम्भ हो गये। वास्तव में यही हिन्दुत्ववादियों का उद्देश्य था।

एक अन्य घटना जून 2005 में ही राजस्थान में हुई। राजस्थान के कोटा शहर में एक चालीस वर्ष पुरानी संस्था है–'इम्मइनुअल मिशन'। इस संस्था की पूरे देश में 100 से अधिक शाखाएँ हैं और पिछले चार दशकों से यह संस्था शिक्षा सहित समाज सेवा के प्रत्येक क्षेत्र में पूरी तरह समर्पित हो कर कार्य कर रही है। प्रत्येक वर्ष की तरह इस वर्ष भी इम्मइनुअल मिशन के वार्षिक दीक्षान्त समारोह में भाग लेने के लिए आन्ध्रप्रदेश सहित सभी प्रदेशों से इम्मइनुअल मिशन से सम्बन्धित संस्थाओं से हजारों छात्र व अन्य लोग कोटा आये। दीक्षान्त समारोह में पिछले वर्षों की भाँति इस बार भी मिशन की शिक्षण संस्थाओं के प्रतिभावान और गरीब छात्रों को पुरस्कार इत्यादि देने का कार्यक्रम भी था। हिन्दुत्ववादियों ने शोर मचाना प्रारम्भ कर दिया कि इन छात्रों को धर्म परिवर्तन के लिए बुलाया गया है और जो चीजें पुरस्कार इत्यादि के रूप देने की बात कही जा रही है, वे सब धर्म परिवर्तन के लिए प्रलोभन हेतु मँगायी गयी हैं। वैसे तो 'इम्मइनुअल मिशन' ने ऐसे कार्यक्रम पिछले वर्षों में भी आयोजित किये थे, लेकिन इस बार राजस्थान में राजनैतिक हालात बदले हुए थे। राजनीतिक हवा हिन्दुत्ववादियों के पक्ष में बह रही थी। हिन्दुत्ववादी जब भी अफवाहें फैलाते हैं, तो वे एक निश्चित उद्देश्य से होती हैं और प्रायः उन्हें अपने उद्देश्य में सफलता भी मिलती है। इस बार भी उन्हें सफलता मिली। राजस्थान सरकार ने घोषणा कर दी कि वह शीघ्र ही विधान सभा में धर्म परिवर्तन पर रोक लगाने के लिए विधेयक लायेगी। इससे इन फासीवादी ताकतों के हौसले और बढ़ गये और जुलाई 2007 में 2005 की ही तरह इम्मइनुअल मिशन के शान्तिपूर्ण समारोह पर हमला करके तोड़-फोड़ की गयी। चूँकि राज्य सरकार का संरक्षण प्राप्त था अतः इस बार न केवल मिशन के स्कूल व अस्पताल की सम्पत्ति को नुकसान पहुँचाया गया बल्कि इम्मइनुअल मिशन के तीन कर्मचारियों को भी झूठे मामले में

जेल भेज दिया गया, लेकिन तोड़-फोड़ करने वाले गुण्डों को प्रशासन की ओर से कुछ नहीं कहा गया।

## ग्राहम स्टेन्स हत्याकांड

ईसाई मिशनरियों के सम्बन्ध में हिन्दू कट्टरपंथियों की मानसिकता केवल उनके सम्बन्ध में अफवाहें फैलाकर हो हल्ला करने तक ही सीमित नहीं हैं, बल्कि गिरजाघरों पर हमलों से लेकर ननों के साथ बलात्कार और पादरियों की हत्या जैसी हिंसक वारदातें भी सम्मिलित हैं। इन हिंसक घटनाओं में सबसे प्रमुख 1998 का ग्राहम स्टेन्स हत्याकाण्ड है। ग्राहम स्टेन्स अपनी पत्नी और बच्चों समेत अपना देश छोड़कर उड़ीसा के जंगलों में गरीब आदिवासियों के बीच सेवा कर रहे थे, जिसमें आदिवासियों के बीच शिक्षा का प्रसार और उन्हें चिकित्सकीय सुविधा उपलब्ध कराना मुख्य था। लेकिन हिन्दू कट्टरपंथियों को यह पसन्द नहीं था। परिणाम यह हुआ कि एक रात जब वे अपने दो मासूम बच्चों के साथ मोटर कार में सो रहे थे, तो उन्हें दोनों बच्चों समेत कार में ही जिन्दा जला दिया गया। उन्हें व उनके बच्चों को मोटर कार से बाहर आने का भी अवसर नहीं दिया गया। ग्राहम स्टेन्स की हत्या सिर्फ इस शक के आधार पर कर दी गयी थी कि वे आदिवासियों को धर्म परिवर्तन के लिए उकसा रहे थे। इस हत्याकांड में शामिल मुख्य आरोपी दारा समेत सभी आरोपियों को हिन्दुत्ववादी संगठनों का पूरा समर्थन मिला।

ग्राहम स्टेन्स के प्रति हिन्दुत्ववादियों की निम्न मानसिकता का परिचय ग्राहम स्टेन्स की पत्नी ग्लेडी स्टेन्स के मामले से पता चलता है। ग्राहम स्टेन्स की विधवा ग्लेडी स्टेन्स ने अपने पति और दो पुत्रों की नृशंस हत्या के बाद भी अपने देश वापस जाने की बजाय यहीं रहकर अपने पति की राह पर चलकर गरीब आदिवासियों की सेवा के कार्य में अपने शेष जीवन को बिताने का निश्चय किया, जिसके लिए बाद में उन्हें गणतन्त्र दिवस पर भारत सरकार द्वारा पद्मश्री की उपाधि से सम्मानित किया गया। लेकिन ग्लेडी स्टेन्स की दीन-दुखियों की सेवा के लिए यह समर्पण की भावना हिन्दू कट्टरपंथियों को फिर भी नहीं दिखी। भारत सरकार द्वारा पद्मश्री की उपाधि दिये जाने की आलोचना करने में निकृष्ट स्तर पर उतर आये बलवीर पुंज दैनिक जागरण के एक लेख में लिखते हैं, "उनकी एकमात्र प्रसिद्धि यह है कि वे 1998 में उड़ीसा के क्योंझर जिले के मनोहरपुर ग्राम में निर्ममतापूर्वक जलाकर मार डाले गये ईसाई मत प्रचारक ग्राहम स्टेन्स की विधवा हैं। ग्राहम स्टेन्स ईसाई-मत प्रचार के क्रम में आदिवासियों को ईसाइयत का पाठ पढ़ाने के कारण मौत का शिकार हुए।" मानसिक पतन का परिचय देते हुए बलवीर पुंज आगे लिखते हैं, "यदि स्टेन्स का वीभत्स हत्या काण्ड ही पद्मश्री पुरुस्कार का मापदंड है तो गोधरा और बेस्ट बेकरी काण्ड के शिकार लोगों के परिजनों को भी यह सम्मान पाने का अधिकार होना

चाहिए।" पुंज के अनुसार ग्लेडी स्टेन्स को सम्मानित कर केन्द्र सरकार ने वस्तुतः एक विशेष प्रयोजन के कारण 'मतान्तरण' की प्रक्रिया को प्रोत्साहित किया है।

## कन्धमाल की हिंसा

पिछले कई वर्षों से उड़ीसा के कन्धमाल क्षेत्र में ईसाइयों पर किसी न किसी बहाने हिंसात्मक हमले किये जा रहे हैं। विश्व हिन्दू परिषद के सन्त लक्ष्मणानन्द सरस्वती की हत्या के बाद विश्व हिन्दू परिषद के लोगों ने हिंसा का वो नंगा नाच किया कि मानवता शर्मसार हो गयी। हजारों की संख्या में गरीब ईसाइयों अपना गाँव-घर छोड़कर भाग गये। उनके घर जला दिये गये, उनकी महिलाओं के साथ बलात्कार किया गया। जो लोग अपने घरों में वापस आये, उन्हें हिन्दू धर्म अपनाने को विवश किया गया। लक्ष्मणानन्द पिछले कई वर्षों से इस क्षेत्र में ईसाई दलित और आदिवासियों को 'घर वापसी कार्यक्रम' के अन्तर्गत हिन्दू बना रहे थे। इस बात से क्षेत्र में तनाव था और इसी के चलते माओवादियों ने उनकी हत्या कर दी। लेकिन हिन्दुत्व का नाम लेने वाले कट्टरपंथियों ने सारा गुस्सा ईसाइयों पर निकाला।

ये कुछ घटनाएँ उदाहरण मात्र हैं जो हिन्दुत्ववादियों के दिलों में ईसाई समुदाय क प्रति भरे हुए जहर को दिखाती हैं, वरना ईसाई समुदाय के प्रति हिन्दू कट्टरपंथियों द्वारा किये गये गुनाहों की फेहरिस्त बहुत लम्बी है। ईसाई मिशनरियों के साथ हिंसा की घटनाओं की यदि सूची देखी जाये, तो वह इतनी लम्बी है कि उस पर पूरी पुस्तक ही लिखी जा सकती है। इन सभी घटनाओं में अपराधियों का बचाव हिन्दुत्ववादियों ने यह कहकर किया कि ऐसी घटनाओं का कारण ईसाई मिशनरियों द्वारा आदिवासियों का धर्म परिवर्तन कराना है। प्रश्न यह उठता है कि जब भी कभी किसी ईसाई मिशनरी का सन्दर्भ आता है, तो ये हिन्दुत्ववादी धर्म परिवर्तन का रोना क्यों प्रारम्भ कर देते हैं? यदि बेनी हिन भारत में धर्म-प्रचार के लिए ही आये होते, तो क्या वह देश के कानून के विरुद्ध होता? क्या धर्म परिवर्तन असंवैधानिक है? जब भी ईसाई समुदाय के विरुद्ध हिंसात्मक घटनाएँ होती हैं, तो क्यों ऐसी घटनाओं को जायज ठहराने के लिए हिन्दुत्ववादी धर्म परिवर्तन पर रोक लगाने की माँग करते हैं? क्या भारतीय संविधान धर्म परिवर्तन या धर्म के प्रचार-प्रसार की अनुमति नहीं देता?

भारतीय संविधान का अनुच्छेद 25 लोगों को धार्मिक स्वतन्त्रता का अधिकार प्रदान करता है और कहता है कि "सभी व्यक्तियों को अपने विवेक की स्वतन्त्रता का समान अधिकार है और अपने धर्म को मानने, उसके प्रचार-प्रसार का अधिकार है, बशर्ते यह जनव्यवस्था, नैतिकता और स्वास्थ्य के विरुद्ध न हो।" जब इस अनुच्छेद पर बहस चल रही थी तो 'धर्म परिवर्तन' अर्थात् एक धर्म के प्रति आस्था से दूसरे धर्म के प्रति आस्था में परिवर्तन का मुद्दा भी बहस में आया। बहस में भाग लेते

हुए 'प्रसार' शब्द के बारे में के.एम. मुंशी ने कहा "मुझे मालूम है कि भारतीय ईसाई समुदाय ने इस शब्द पर सिर्फ इसलिए इतना अधिक बल नहीं दिया है कि वे लोगों का धर्मान्तरण कराना चाहते हैं बल्कि इसलिए कि यह शब्द उनके सिद्धान्तों का मौलिक हिस्सा है। यह शब्द यदि इस अनुच्छेद में नहीं भी होता, फिर भी मुझे विश्वास है कि संविधान में प्रदत्त अभिव्यक्ति की स्वतन्त्रता के अन्तर्गत यह अवसर प्रत्येक धार्मिक समुदाय को उपलब्ध होगा कि वह दूसरे लोगों को अपनी आस्था में आने के लिए प्रोत्साहित कर सके, विवेक के स्वतन्त्र उपयोग के द्वारा धर्मान्तरण मान्य होगा।" इस प्रकार भारतीय संविधान में व्यक्तिगत रूप से या किसी समुदाय द्वारा सामूहिक रूप से धर्म परिवर्तन अनुज्ञेय और विधि सम्मत है।

धर्म और धर्म परिवर्तन में अटूट सम्बन्ध होता है। यदि धर्म परिवर्तन की इजाजत न हो तो धर्म का प्रचार-प्रसार नहीं हो पायेगा और वह जड़ हो जायेगा। बौद्ध धर्म भारत से निकल कर यदि विश्व के कोने-कोने में गया, तो सिर्फ इसलिए कि लोगों ने इससे प्रभावित होकर इसे अपनाया अर्थात् अपना पुराना धर्म छोड़कर इसकी शरण में आये। समाज में जब से धर्म का गठन हुआ है तभी से धर्मान्तरण होता आ रहा है। धर्मान्तरण अगर न हो, तो समाज में धर्म का विस्तार ही न हो। किसी भी धर्म का प्रवर्तक, संस्थापक या पैगम्बर शुरू में अकेला ही रहता है। जब लोग उसकी तरफ आकर्षित होते हैं, तो निश्चित रूप से कुछ लोग अपना पुराना धर्म छोड़कर पूरी तरह से उसकी शरण में आ जाते हैं। इसे ही धर्म परिवर्तन कहा जाता है। ऐसे धर्म परिवर्तनों से धार्मिक आबादी के अनुपात में भी फेरबदल होता है और नये धर्म को पुराने धर्म के प्रतिरोध का भी सामना करना पड़ता है। इसलिए हर धर्म प्रवर्तक या पैगम्बर को शुरू में विरोध को सहना पड़ता है। ऐसे में यदि धर्मान्तरण के आयोजन सामूहिक रूप से आयोजित होते हैं, तो और भी कड़ा विरोध होता है। धर्म, जाति और देश जैसी इकाइयों का गठन तो आखिर मनुष्य ने ही किया है। इसलिए जब भी इस दायरे में आदमी का दम घुटने लगे और वह इसे सुधारने की स्थिति में न हो, तो उसे इसे छोड़ने का अधिकार होना चाहिए। बल्कि आस्था परिवर्तन का अधिकार तो सामान्य स्थिति में भी स्वीकार किया गया है। इसी कारण भारतीय संविधान आस्था परिवर्तन को मौलिक अधिकार के रूप में मान्यता प्रदान करता है।

धर्म आस्था का विषय होता है और आस्था व्यक्तिगत होती है। किसी व्यक्ति में किसी पद्धति के प्रति या किन्हीं मूल्यों के प्रति बलात् आस्था उत्पन्न नहीं की जा सकती और न ही किसी व्यक्ति को किन्हीं धार्मिक मूल्यों के साथ बलपूर्वक जोड़ कर रखा जा सकता है। यदि किसी व्यक्ति में किसी धर्म विशेष के मूल्यों के प्रति आस्था नहीं है, तो वह धर्म उस व्यक्ति के किसी काम का नहीं। अतः भारतीय संविधान में प्रदत्त आस्था परिवर्तन अर्थात् धर्म परिवर्तन का अधिकार वस्तुतः मनुष्य

के विवेक का सम्मान है। लेकिन हजारों वर्षों से चली आ रही गैर बराबरी वाली व्यवस्था के पोषक हिन्दुत्ववादियों को यह स्वीकार नहीं है। उनकी दृष्टि में, भले ही किसी व्यक्ति में हिन्दू धर्म के प्रति आस्था न हो, लेकिन वह यदि हिन्दू धर्म में पैदा हुआ है तो उसे मरते दम तक हिन्दू धर्म में ही रहना चाहिए। किसी अन्य को अपनाने का अधिकार उसे नहीं होना चाहिए।

भारत में धर्मान्तरण सदैव से होता रहा है। प्रारम्भ में वैदिक धर्म था। बाद में वैदिक धर्म के विरोध में जैन धर्म और बौद्ध धर्म का उदय हुआ। लोगों ने बड़ी संख्या में दोनों धर्मों को अपनाया। सबसे अधिक झुकाव बौद्ध धर्म की ओर रहा। सम्राट अशोक के समय में तो बौद्ध धर्म का प्रभाव इतना बढ़ गया था कि कहा जाता है कि उस समय पूरा देश बौद्धमय हो गया था। बाद में हिन्दू धर्म का पुनरुत्थान हुआ। मध्यकाल में मुस्लिम आक्रमणकारियों के साथ-इस्लाम ने भारत में प्रवेश किया। बड़ी जातियों ने तो इस्लाम धर्म को अपनाया ही, लेकिन छोटी और जाति-व्यवस्था से उत्पीड़ित जातियों ने भी बड़ी संख्या में इस्लाम धर्म को स्वीकार किया। उनके धर्म परिवर्तन के पीछे प्रमुख उद्देश्य सिर्फ एक ही था, हिन्दू धर्म की जाति व्यवस्था की गुलामी से मुक्ति। प्रायः यह कहा जाता है कि हिन्दुओं ने इस्लाम धर्म को मध्यकाल के मुस्लिम शासकों के भय और ताकत के दबाव में ही अपनाया, लेकिन ऐसा नहीं है। ताकत के बल पर किये गये धर्मान्तरणों की संख्या उतनी नहीं है, जितनी स्वयं की इच्छा से किये गये धर्मान्तरणों की थी। साथ ही ऐसा भी नहीं है कि हिन्दुओं ने सिर्फ मध्यकाल में ही इस्लाम धर्म को अपनाया हो। 19वीं सदी की शुरुआत में पंजाब के चूड़ा बड़ी संख्या में मुसलमान बने। 1931 में मुसलमानों की जनसंख्या वृद्धिदर 13 प्रतिशत और हिन्दुओं की दस प्रतिशत रही।

मध्यकाल मे ही सिख धर्म का उदय हुआ और पंजाब में बड़ी संख्या में हिन्दुओं ने धर्म परिवर्तन किया। इनमें दलित जातियों के लोगों की संख्या अधिक थी, जिन्होंने हिन्दू धर्म में मिल रहे अपमान से मुक्त होने के लिए सिख धर्म को ग्रहण किया। इन लोगों के लिए सिख धर्म समानता की उम्मीद लेकर आया। ज्यादातर निहंग दलित जातियों से ही आये। महाराजा रणजीत सिंह की सेना में दलित जातियों के लोगों की बड़े पैमाने पर भरती हुई। इससे उनका सामाजिक सम्मान बढ़ा और किसी हद तक बड़ी जातियों के अत्याचार से मुक्ति मिली। अंग्रेजों ने सिखों को लड़ाकू जाति घोषित कर दिया था। इससे भी अछूतों को सिख धर्म की ओर झुकने को बढ़ावा मिला। बस केश और दाढ़ी बढ़ाने की आवश्यकता थी और उन्हें फौज में नौकरी मिल जाती थी। यह दोहरा लाभ था। एक तो अपमान से मुक्ति और दूसरी ओर फौज की नौकरी व सम्मान।

स्वतन्त्रता प्राप्ति से पहले देश में धर्म परिवर्तन इक्का-दुक्का और धीमी गति से होते रहे। हिन्दुत्ववादी शक्तियों ने इस ओर कभी ध्यान नहीं दिया। इसका कारण

यह भी था कि सवर्ण हिन्दुओं ने कभी यह कल्पना भी नहीं की थी कि स्वतन्त्रता के बाद देश में धर्म निरपेक्ष, लोकतान्त्रिक शासन-व्यवस्था स्थापित होगी और शासन-व्यवस्था का निर्माण करने में सभी जातियों का समान अधिकार होगा। मतदान द्व ारा निर्णय की पद्धति में ब्राह्मण और दलित के मत को समान माना जायेगा। धर्म परिवर्तन हिन्दुत्ववादी शक्तियों के लिए चिन्ता का कारण सर्वप्रथम तब बना, जब डॉ. बी.आर. अम्बेडकर ने हिन्दू धर्म छोड़कर बौद्ध धर्म अपनाया। अक्टूबर 1956 में विजयदशमी के दिन जब बाबा साहेब अम्बेडकर ने नागपुर में अपने एक लाख समर्थकों के साथ धर्म परिवर्तन किया, तो सामूहिक धर्म परिवर्तन दलितों के लिए जन्म पर आधारित निरंकुश सामाजिक व्यवस्था का त्याग और ऐसी व्यवस्था का सामूहिक तिरस्कार व विरोध करने का एक अस्त्र बन गया। जगह-जगह सामूहिक धर्म परिवर्तन सभाएँ आयोजित की गयी। ऐसे धर्म परिवर्तनों के लोकतान्त्रिक प्रक्रिया में क्या परिणाम हो सकते हैं, इस बात का अनुमान प्रारम्भ में सभी हिन्दू कट्टरपंथी नहीं लगा सके। इसी कारण कुछ कट्टरपंथी सवर्ण नेताओं ने डॉ. अम्बेडकर और उनके समर्थकों के धर्मपरिवर्तन पर यह व्यंग्य किया कि चलो हिन्दू समाज से कुछ गन्दगी दूर हो गयी। लेकिन शीर्ष हिन्दुत्ववादी नेता सावरकर ने ऐसे धर्मपरिवर्तनों के दूरगामी परिणामों को भाँप लिया और इससे हिन्दू जनसंख्या के कम होने पर चिन्ता प्रकट की तथा अपने अनुयायियों से भी इस सन्दर्भ में सचेत होने को कहा।

किसी भी समाज में धार्मिक भावनायें व्यक्ति के हृदय में गहराई तक जुड़ी होती हैं, अतः धर्म परिवर्तन का निर्णय बहुत ही कठिन निर्णय होता है। सारे सगे-सम्बन्धियों से रिश्ते समाप्त हो जाने का भय इस धर्म परिवर्तन से जुड़ा रहता है। इसी कारण बाबा साहेब अम्बेडकर की मृत्यु के बाद दलित समाज में धर्म पविर्तन कि घटनायें तो हुई लेकिन उनकी गति बहुत धीमी रहीं, यद्यपि इसका एक कारण बाबा साहेब अम्बेडकर जैसी किसी प्रेरक शक्ति का अभाव भी रहा। वैसे भी हिन्दुत्ववादी शक्तियों ने हिन्दू दलितों द्वारा बौद्ध धर्म या सिख धर्म अपनाने पर अधिक ध्यान नहीं दिया। उनका मुख्य विरोध हिन्दू व्यक्ति द्वारा इस्लाम या ईसाई धर्म में जाने के प्रति रहा। इसी कारण 60 और 70 के दशकों में हिन्दू दलितों द्वारा बौद्ध धर्म अपनाने या कभी कभार सिख धर्म अपनाने की घटनाएँ हुईं, लेकिन हिन्दू धर्म के ठेकेदारों ने इन पर कोई विशेष ध्यान नहीं दिया। इनका ध्यान धर्म परिवर्तन के मुद्दे की ओर गम्भीरतापूर्वक तब गया, जब 19 फरवरी 1981 को तमिलनाडु के तिरूनेलवेल्ली जिले के मीनाक्षीपुरम् गाँव में 1000 दलितों ने इस्लाम धर्म ग्रहण कर लिया। उसके बाद आस-पास के जिलों में धर्म परिवर्तन का सिलसिला शुरू हुआ और जून 1981 तक 1693 दलितों ने इस्लाम धर्म को अपनाया। ये आँकड़े 13 अगस्त 1981 को तमिलनाडु सरकार की संसदीय समिति ने जाँच के बाद दिये। संसदीय समिति ने धर्मान्तरण के तीन प्रमुख कारण बताये—1. सवर्ण हिन्दुओं के अत्याचार, 2. पुलिस

के अत्याचार और 3. आर्थिक पिछड़ापन।

इस घटना ने हिन्दुत्ववादी संगठनों को हिला कर रख दिया। एक ओर जहाँ राष्ट्रीय स्वयंसेवक संघ समेत अनेक हिन्दू संगठनों ने 'शुद्धीकरण' अभियान प्रारम्भ किया, वहीं दूसरी ओर साथ ही पूरे समाज में धर्म परिवर्तन के राजनैतिक मकसद और उसके उचित और अनुचित प्रयोग पर तीखी बहस खड़ी कर दी। देश में कई स्थानों पर हिंसक घटनाएँ हुईं। संसद में ओमप्रकाश त्यागी ने धार्मिक अधिकार स्वतन्त्रता बिल पेश किया। इसमें धर्म परिवर्तन की घटनाओं को रोकने के लिए व्यवस्था थी, हालाँकि वह पास नहीं हो पाया।

मीनाक्षीपुरम् की घटना के बाद धर्म परिवर्तन के मूल कारणों पर ध्यान देकर आत्मावलोकन करने के स्थान पर अपनी पुरानी आदत के अनुसार हिन्दुत्ववादी संगठनों ने समाज में मुस्लिमों और ईसाइयों के विरुद्ध जहर घोलना प्रारम्भ कर दिया। चूँकि बाद में दलितों और ईसाई-समुदाय द्वारा इस्लाम धर्म अपनाने की कोई बड़ी घटना नहीं हुई, हिन्दुत्ववादियों का सारा ध्यान ईसाई संस्थाओं पर केन्द्रित हो गया। ईसाई संस्थाएँ पूरे देश में फैली हुई हैं। ये संस्थाएँ दलितों और खासतौर पर गरीब आदिवासियों के बीच शैक्षणिक, स्वास्थ्य और सामाजिक सेवा के विभिन्न कार्यों में लगी हुई हैं। ऐसे में परस्पर सम्बन्धों का स्वस्थ वातावरण बनने पर यदि कोई दलित या आदिवासी ईसाई धर्म से प्रभावित होकर ईसाई धर्म अपना लेता है, तो यह एक स्वाभाविक बात है। वैसे भी हिन्दू धर्म में दलितों या आदिवासियों को कोई सम्मानजनक स्थान तो प्राप्त है नहीं और न ही हिन्दुत्ववादी उन्हें सम्मानपूर्ण स्थान देना चाहते हैं। लेकिन हिन्दू धर्म में मिल रहे अपमान से मुक्ति के लिए कोई दलित या ईसाई धर्म अपनाता है, तो यह हिन्दू धर्म के ठेकेदारों को सहन नहीं होता और उनके पेट में दर्द होने लगता है। जंगलों में रहकर ईसाई संस्थाओं से जुड़े लोग अनेक परेशानियों का सामना करते हुए भी आदिवासियों को शिक्षा और चिकित्सा इत्यादि की सुविधायें उपलब्ध करा रहे हैं, लेकिन इन कल्याणकारी कार्यों का हिन्दुत्ववादियों के लिए कोई महत्त्व नहीं है। इसी कारण ईसाई संस्थाओं के प्रति हिंसा की घटनाएँ पिछले 20 वर्षों में बड़ी तेजी से बढ़ी हैं। गिरजाघरों पर आक्रमण, ननों के साथ अभद्र व्यवहार यहाँ तक कि बलात्कार की घटनाएँ भी (जैसे कि गजरौला में ननों के साथ बलात्कार) हिन्दुत्ववादियों के लिए आम बातें हो गयी हैं। निःसन्देह जनवरी 1998 में ग्राहम स्टेन्स की उनके दो बच्चों सहित नृशंस हत्या इसी हिंसा की चरम परिणति थी।

## धर्म परिवर्तन पर रोक की माँग

धर्म परिवर्तन पर रोक की माँग हिन्दू कट्टरपंथियों द्वारा की जाती है। अपनी ऐसी माँग को न्यायोचित सिद्ध करने के लिए अक्सर वे यह तर्क देते हैं कि ये धर्म परिवर्तन

या तो बलात् अर्थात् बल के प्रयोग के द्वारा करवाये जा रहे हैं या फिर इनके पीछे धन इत्यादि का प्रलोभन काम करता है। लेकिन सत्य इसके एकदम विपरीत है। अब जहाँ तक बल प्रयोग का प्रश्न है, इस सम्बन्ध में पहली बात तो यह कि कम से कम स्वतन्त्र भारत के इतिहास में तो ऐसा एक भी उदाहरण नहीं मिलता जिसमें धर्म परिवर्तन के मामले में किसी भी पत्र-पत्रिका ने बल प्रयोग की बात कही हो। जहाँ तक मध्य काल का प्रश्न है कुछ इक्का-दुक्का घटनाएँ हो सकती हैं, लेकिन बड़े पैमाने पर इसे भी नहीं माना जा सकता। स्वतन्त्रता से पहले के मुस्लिम और ब्रिटिश शासकों द्वारा इस सम्बन्ध में बल प्रयोग किया गया होता, तो लगभग 800 वर्षों के लम्बे मुस्लिम शासन के बाद भारत में मुस्लिमों की जनसंख्या 12 प्रतिशत न होती और न ही 200 वर्षों के अंग्रेजों के एकछत्र शासन के बाद ईसाइयों की संख्या 3 प्रतिशत होती। विभिन्न जनगणनाओं के आँकड़े मुस्लिमों में किसी भी असामान्य वृद्धि को नकारते हैं। रिजर्ड ईटन 'राइज ऑफ इस्लाम एन्ड बंगाल फ्रन्टियर 1204-1760 में लिखते हैं कि "जो लोग हिंसा या बल के द्वारा धर्मान्तरण की बात करते हैं वे यह नहीं बता पाते हैं कि बल के द्वारा कैसे किसी का धर्म सदैव के लिए बदला जा सकता है।" ईटन के अनुसार, "मुस्लिम शासकों के द्वारा सबसे अधिक युद्ध दिल्ली और आगरा के आस-पास के क्षेत्रों में लड़े गये। स्वाभाविक है कि उन्होंने बल का प्रयोग भी इन क्षेत्रों में ही अधिक किया होगा। बल या हिंसा का प्रयोग सबसे अधिक युद्ध के समय ही होता है। लेकिन पश्चिमी पंजाब और पूर्वी बंगाल की तुलना में इन क्षेत्रों में क्षेत्र की कुल जनसंख्या में मुस्लिम आबादी का अनुपात बहुत कम रहा है। धर्म के आधार पर जनसंख्या की जानकारी अंग्रेज शासकों के द्वारा जनगणना कराये जाने पर ही पता चली। पहली जनगणना 1872 में हुई और फिर 1901 में इन जनगणनाओं में दिल्ली और आगरा के क्षेत्रों में मुस्लिम आबादी का हिस्सा कुल आबादी का मात्र 15 प्रतिशत ही था, जबकि बंगाल के कुछ जिलों में मुस्लिम आबादी 70 से 80 प्रतिशत थी। ऐतिहासिक तथ्यों से मुस्लिम शासकों और हिन्दू राजाओं के बीच किसी बड़े युद्ध का पता नहीं चलता। इससे यही स्पष्ट होता है कि देश में यदि हिन्दुओं ने इस्लाम अपनाया, तो अधिकांश मामलों में इन धर्मान्तरणों के पीछे मुख्य कारण बल प्रयोग नहीं था। कारण कहीं कुछ और थे।" दरअसल कारण हिन्दुत्ववादी व्यवस्था में ही निहित थे, अर्थात् ऊँच-नीच की भावना पर आधारित सामाजिक व्यवस्था में थे। लेकिन हिन्दुत्ववादी इन कारणों को स्वयं में खोजना ही नहीं चाहते।

हिन्दुत्ववादी प्रायः यह प्रचार भी करते हैं कि मुस्लिम और ईसाई जनसंख्या बहुत तेजी से बढ़ रही है और यदि यही हाल रहा तो बहुत शीघ्र हिन्दू अल्पसंख्यक हो जायेंगे। लेकिन यदि इस सम्बन्ध में आँकड़ों पर नजर डालें, तो यह प्रचार भी किसी विशेष स्वार्थ से आम हिन्दू को गुमराह करने के लिए रचा गया प्रपंच ही सिद्ध

होता है। उदाहरण के लिए 1961 में मुस्लिम जनसंख्या की वृद्धिदर 10 प्रतिशत थी। 1971 में यह 11.2 और 1981 में 11.4 प्रतिशत रही। इस वृद्धिदर से तो मुसलमानों को कुल आबादी का 50 प्रतिशत बनने में 3500 वर्ष लगेंगे, वो भी तब जब इस दौरान हिन्दुओं की जनसंख्या बिल्कुल न बढ़े जबकि जनसंख्या वृद्धि तो हिन्दुओं की भी हो रही है। मुस्लिमों और हिन्दुओं की तुलना में ईसाइयों की जनसंख्या वृद्धिदर तो और भी कम है, मात्र 2.5 प्रतिशत। अतः यह कहना कि धर्म परिवर्तन से हिन्दू अल्पसंख्यक हो जायेंगे, मात्र पागलपन की बात ही कही जा सकती है।

ईसाई मिशनरियों पर जो मुख्य आरोप लगाया जाता है, वह यह कि दलितों-आदिवासियों द्वारा ईसाई धर्म अपनाने के पीछे ईसाई मिशनरियों द्वारा धन या नौकरी इत्यादि का प्रलोभन दिया जाना है क्योंकि इन संस्थाओं का एक ही उद्देश्य है समाज सेवा की आड़ में लोगों को गुमराह करके उनका धर्म परिवर्तन करवाना। यह आरोप एकदम असत्य है। ईसाई संस्थाएँ हजारों की संख्या में इस समय देश में कार्य कर रही हैं। शिक्षा और चिकित्सा के क्षेत्र में इनकी सेवा अनमोल है। शहरों से लेकर गाँव तक इनके स्कूलों और अस्पतालों का जाल सा फैला हुआ है। इन अस्पतालों में रोज लाखों की संख्या में लोगों को बिना किसी जाति-धर्म के भेद-भाव के चिकित्सा सुविधा मिलती है। यही हाल इनकी शैक्षणिक संस्थाओं का है। सभी जाति और धर्म के लोग बिना किसी भेद-भाव के शिक्षा प्राप्त करते हैं। इन शैक्षणिक संस्थाओं और अस्पतालों में गरीब वर्ग को यथा सम्भव रियायत दी जाती है। उस समय उसका धर्म नहीं देखा जाता। यह कहना गलत नहीं होगा कि इन स्कूलों में इन कट्टर हिन्दुओं के बच्चे भी पढ़ते हैं और आवश्यकता पड़ने पर ये लोग इन अस्पतालों में अपना इलाज भी कराने जाते हैं। इन संस्थाओं में शिक्षा या चिकित्सा की सुविधा उठाने वालों की संख्या लाखों में होती है और उनकी तुलना में धर्म परिवर्तन करने वालों की संख्या नगण्य है। अतः यह कहना हास्यास्पद है कि इन स्कूलों और अस्पतालों की स्थापना मात्र लोगों का धर्म परिवर्तन कराने के उद्देश्य से की गयी है, क्योंकि इस प्रकार से तो नगण्य परिणामों को देखते हुए ईसाई मिशनरियों को स्कूल-अस्पताल बन्द करके कोई और काम प्रारम्भ कर देना चाहिए था। अतः धन प्रलोभन का आरोप एकदम बेबुनियाद है। और यह बात हिन्दुत्ववादी भी जानते हैं, लेकिन राजनैतिक स्वार्थ के कारण वे जानकर अनजान बन जाते हैं और इन संस्थाओं के विरुद्ध अफवाहें भी फैलाते हैं। जहाँ तक धर्म परिवर्तन का प्रश्न है यह बात सत्य और स्वाभाविक है कि जब कोई संस्था इस प्रकार निःस्वार्थ भाव से गरीबों की सेवा करेगी, तो कुछ लोगों से उनके घनिष्ठ सम्बन्ध भी बनेंगे और ऐसे लोगों में कुछ लोग उनके धर्म से भी प्रभावित हो सकते हैं। वैसे भी दलितों-आदिवासियों का जिस प्रकार से हजारों वर्षों से सवर्ण लोगों द्वारा शोषण हो रहा है, उनका ईसाई संस्थाओं की दयालुता, परोपकारिता, और सेवा-भावना से प्रभावित हो जाना बहुत आसान और स्वाभाविक

है। यदि ऐसे कुछ लोग धर्म परिवर्तन कर भी लेते हैं, तो गलत क्या है? हिन्दुत्ववादी प्रत्येक वर्ष करोड़ों रुपया मन्दिरों और धार्मिक आयोजनों में खर्च करते हैं। यह धन या इसका कुछ भाग वे दलितों-आदिवासियों के शैक्षणिक और आर्थिक स्तर को सुधारने में भी खर्चा कर सकते हैं। यदि वे ऐसा करें, तो स्वाभाविक रूप से दलित और आदिवासी उन्हीं की ओर झुकेंगे, लेकिन वे ऐसा नहीं करते हैं क्योंकि उनका उद्देश्य इस शोषित समाज की आर्थिक उन्नति करना नहीं है। वे उन्हें अपने समक्ष लाना नहीं चाहते। वे तो यही चाहते हैं कि आदिवासी और दलित जैसे हैं, वैसे ही बने रहें और धर्म भी न बदलें।

### क्या आदिवासी हिन्दू हैं?

एक प्रश्न यह उठता है कि जब कोई आदिवासी ईसाई धर्म अपनाता है, तो क्या वह हिन्दू धर्म छोड़ता है? क्या सारे आदिवासी हिन्दू हैं? आर्थिक विकास और आधुनिकीकरण ने आदिवासी समाज को भी प्रभावित किया है। उनमें बहुत से समाज की मुख्य धारा में आ गये हैं। हिन्दू समाज की परम्पराएँ भी अपना लीं हैं, उनके देवताओं को अपना लिया है, हिन्दू नाम रखने लगे हैं। लेकिन आदिवासी समाज का अधिकांश हिस्सा आज भी अपनी पुरानी परम्पराओं से जुड़ा हुआ है। उनकी पूजा-पद्धति, शादी-ब्याह की रस्में और अन्य सामाजिक कर्मकाण्ड हिन्दुओं से पूर्णतया अलग हैं। फिर वे हिन्दू कैसे? सर्वोच्य न्यायालय ने भी एक निर्णय में कहा है कि हिन्दू धर्म धर्म नहीं, बल्कि जीवन जीने की एक शैली है। हिन्दुत्ववादी भी अपने कारनामों की रक्षा के लिए प्रायः सर्वोच्च न्यायालय के इस निर्णय का ही उपयोग करते हैं। लेकिन यदि इस परिभाषा को लिया जाये तो आदिवासी हिन्दू हैं ही नहीं, क्योंकि उनकी जीवन शैली हिन्दुओं से एकदम अलग है और यदि ऐसे में कोई आदिवासी ईसाई धर्म अपनाता है तो यह बिल्कुल भी नहीं कहा जा सकता कि उसने हिन्दू धर्म को छोड़ा है, क्योंकि ईसाई धर्म अपनाने से पहले भी वह हिन्दू था हीं नहीं।

धर्म परिवर्तन के सम्बन्ध में हिन्दुत्ववादियों की आपत्तियों पर विचार करते समय मुख्यतः तीन प्रश्न उठते हैं। प्रथम प्रश्न यह कि दूसरे धर्मों के अपने-अपने धर्मों का प्रचार-प्रसार का विरोध करने के स्थान पर आखिर हिन्दुत्ववादी हिन्दू धर्म का ही प्रचार-प्रसार क्यों नहीं करते? क्यों नहीं वे अपने धर्म की अच्छाइयों से दूसरे धर्म के लोगों को प्रभावित करने का प्रयास करते, ताकि दूसरे धर्मों के लोग हिन्दू धर्म से प्रभावित होकर उसे अपनायें? यदि ईसाई या मुस्लिम धर्माचार्य हिन्दुओं को अपने धर्म में दीक्षित कर रहे हैं, तो हिन्दू धर्माचार्यों को भी चाहिए कि वे ईसाइयों और मुस्लिमों का धर्म परिवर्तन कराकर उन्हें हिन्दू बनायें। हिन्दुत्ववादी कहते हैं कि उन्हें धर्म परिवर्तन मे विश्वास नहीं क्योंकि एक तो धर्म परिवर्तन से लोगों के

आपसी रिश्ते खराब होते हैं और समाज में धार्मिक सद्भाव का वातावरण खराब होता है दूसरे, चूँकि किसी व्यक्ति का धर्म परिवर्तन कराने के लिए उसे उसके धर्म की कमियाँ बतानी पड़ती हैं, अतः एक प्रकार से यह दूसरे धर्म के आन्तरिक मामलों में दखलन्दाजी करना है।

लेकिन यदि देखा जाये, तो ऐसा नहीं है। यदि हिन्दू धर्म के धर्माचार्य अपने धर्म के प्रचार-प्रसार से दूर रहे हैं, दूसरे धर्म के लोगों को अपने धर्म में लाने के प्रयासों से दूर रहे हैं, तो इसका कारण यह नहीं है कि वे यह मानते हैं कि धर्म परिवर्तन धार्मिक सद्भाव बिगाड़ता है या धर्म परिवर्तन की प्रक्रिया दूसरे धर्म के आन्तरिक मामले में दखलन्दाजी है। इसका मूल कारण है हिन्दू धर्म की जाति-व्यवस्था। इस जाति व्यवस्था के कारण किसी भी नये व्यक्ति को हिन्दू धर्म में दीक्षित करने पर पहली और सबसे महत्त्वपूर्ण समस्या आती है कि उसे किस जाति में रखा जाये। कोई भी व्यक्ति हिन्दू धर्म अपनायेगा, तो वह निम्न जाति में जाना तो पसन्द करेगा नहीं। वह तो किसी उच्च जाति में ही जाना चाहेगा। लेकिन जाति-व्यवस्था इतनी कठोर है कि उच्च जातियाँ तो क्या निम्न जातियाँ भी किसी बाहरी व्यक्ति को अपनी जाति में नहीं लेंगी। वैसे भी धर्म के अनुसार जाति जन्म आधारित होती है अर्थात् व्यक्ति जिस जाति को होगा यह उसके माता-पिता की जाति पर ही निर्भर करता है। ऐसी स्थिति में किसी भी ऐसे व्यक्ति की जाति निर्धारित नहीं की जा सकती, जिसने हिन्दू धर्म में जन्म न लिया हो अर्थात् जिसके माता-पिता हिन्दू न हों। प्राचीन समय में अवश्य हूण, आभीर, शक, यवन इत्यादि अनेक विदेशी आक्रमणकारी जातियों को हिन्दू धर्म में शामिल किया गया था। लेकिन उस समय जाति की कोई समस्या नहीं उठी थी। उसका मुख्य कारण था ये सभी आक्रमणकारी बड़ी संख्या में आये थे और उन्हें सामूहिक रूप से एक ही जाति का नाम दे दिया गया था। दूसरे प्रत्येक आक्रमणकारी समूह के हिन्दू धर्म में आत्मसात् करने की प्रक्रिया भी बहुत धीरे-धीरे अनेक वर्षों में क्रमिक रूप से हुई थी। लेकिन यदि कुछ व्यक्ति हिन्दू धर्म अपनाते हैं, तो उनकी कम संख्या के कारण कोई नयी जाति बनाई नहीं जा सकती और पुरानी जातियाँ उन्हें स्वयं में सम्मिलित नहीं करेंगी। इसी कारण दूसरे धर्म का कोई भी व्यक्ति अपना धर्म छोड़कर हिन्दू धर्म नहीं अपनाता।

लेकिन यहाँ यह स्वीकार करना भी सत्य नहीं होगा कि हिन्दू धर्माचार्य धर्म-परिवर्तन कराने का प्रयास कभी करते ही नहीं। धर्म परिवर्तन करवाने का प्रयास वे वहीं करते हैं जहाँ जाति की समस्या नहीं होती, अर्थात् यदि व्यक्ति हिन्दू धर्म छोड़कर गया है तो वे उसका धर्म परिवर्तन कराकर उसे पुनः हिन्दू धर्म में लाने का प्रयास अवश्य करते हैं। आर्य समाज इसे 'शुद्धि कार्यक्रम' कहता है और राष्ट्रीय स्वयं सेवक संघ इस प्रक्रिया को घर वापसी बतलाता है। वास्तव में ये धर्म परिवर्तन ही है, क्योंकि इसमें भी दूसरे धर्म के व्यक्ति को उसका वर्तमान धर्म छोड़कर हिन्दू धर्म

में आने के लिए उकसाया जाता है। लेकिन हिन्दुत्ववादी बड़ी चालाकी से इसे धर्म परिवर्तन न कहकर 'शुद्धि' या 'घर वापसी' जैसे शब्दों का सहारा लेते हैं। क्योंकि धर्म परिवर्तन शब्द का प्रयोग करने पर हिन्दुत्ववादियों को किसी हिन्दू व्यक्ति द्वारा धर्मान्तरण से अन्य धर्म में जाने की घटना का दुरूपयोग करके मुस्लिम या ईसाई धर्म की आलोचना करने का अधिकार नहीं रहेगा।

इसलिए यह कहना पूर्णतया सत्य नहीं है कि हिन्दू धर्माचार्य धर्म परिवर्तन में विश्वास नहीं करते और इसलिए वे हिन्दू धर्म का प्रचार-प्रसार नहीं करते। वे धर्मान्तरण कराते हैं लेकिन उन्हीं लोगों का जो पहले हिन्दू रहे हैं, क्योंकि उसमें जाति-व्यवस्था आड़े नहीं आती। यही बात उनके धार्मिक प्रचार-प्रसार पर लागू होती है। उनके धार्मिक प्रचार-प्रसार में मुख्य प्रयास इस बात पर रहता है कि हिन्दुओं की धार्मिक भावनाओं को अधिक से अधिक प्रगाढ़ किया जाये, ताकि उनकी धर्म के प्रति निष्ठा बनी रहे और धर्म परिवर्तन की सम्भावना कम से कम रहे। यही दूसरी बात है कि धर्म और धर्म परिवर्तन से सम्बन्धित किसी भी व्याख्यान में धर्म परिवर्तन के मूल कारणों जैसे जातिवाद इत्यादि पर कोई चर्चा नहीं की जाती। सम्भवतः उन्हें इस भय की अनुभूति सदैव रहती है कि ऐसी चर्चा ही धर्म पर सीधा आघात हो सकती है।

धर्म परिवर्तन से सम्बन्धित आपत्तियों पर विचार करते समय दूसरा महत्त्वपूर्ण प्रश्न यह उठता है कि आखिर विचारधारा में परिवर्तन ही तो है और यदि यह विचारधारा में परिवर्तन है तो उस पर आपत्ति क्यों की जाती हैं? जब व्यक्ति धर्म-परिवर्तन करता है, तो इसका अर्थ यह होता है कि उसके सामाजिक रीति-रिवाजों, कर्मकाण्डों से सम्बन्धित विचारों में परिवर्तन आ जाता है। अब यदि किसी व्यक्ति के सामाजिक, धार्मिक रीति-रिवाजों, परम्पराओं से सम्बन्धित विचारों में बदलाव आता है और वह किसी अन्य विचारधारा से प्रभावित होकर उसे अपनाना चाहता है तो जिस विचारधारा को वह छोड़ रहा है उसके ठेकेदारों को आपत्ति क्यों? लोकतान्त्रिक ढंग तो यह होगा कि वे ऐसे असन्तुष्ट लोगों को यह बताने का प्रयास करें कि वह अब तक जिन सामाजिक और धार्मिक परम्पराओं के सहारे अपना जीवन बिता रहे थे, वे उसके लिए अधिक श्रेयस्कर हैं और साथ ही उनकी उन समस्याओं को दूर करने का प्रयास करें जिनके कारण वे धर्म परिवर्तन करते हैं। राजनीति में भी जब किसी व्यक्ति का किसी दल विशेष से सम्बन्धित विचारधारा के प्रति मोह कुछ कारणों से भंग होने लगता है और वह किसी व्यक्ति का किसी अन्य दल की विचारधारा से प्रभावित होने लगता है। तो प्रायः ऐसे व्यक्ति पुराने दल को छोड़कर नये दल की सदस्यता ग्रहण कर लेता है तो उसे सभी दलबदल के रूप में मान्यता देते हैं और उस पर कोई आपत्ति नहीं करता। वैसे भी यदि किसी का विश्वास ही किसी दल की विचारधारा से उठ गया है, तो फिर उस दल के दूसरे लोग भी नहीं चाहेंगे कि

वह व्यक्ति उसी दल में बिना उस दल की विचारधारा में श्रद्धा रखते हुए बना रहे। यही दृष्टिकोण धर्म परिवर्तन के सम्बन्ध में भी अपनाया जाना चाहिए, क्योंकि धर्म परिवर्तन भी तो आखिर दल-बदल ही है। राजनीतिक दल-बदल के समान ही इसमें भी व्यक्ति की सामाजिक और धार्मिक विचारधारा में बदलाव आता है और वह किसी अन्य धर्म से प्रभावित होकर उस धर्म की सदस्यता ग्रहण करना चाहता है। आखिर राजनीतिक विचारधारा के परिवर्तन और धार्मिक-सामाजिक विचारधारा के परिवर्तन में अन्तर क्या है? दोनों एक समान हैं। राजनीतिक विचारों में परिवर्तन के समान ही यदि किसी व्यक्ति की धार्मिक-सामाजिक विचारधारा में बदलाव आ जाता है, उसका उस विचारधारा के प्रति विश्वास समाप्त हो जाता है, उसकी उसमें श्रद्धा समाप्त हो जाती है तो बलपूर्वक उसी धर्म में उसे रोके रखने का औचित्य क्या है?

इस सम्बन्ध में विचार के लिए एक अन्य बिन्दु यह है कि प्रत्येक वर्ष हजारों की संख्या में हिन्दू भारत छोड़कर अमेरिका या यूरोप के किसी देश में बस जाते हैं और वहाँ की नागरिकता ले लेते हैं। बाद में इन्हे ही अनिवासी भारतीय कहा जाता है। लेकिन इस सम्बन्ध में हिन्दुत्ववादी कोई आपत्ति नहीं करते। सावरकर और गोलवलकर की जिस विचारधारा को लेकर ये हिन्दुत्ववादी आज चल रहे हैं उसके अनुसार मुस्लिमों और ईसाइयों के राष्ट्रप्रेम पर सन्देह इसलिए किया जाता है कि उनके धार्मिक श्रद्धा के सर्वोच्च केन्द्र इस देश में न होकर देश के बाहर हैं। जैसे मुस्लिमों के मक्का-मदीना और ईसाइयों का रोम। हिन्दुत्ववादियों के अनुसार इस्लाम या ईसाई धर्म अपनाने पर व्यक्ति की राष्ट्र के प्रति निष्ठा में कमी अपने आप जा जाती, क्योंकि उसकी निष्ठा दो जगह बँट जाती है। लेकिन प्रश्न उठता है कि जब कोई व्यक्ति भारत की नागरिकता ही छोड़ देता है और दूसरे देश की नागरिकता ग्रहण कर लेता है, तो उसकी मातृभूमि भारत के प्रति निष्ठा तो हर दशा में कम हो जाती है क्योंकि उसकी निष्ठा अब सर्वप्रथम अपने उस नये देश के प्रति होगी जिसका वह अब नागरिक है। धर्म परिवर्तन करके भारत में रह रहे लोगों की देश भक्ति कम से कम उन लोगों से तो हर तरह से अधिक होगी, जो इस देश की नागरिकता छोड़कर दूसरे देश में बस गया हों। जिसने इस देश की नागरिकता ही छोड़ दी हो, उससे भारत के प्रति निष्ठा की आशा कैसे की जा सकती है? चूँकि केवल अधिक से अधिक धन अर्जित करने के लिए भारत की नागरिकता ही छोड़ देने वाले ये लोग अधिकतर तथाकथित उच्च जातियों के होते हैं, हिन्दुत्ववादी इस प्रश्न पर चर्चा भी नहीं करते हैं। उनके लिए यह कोई मुद्दा ही नहीं होता। वैसे मुद्दा तो राष्ट्र के प्रति निष्ठा का भी नहीं है। उनका तो एक ही मुद्दा है, एक ही उद्देश्य है कि धर्म से सम्बन्धित प्रश्नों को उठाकर हिन्दू समाज की बहुसंख्यक शूद्र-अतिशूद्र जनता को भावनात्मक प्रश्नों में उलझाये रखा जाये, ताकि यह मूलनिवासी बहुजन समाज अपनी वास्तविक समस्याओं पर ध्यान न दे सके।

# हिन्दुत्व : धर्मनिरपेक्षता और मुस्लिम विरोध

पिछले 20-25 वर्षों में, भारत में धर्मनिरपेक्षता और साम्प्रदायिकता पर जितनी बहस हुई है, उतनी सम्भवतः पहले कभी नहीं हुई। 80 के दशक में उत्तर भारत में धर्म आधारित राष्ट्रवाद के नारे के साथ हिन्दुत्व के आन्दोलन ने जो गति पकड़ी, उसने जहाँ साम्प्रदायिक माहौल पैदा किया, वहीं शासन नीति और सांस्कृतिक नजरिये के रूप में धर्मनिरपेक्षता पर सवाल खड़े करने शुरू कर दिये।

हिन्दुत्व और साम्प्रदायिकता एक ही सिक्के के दो पहलू हैं। वास्तव में हिन्दुत्व का जन्म ही देश की आजादी के बहुत पहले 1920 के आस-पास 'मुस्लिम विरोध' के आधार पर हुआ था। 1920 में महात्मा गाँधी के राजनीति में प्रवेश के साथ ब्रिटिश विरोधी आन्दोलन में काफी तेजी आयी। लेकिन उनका मुस्लिम प्रेम हिन्दू धर्म की जातियों को पसन्द नहीं आया। कांग्रेस पर उनका (कट्टर हिन्दुओं का) प्रभुत्व कम होने लगा। ऐसे में जमींदारों और बनियों के समर्थन से उन जातियों ने राजनीतिक और सामाजिक परिदृश्य पर अपना वर्चस्व फिर से कायम करने के लिए धर्म पर आधारित संगठन बनाने का निर्णय लिया। सबसे पहले सावरकर ने 'हिन्दुत्व' पर अत्यधिक बल दिया, जिसका तात्पर्य हिन्दू धर्म पर आधारित राष्ट्रवाद पर राजनीति को आधारित करने का विचार दृढ़ता से आगे बढ़ाना था। इसी सन्दर्भ में हिन्दू महासभा का गठन किया गया। इस समय अन्तर्राष्ट्रीय स्तर पर नाजियों (जर्मनी) तथा फासीवादी (इटली) का जाति पर आधारित राष्ट्रवाद अपने उफान पर था। जर्मनी और इटली के जाति पर आधारित राष्ट्रवाद से प्रेरणा लेकर 1925 में राष्ट्रीय स्वयं सेवक संघ की स्थापना हुई। गोलवलकर के शब्दों में "जर्मन राष्ट्रीय सम्मान आज विचार का विषय बन गया है। अपने राष्ट्र और संस्कृति की शुद्धता को बनाये रखने के लिए उन्होंने सेमेटिक जाति यहूदियों की सफाई करके दुनिया को आश्चर्य में डाल दिया। राष्ट्रीय सम्मान का चर्मोत्कर्ष यहाँ देखने को मिलता है। जर्मनी ने दुनिया को यह भी दिखा दिया है कि अलग-अलग मूलों वाली जातियों और संस्कृतियों का आपस में घुल-मिल जाना लगभग असम्भव है। भारत में हमको इससे सबक लेना चाहिए और लाभ उठाना चाहिए।"[1]

जब देश की स्वतन्त्रता की लड़ाई लड़ी जा रही थी, तो हिन्दू और मुस्लिम

कट्टरपंथी उन बातों को हवा देने में लगे थे, जो साम्प्रदायिकता की आग को भड़काने वाली थीं। 15 अगस्त 1947 को देश को स्वतन्त्रता विभाजन के दर्द और साम्प्रदायिकता की आग में जलते हुए मिली। पाकिस्तान बनने पर देश के अनेक भागों से बड़ी संख्या में मुस्लिम पाकिस्तान चले गये। साथ ही वे सम्भ्रान्त मुस्लिम परिवार भी पाकिस्तान चले गये, जिन्होंने सदैव मुस्लिम साम्प्रदायिकता को बढ़ावा दिया था। लेकिन ऐसे मुस्लिमों की संख्या भी कम नहीं थी, जिन्होंने पाकिस्तान जाने की बजाय इस देश की मिट्टी में ही जीने-मरने का निर्णय लिया। स्पष्ट है कि उनका पाकिस्तान की जगह भारत के प्रति प्रेम अधिक प्रगाढ़ था। लेकिन देश में रह जाने वाले इन मुस्लिमों को सदैव भेदभाव का व्यवहार मिला। विभाजन के बाद मुस्लिम साम्प्रदायिक तत्वों के पाकिस्तान चले जाने से मुस्लिम साम्प्रदायिकता में तो कमी आयी, किन्तु हिन्दू साम्प्रदायिकता ताकतवर होती गयी। हिन्दुत्ववादियों ने उन्हें विदेशी बताकर उनके विरुद्ध विचारात्मक मोर्चा खोला और उन पर विभाजन के दोष मढ़े। ये सामाजिक पूर्वाग्रह जब कभी अधिक कटु हुए, तो उन्होंने साम्प्रदायिक दंगों का रूप ले लिया। देश में दंगे जब भी हुए, हिन्दू साम्प्रदायिक शक्तियों को उससे राजनीतिक लाभ मिला।

धर्मनिरपेक्षता पर बड़ा हमला तब हुआ, जब 80 के दशक में हिन्दुत्वादियों ने राम जन्मभूमि के मुद्दे को एक आन्दोलन का रूप दे दिया, जिसका परिणाम 1992 में बाबरी मस्जिद के ध्वंस और देश भर में साम्प्रदायिक दंगों के रूप में सामने आया। राम पुनियानी कहते हैं—"हिन्दुत्ववादियों ने राम जन्मभूमि मुद्दे के इर्द-गिर्द बड़ी तेजी से अपनी अपील तैयार कर ली। उन्होंने धर्म आधारित राष्ट्रवाद की अवधारणा तैयार की, जिसने धर्मनिरपेक्ष लोकतान्त्रिक राष्ट्रवाद को चुनौती दी। मस्जिद के स्थान पर राम मन्दिर बनाने के अभियान के दौरान उसने धर्मनिरपेक्षता, लोकाचार, समन्वयवादी संस्कृति और मिश्रित राष्ट्रवाद पर बार-बार हमला किया। इस पृष्ठभूमि में हमें समझना होगा कि आजादी के बाद इतने दशकों तक धर्मनिरपेक्षता पर हमला क्यों नहीं हुआ।"[2]

सामाजिक क्रान्ति-प्रतिक्रान्ति के नजरिये से 1980 का दशक बहुत महत्त्वपूर्ण था। जैसा कि राम पुनियानी कहते हैं कि दरअसल 1980 के दशक के शुरू में समाज में बहुत उथल-पुथल हुई। प्रारम्भ में कुछ दलितों द्वारा इस्लाम को अपना लिए जाने को इस्लाम द्वारा भारत को हड़प लिए जाने के खतरे के रूप में प्रस्तुत किया गया। शाहबानो मामले में सुप्रीम कोर्ट के फैसले को पलटने के लिए जिस प्रकार तत्कालीन केन्द्र सरकार द्वारा संसद का इस्तेमाल किया गया, उसने हिन्दू कट्टरपंथियों को आक्रामक होने का अवसर प्रदान किया। 80 के दशक में दलित और पिछड़ी जातियों में राजनीतिक चेतना बड़ी तेजी से उभरी। भारतीय राजनीति में कांशीराम के उदय ने पिछड़ी जातियों में अपने अधिकारों के प्रति आ रही चेतना के लिए उत्प्रेरक का कार्य किया। हिन्दुत्ववादी इन सब बातों से परेशान थे, क्योंकि

राजनीतिक और सामाजिक सत्ता तथाकथित उच्च जातियों के हाथों से निकल रही थी। वे किसी ऐसे धार्मिक मुद्दे को तलाश रहे थे, जिसके आधार पर दलित और पिछड़ी जातियों की धार्मिक भावनाओं से खेल सकें और उनमें आ रही जाति आधारित राजनीतिक चेतना को रोक सकें। इसी समय केन्द्र की कांग्रेस सरकार ने बाबरी मस्जिद के ताले खुलवाकर हिन्दुत्ववादियों को अनजाने में राम जन्मभूमि के रूप में एक ऐसा मुद्दा दे दिया, जिसकी तलाश में वे थे। पिछड़ी जातियों द्वारा प्रारम्भ किया गया सामाजिक न्याय का संघर्ष 1990 में अपने चरम पर पहुँचा, जब प्रधानमन्त्री वी.पी. सिंह ने पिछड़ी जातियों को आरक्षण का प्रावधान करने वाली मंडल आयोग की रिपोर्ट को लागू करने का निर्णय लिया। मंडल आयोग की सिफारिशों के कार्यान्वयन के कारण उच्च जातियों ने बदले की कार्यवाही तेज कर दी और भारी संख्या में वे संघ परिवार के साथ हो गइयी। आडवाणी की रथयात्रा को समाज के इन वर्गों का जबर्दस्त समर्थन मिला। 6 दिसम्बर 1992 को बाबरी मस्जिद के ध्वंस के बाद संघ समूह का राजनीतिक स्कन्ध बहुत शक्तिशाली हो गया। उसे लोक सभा में और अधिक सीटें मिलीं और वह विभिन्न राज्य विधान सभाओं में सत्ता में आयी।[3]

6 दिसम्बर, 1992 को बाबरी मस्जिद का ध्वंस यदि भारत के धर्मनिरपेक्ष स्वरूप पर हिन्दुत्ववादियों द्वारा एक बड़ा हमला था, तो 2002 में हिन्दुत्ववादियों का आन्दोलन धर्मनिरपेक्षता पर सबसे भीषण आघात पहुँचाने वाला सिद्ध हुआ, जब हिन्दुत्ववादियों ने गुजरात को हिन्दूराष्ट्र की प्रयोगशाला बना दिया। जैसा कि राम पुनियानी कहते हैं कि 27 फरवरी की सुबह गोधरा में रेल जलाये जाने और इसके बाद मार्च से जून 2002 तक 4 महीनों में रक्त जमा देने वाले हत्याकाण्ड से जुड़ी विकराल घटनाओं ने वहशीपन की सभी सीमाएँ लाँघ दीं। देश में ऐसा पहले कभी नहीं हुआ। इन भयानक घटनाओं से 1984 के सिक्ख विरोधी भयंकर दंगों की याद ताजा हो आयी, जो उस राष्ट्र के लिए बड़े शर्म की बात थी, जो राष्ट्र अपने लोकतान्त्रिक और धर्मनिरपेक्ष सिद्धान्तों पर बहुत गर्व करता है।[4]

गुजरात में मुस्लिमों की जिस प्रकार हत्याओं का जो खेल खेला गया, वह सिर्फ सत्ता की भीषण पिपासा के अतिरिक्त और कुछ ना था। इस हत्याकाण्ड के पीछे लोगों ने जिस तरह की अमानवीयता दर्शायी, उसकी कोई मिसाल आधुनिक भारत में देखने को नहीं मिलती। राम पुनियानी कहते हैं कि सबसे निन्दनीय बात तो यह है कि हिन्दुत्ववादियों की सरकार ने मुसलमानों पर हमले कराये और इस हत्याकाण्ड को न रोकने के लिए प्रशासन और पुलिस को मजबूर किया। शासन तन्त्र द्वारा लोकतान्त्रिक भावना का उल्लंघन अपनी चरम सीमा पर पहुँच गया। उसके कृत्य-अकृत्य की भर्त्सना करने के लिए शब्द नहीं हैं।[5]

हिन्दुत्ववादी 'धर्म निरपेक्षता' और मुसलमानों को लेकर समाज में जो तरह-तरह

की भ्रान्तियाँ फैलाते हैं, उनमें कुछ इस प्रकार हैं—

**भ्रान्ति नं-1.** हिन्दुत्ववादी प्रचार करते हैं कि मुसलमानों को पाकिस्तान बनने के बाद भारत में रहने का कोई नैतिक अधिकार नहीं है। यह देश केवल हिन्दुओं के लिए है, अतः सभी मुसलमानों को पाकिस्तान चले जाना चाहिए। राम पुनियानी कहते हैं कि पाकिस्तान कुछ मुस्लिम बाहुल प्रान्तों को लेकर बना। पाकिस्तान का निर्माण साम्प्रदायिक राजनीति की तार्किक परिणति थी, जिसमें सभी-मुस्लिम लीग, कांग्रेस व हिन्दू महासभा ने बराबर का योगदान दिया। मुसलमानों के लिए पाकिस्तान बनाने की मुस्लिम लीग की माँग विचार रूप में ही गलत थी, क्योंकि मुस्लिम जनसंख्या का एक बहुत बड़ा प्रतिशत पूरे देश मे फैला हुआ था। इसके अतिरिक्त मुस्लिम लीग सभी मुसलमानों की प्रतिनिधि नहीं थी। भारी संख्या में मुसलमानों के प्रतिनिधि कांग्रेस के समर्थन में थे जैसे कि मौलाना अबुल कलाम आजाद, खान अब्दुल गफ्फार खान व रफी अहमद किदवई और उपमहाद्वीप के प्रख्यात उलेमा जैसे कि मौलाना हुसैन अहमद मदानी व हिफाजुर रहमान 'धर्म आधारित राष्ट्रवाद, तथा और 'दो राष्ट्रों के सिद्धान्त, के विरोधी थे। वे पाकिस्तान के विचार के खिलाफ भी थे।[6]

पाकिस्तान बनने पर देश के लगभग 5 करोड़ मुसलमानों ने भारत को नहीं छोड़ा। उन्होंने इस्लाम धर्म पर आधारित पाकिस्तानी शासन में जाने की बजाय धर्मनिरपेक्ष-लोकतान्त्रिक भारत में रहना पसन्द किया। इसी प्रकार पूर्वी बंगाल मे जब इस बात को लेकर मतदान कराया गया कि वे भारत के साथ रहना चाहते हैं या पाकिस्तान के साथ विलय चाहते हैं। इसमें आश्चर्यजनक तथ्य यह है कि इस मतदान में मुस्लिम बहुल इलाकों ने भारत के साथ रहने के पक्ष में मत दिया, लेकिन हिन्दू बहुल इलाकों ने पाकिस्तान के साथ विलय के पक्ष मे मत दिया। इसका स्पष्ट अर्थ है कि अधिकांश मुस्लिम साथ रहना चाहते थे और देश के बँटवारे के पक्ष में नहीं थे, लेकिन हिन्दू साम्प्रदायिक तत्व देश का बँटवारा कर उन्हें इस देश से बाहर निकालना चाहते थे।

**भ्रान्ति नं-2.** हिन्दुत्व के समर्थक कहते हैं कि 'धर्म निरपेक्षता' अँग्रेजी भाषा के शब्द 'सेकुलर' का हिन्दी रूपान्तरण है और इसका जन्म यूरोप में ईसाई मत से प्रभावित समाज में हुआ। अतः भारत के सन्दर्भ में यह अनुपयुक्त है। भाजपा सांसद बलवीर पुंज कहते हैं कि 'सेकुलरिज्म' यूरोपीय अवधारणा है, जिसका उद्देश्य राज्य को धर्म की पकड़ से दूर कराना था। 15वीं-16वीं सदी में घटित पुनर्जागरण के फलस्वरूप सेकुलरिज्म की कल्पना विकसित हुई। राज्य व्यवस्था पर चर्च के आधिपत्य के विरोध में 'सेकुलर राज्य' का जन्म हुआ। वस्तुतः 'सेकुलरिज्म' अर्थात् 'धर्मनिरपेक्षता' वह व्यवस्था थी, जो सभी प्रकार के मजहबों से अपने को दूर रखती है। बलवीर पुंज के अनुसार भारत में धर्म का प्रभाव वैसा नहीं रहा है, जैसा चर्च का यूरोप में था। (दैनिक जागरण, 18/1/05)

धर्मनिरपेक्षता को ईसाई पश्चिमी सिद्धान्त मानना एकदम गलत है। इसका जन्म अवश्य यूरोप में हुआ, लेकिन कई शताब्दी पहले जो स्थिति यूरोप में थी, वह भारत में आज भी है। भारतीय संस्कृति में आज भी धर्म की प्रमुख भूमिका है और यही कारण है कि साम्प्रदायिक तत्व बड़ी आसानी से किसी धार्मिक मुद्दे को उठाकर आम जनता को धार्मिक भावनाओं में उलझा देते हैं। राम पुनियानी कहते हैं कि धर्मनिरपेक्षता धर्मनिरपेक्षीकरण प्रक्रिया का परिणाम है। यह औद्योगीकरण और उससे उत्पन्न सामाजिक सम्बन्धों, विज्ञान और टेक्नोलॉजी की शुरुआत तथा समाज में विवेकशीलता से हुए परिवर्तन की सूचक है। इस अर्थ में धर्मनिरपेक्षता आधुनिकता का प्रतीक है। भारत के सन्दर्भ में धर्मनिरपेक्षता अति आवश्यक है, क्योंकि भारत औद्योगीकरण और उससे जुड़ी विवेकशीलता के साथ आधुनिक युग में प्रवेश कर रहा है और दूसरे, भारत एक बहुधर्मी देश है। अतः शासन के लिए यह आवश्यक है कि वह सभी धर्मों से निरपेक्ष रहे, अप्रभावित रहे और अपने नागरिकों के बीच धर्म के आधार पर कोई भेदभाव न करे। जो लोग धर्म निरपेक्षता का विरोध करते हैं, वे उस वर्ग से ताल्लुक रखते है जो धर्मनिरपेक्षता के साथ आये उदार लोकाचार में अपनी हैसियत खो देंगे। ये ऐसे सामाजिक तत्व हैं, जो आधुनिक धर्म-निरपेक्ष, लोकतान्त्रिक राष्ट्रवाद के स्थान पर धार्मिक राष्ट्रवाद से चिपके रहना चाहते हैं, किन्तु कोई भी देश रुका हुआ तालाब बनकर नहीं रह सकता।[7]

**भ्रान्ति नं-3.** हिन्दुत्ववादी कहते हैं कि धर्मनिरपेक्षता की अवधारणा आपातकाल के दौरान पिछले दरवाजे से राष्ट्र पर थोपी गयी है। हमारे संविधान में 'धर्मनिरपेक्षता' शब्द कहीं नहीं है। वास्तव में, यह कहना सत्य है कि धर्मनिरपेक्षता शब्द 1976 में 42वें संविधान संशोधन विधेयक द्वारा भारतीय संविधान की उद्देशिका में शामिल किया गया। लेकिन प्रश्न उठता है कि क्या 42वें संविधान संशोधन विधेयक के संसद द्वारा पारित होने से पहले भारतीय संविधान धर्मनिरपेक्ष नहीं था? क्या 'धर्मनिरपेक्ष' शब्द में निहित भावना पहले से ही संविधान के दूसरे प्रावधानों में निहित नहीं थी? देश की स्वतन्त्रता के बाद संविधान सभा ने भारत के लिए जिस संविधान का निर्माण किया, उसका आधार धर्मनिरपेक्ष व्यवहार था, क्योंकि वह देश की अधिकांश जनता की आकांक्षाओं का प्रतिनिधित्व करता था।

राम पुनियानी कहते हैं कि लम्बी बहसों के बाद जब संविधान बना तो उसमें ऐसे अनेक प्रावधान रखे गये जो धर्म निरपेक्ष व्यवहार का अधार हैं। भारतीय संविधान को धर्मनिरपेक्ष स्वरूप प्रदान करने वाले प्रमुख प्रावधान इस प्रकार हैं–

1. भारत की शासन व्यवस्था न तो किसी धर्म को अपनायेगी, न उसे स्थापित करेगी और न ही उसका व्यवहार करेगी।
2. सार्वजनिक राजस्व का प्रयोग किसी धर्म के संवर्धन के लिए नहीं किया जायेगा।

3. शासन किसी धार्मिक व्यवहार से जुड़ी किसी आर्थिक, वित्तीय या धर्मनिरपेक्ष गतिविधि को विनियमित करने का अधिकार रखेगा। (संविधान का अनुच्छेद 25 (2) (9))
4. प्रत्येक व्यक्ति को अन्तःकरण और धर्म की बराबर आजादी होगी।

इस प्रकार भारत एक धर्मनिरपेक्ष राज्य है। इसका अपना कोई विशेष धर्म नहीं है और उसे देश में प्रचलित सभी धर्मों के प्रति तटस्थता तथा बराबर सम्मान की भावना रखनी चाहिए। शासन धर्मों में या उसके अनुयायियों में भेदभाव नहीं कर सकता, भले ही उनकी संख्या देश में कितनी ही हो। इसके साथ ही संविधान व्यक्तियों, समूहों व नागरिकों के वर्गों को धार्मिक आजादी का मौलिक अधिकार प्रदान करता है। इस प्रकार संवैधानिक सीमाओं के भीतर धर्मनिरपेक्षता धर्मों की बराबरी, विभिन्न धर्मों के प्रति शासन की तटस्थता और भारत के संविधान के अपरिवर्तनीय बुनियादी ढाँचे का हिस्सा है। जवाहरलाल नेहरू ने इस प्रकार स्पष्ट किया है—"मतलब यह है कि शासन सभी धर्मों का बराबर सम्मान करे और उन्हें बराबर का अवसर दे, यह कि शासन किसी विश्वास या धर्म से न जुड़े। ऐसा करने पर तो वह शासन का धर्म बन जायेगा...भारत जैसे देश में धर्मनिरपेक्षता के आधार के सिवाय और किसी आधार पर वास्तविक राष्ट्रीयता निर्मित नहीं की जा सकती...संकीर्ण धार्मिक राष्ट्रवाद अतीत का अवशेष है और आज उसकी कोई प्रासंगिकता नहीं है।" हालाँकि संविधान निर्माताओं ने स्पष्ट रूप से धर्मनिरपेक्षता शब्द का उल्लेख नहीं किया, लेकिन भारत का संविधान धर्मनिरपेक्ष सिद्धान्तों पर टिका है। इन्दिरा गाँधी ने केवल व्याख्यात्मक शब्द जोड़ा। ये चीजें तो संविधान में पहले से निहित थीं। हिन्दू दक्षिण पन्थ के प्रवक्ता इस बात का फायदा उठाना चाहते हैं कि यह शब्द आपातकाल के दौरान जोड़ा गया। इस प्रकार वे धर्मनिरपेक्षता की अवधारणा पर कीचड़ उछालना चाहते हैं, क्योंकि वह उनके राजनीतिक हितों के विरुद्ध है।[8] एस.पी. साठे कहते हैं, "भारत का संविधान एक उदार कानून है, जिसमें धर्मनिरपेक्ष राजतन्त्र की व्यवस्था की गयी है। संविधान दो अवधारणाओं अर्थात् धर्मनिरपेक्षता और संघ के जरिये अनेकत्व को अंगीकार और संवर्धित करना चाहता है। हालाँकि 1950 में बने संविधान की प्रस्तावना में 'धर्मनिरपेक्ष' शब्द नहीं है, लेकिन इसके प्रावधानों में धर्मनिरपेक्षता की भावना है। पश्चिम में धर्मनिरपेक्षता चर्च और शासन में संघर्ष के कारण आयी। इसके विपरीत भारत में धर्मनिरपेक्षता को ऐसी व्यवस्था के रूप में सोचा गया, जो धार्मिक और सांस्कृतिक अनेकत्व को जीवित रखेगी। भारत में आज जिस अर्थ में धर्मनिरपेक्षता को लिया जाता है। वह है साम्प्रदायिकता का विरोध।"[9]

**भ्रान्ति नं-4.** हिन्दुत्ववादियों द्वारा प्रायः यह बड़े जोर-शोर से प्रचारित किया जाता है कि भारत में मुसलमानों की जनसंख्या वृद्धिदर बहुत अधिक है। वे चार शादियाँ कर सकते हैं। उनकी आबादी यदि इसी तरह बढ़ती रही, तो बहुत शीघ्र देश

में हिन्दू अल्पसंख्यक बन जायेंगे। राम पुनियानी कहते हैं कि साम्प्रदायिक ताकतों ने इस मिथक का पिछले दिनों खूब प्रचार किया है। वे बहुसंख्यक मतदाताओं पर अपना कब्जा बनाए रखने के लिए मुसलमान जनसंख्या वृद्धि का हौवा खड़ा कर देते हैं। राजनीति के तहत उन्होंने अर्द्धसत्यों, विचारात्मक झूठों तथा अफवाहों का इस्तेमाल किया है तथा उसे जनसाधारण के मन में बैठाया है। इस सम्बन्ध में यदि जनगणना सर्वेक्षण पर दृष्टि डाली जाये, तो 1971 में किये गये सर्वेक्षण के अनुसार हिन्दू कुल जनसंख्या के 82.7 प्रतिशत और मुसलमान 11.2 प्रतिशत के बराबर थे। 2001 की जनगणना के अनुसार मुसलमान 13.4 प्रतिशत थे। इस वृद्धि पैटर्न में जो परिवर्तन आया है वह सामाजिक-आर्थिक तत्वों के कारण है, धार्मिक तत्वों के कारण नहीं। यदि यह मौजूदा अन्तर रहे, तो भी अगली पूरी शताब्दी में भी मुस्लिम जनसंख्या हिन्दू जनसंख्या से अधिक नहीं होगी। इसके विपरीत मौजूदा वृद्धि दरों के विश्लेषण से स्पष्ट हो जाता है कि 1961-71 और 1971-81 के दौरान हिन्दू जनसंख्या वृद्धिदर 23.71 प्रतिशत से बढ़कर 24-42 प्रतिशत हो गयी। इसी अवधि में मुस्लिम जनसंख्या वृद्धि 30.85 प्रतिशत के घटकर 30.20 प्रतिशत हो गयी। यदि यह वृद्धिदर 1981 के बाद अगले 100 वर्षों तक चलती रहे, तो प्रत्येक वर्ष 10 वर्षों में हिन्दू और मुसलमान वृद्धिदर क्रमशः 30.71 प्रतिशत और 30.53 प्रतिशत होगी अर्थात् हिन्दू वृद्धिदर अधिक होगी।[10]

जहाँ तक चार शादियों का प्रश्न है, तो इस्लाम अवश्य उन्हें चार शादी की अनुमति देता है, किन्तु यदि व्यवहार में देखा जाये, तो एक से अधिक पत्नी रखने वाला भारतीय मुसलमान लाख-दो लाख में एक मिलता है। इसलिए इस्लाम द्वारा चार शादी करने की अनुमति का कम से कम भारतीय सन्दर्भ में उनकी जनसंख्या वृद्धि पर कोई प्रभाव नहीं पड़ता।

एक प्रश्न यहाँ यह उठता है कि आखिर मुसलमानों की जनसंख्या वृद्धि से हिन्दुत्ववादियों को डर क्यों? एक तरफ तो हिन्दुत्ववादी कहते हैं कि भारत में रहने वाले सभी लोग हिन्दू हैं। 1993 में भाजपा अध्यक्ष बनने के बाद मुरली मनोहर जोशी ने कहा कि भारत में रहने वाले सभी लोग हिन्दू हैं। मुसलमान अहमदिया हिन्दू हैं और ईसाई क्रिस्ती हिन्दू हैं। आर.एस.एस. प्रमुख के. सुदर्शन ने भी तहलका डाट काम को दिये गये एक इंटरव्यू (3 अक्टूबर, 2000) में कहा कि सभी भारतीय हिन्दू हैं। सुदर्शन की बात को राष्ट्रीय स्वयं सेवक संघ के वर्तमान प्रमुख मोहन भागवत ने भी दोहराया (टाइम्स आफ इंडिया, 11 अगस्त, 2014)। फिर वे मुस्लिम जनसंख्या वृद्धि पर इतनी चिन्ता क्यों कर रहे हैं? यदि मुस्लिम इस देश में बहुसंख्यक हो भी जायें, तो क्या फर्क पड़ेगा? यदि जोशी व सुदर्शन के कथन को सत्य माना जाये कि सभी भारतीय हिन्दू हैं, तो फिर चाहे मुस्लिम जनसंख्या वृद्धि दर कम हो या अधिक, देश में हिन्दुओं की ही जनसंख्या बढ़ेगी, क्योंकि इन हिन्दुत्ववादियों के ही

अनुसार भारत में रहने वाले सभी लोग हिन्दू हैं।

**भ्रान्ति नं-5.** हिन्दुवादी प्रायः यह आरोप लगाते हैं कि स्वतन्त्र भारत में प्रारम्भ से ही शासन-नीति अल्पसंख्यक, खासतौर से मुस्लिम समुदाय का तुष्टीकरण करने वाली रही है। इसमें कोई सन्देह नहीं है कि अनेक राजनीतिक दल मुस्लिम समुदाय के वोट प्राप्त करने के उद्देश्य से उनकी भावनाओं के साथ खेलते रहे हैं, कभी हिन्दुत्व का हौवा दिखाकर तो कभी मुस्लिमों को उनकी सुरक्षा का खतरा दिखाकर! लेकिन क्या भावनाओं के साथ हुए इस राजनीतिक खेल को 'तुष्टीकरण' की संज्ञा दी जा सकती है। ऐसा नहीं है। दरअसल 'तुष्टीकरण' शब्द एक जटिल शब्द है। यदि किसी समुदाय के शैक्षिक, सामाजिक और आर्थिक स्तर में शासन की नीति के कारण दूसरे समुदायों की तुलना में अपेक्षाकृत अधिक अच्छा परिवर्तन आता है, तो ही यह पता चल सकता है कि उस समुदाय का तुष्टीकरण हुआ है या नहीं। आँकड़ों पर नज़र डालने पर पता चलता है कि मुसलमानों का सरकार के उच्च संवर्गों में प्रतिनिधित्व बहुत कम हैं, वर्ग 'अ' समूह में 3.19 प्रतिशत, वर्ग 'ख' समूह में 4.30 प्रतिशत और वर्ग 'घ' समूह में मुस्लिम प्रतिनिधित्व मात्र 8.16 प्रतिशत ही है। निजी क्षेत्र में तो यह प्रतिनिधित्व बहुत ही कम है। अप्रैल 1980 में उच्च न्यायालयों के कुल 310 न्यायाधीशों में से केवल 14 मुसलमान थे। सिविल सेवाओं में, निर्णय करने वाले पदों पर 1984 में मुसलमानों का प्रतिनिधित्व 2.14 प्रतिशत था। भारतीय पुलिस सेवा में यह प्रतिनिधित्व 3 प्रतिशत व केन्द्रीय सचिवालय सेवाओं में 1.4 प्रतिशत था। केवल 0.72 प्रतिशत मुसलमान अनुभाग अधिकारी थे।

## शैक्षिक दशा

सच्चर कमेटी की रिपोर्ट के अनुसार 2001 में मुस्लिम समाज में साक्षरता की दर 59.1 प्रतिशत थी जो कि राष्ट्रीय औसत 64.8 प्रतिशत से कम है। शहरी इलाकों में यह अन्तर और भी अधिक है। सच्चर कमेटी की रिपोर्ट से यह भी पता चला कि मदरसों में जाने वाले बच्चों की संख्या मात्र 3 प्रतिशत है जबकि अक्सर यह प्रचारित किया जाता है कि मुस्लिम समाज के अधिकांश बच्चे अपनी प्रारम्भिक शिक्षा मदरसों में प्राप्त करते हैं। इसी तरह मुस्लिम समाज के छात्रों में पढ़ाई छोड़ने की दर अधिक उम्र के बच्चों में मुस्लिम समाज में सबसे अधिक है यहाँ तक एस.सी. से भी अधिक है।

## गरीबी और जीवन जीने का स्तर

सच्चर कमेटी की रिपोर्ट के अनुसार दूसरे समाजों की तुलना में मुस्लिम समाज का अधिकांश हिस्सा भीषण गरीबी में रह रहा है। नेशनल सैंपल सर्वे ऑर्गेनाइजेशन के आँकड़ों पर नजर डालें तो 2004-05 में मुस्लिम समाज की 31 प्रतिशत आबादी गरीबी रेखा के नीचे जीवन यापन कर रही थी।

## उद्योग-धन्धों में स्थिति

उद्योग-धन्धों में भी मुस्लिम समुदाय की स्थिति शोचनीय है। मुसलानों की उद्योग-धन्धों में भागीदारी अधिकतर कारीगर के रूप में ही है। उनके स्वामित्व वाले उद्योग-धन्धों की संख्या बहुत कम है। उदाहरण के लिए मुसलमान हथकरघा क्षेत्र में कुशल कारीगर के रूप में जाने जाते हैं। 12 राज्यों के 31 जिलों में कराये गये सर्वेक्षण के अनुसार इस क्षेत्र में नियोजित कुल 12.68 लाख कारीगरों में से 51.89 प्रतिशत मुसलमान थे, लेकिन इनमें से केवल 4.4 प्रतिशत पर मुसलमानों का स्वामित्व था। वित्तीय सहायता का जहाँ तक सवाल है, मुसलमान उधारकर्ता केवल 4.3 प्रतिशत थे और उन्हें केवल 2.02 प्रतिशत ऋण मिला।[11]

इसी प्रकार शिक्षा के क्षेत्र में भी मुसलमान हिन्दुओं से बहुत पीछे हैं। गोपाल सिंह आयोग की रिपोर्ट के अनुसार मस्लिम समुदाय के प्रारम्भिक स्कूल शिक्षा में नामांकन मात्र 12.39 प्रतिशत हैं, जिनमें 60 प्रतिशत छात्र प्राथमिक स्तर पर ही स्कूल छोड़ देते हैं। इंजीनियरिंग विद्यार्थियों में प्रतिनिधित्व मात्र 3.44 प्रतिशत है। मुसलमानों में साक्षरता 1987-88 में योजना आयोग द्वारा कराये गये एक सर्वेक्षण के अनुसार मात्र 42 प्रतिशत थी, जो राष्ट्रीय औसत 52.11 प्रतिशत से बहुत कम है। स्त्रियों के मामले में तो साक्षरता केवल 11 प्रतिशत ही थी, जबकि राष्ट्रीय औसत 39.42 प्रतिशत है।

उपरोक्त आँकड़ों पर दृष्टि डालने से यह स्पष्ट हो जाता है कि जिन मुस्लिमों का तुष्टीकरण करने का आरोप हिन्दुत्ववादी शासन पर लगाते रहे हैं, उनकी वास्तविक स्थिति क्या है। दरअसल दूसरे लोकतान्त्रिक देशों की तरह भारत में भी शासन द्वारा समय-समय पर अल्पसंख्यक समुदाय के अधिकारों की रक्षा हेतु जो सकारात्मक कार्यवाही की जाती है, वही हिन्दुत्ववादियों को पच नहीं पाती।

**भ्रान्ति नं-6.** हिन्दू धर्म के बारे में हिन्दुत्ववादियों का दावा है कि दूसरे धर्मों की तुलना में हिन्दू धर्म अधिक सहिष्णु है। वह सर्वधर्म समभाव की भावना पर आधारित है। हिन्दू धर्मनिरपेक्ष हैं। हिन्दू राष्ट्र में ही दूसरे धर्मावलम्बी सुरक्षित रह सकते हैं। लेकिन यह दावा एक भ्रान्ति के अतिरिक्त और कुछ नहीं है। उड़ीसा में ग्राहम स्टेन्स को दो पुत्रों सहित कार में जिन्दा जलाकर मार देना, गजरौला मे ननों के साथ बलात्कार, देश के अनेक भागों में पादरियों पर आक्रमण, बाबरी मस्जिद का ध्वंस और सन् 2002 में गुजरात में हिन्दुत्ववादियों की सरकार के संरक्षण में जिस प्रकार मुसलमानों की नृशंस हत्या की गयी, उसके बाद तो हिन्दुत्ववादियों को यह कहने में शर्म आनी चाहिए कि हिन्दू धर्म सहिष्णु है। वास्तव में सहिष्णुता का हिन्दू धर्म से दूर-दूर तक कोई सम्बन्ध नहीं है। जो धर्म अपने ही धर्मावलम्बियों में जन्म के आधार पर ऊँच-नीच की भावना पैदा करता हो, जाति के आधार पर उन्हें एक दूसरे से घृणा करना सिखाता हो, अपने ही समाज के एक बड़े भाग को अस्पृश्य घोषित कर उसके साथ जानवरों से भी बदतर व्यवहार को न्यायसंगत ठहराता हो,

वह कभी दूसरे धर्मों के साथ सहिष्णुता का व्यवहार कर ही नहीं सकता। हिन्दू धर्म के असहिष्णु दृष्टिकोण के कारण ही भारत में जन्मे और पूरे विश्व को शान्ति का पाठ पढ़ाने वाले बौद्ध धर्म का भारत से सफाया हुआ। हिन्दू धर्म के बारे में राम पुनियानी कहते हैं कि यह धर्म बहुत ज्यादा असहिष्णु और श्रेणीबद्ध है। इसने समाज के विभिन्न वर्गों के लिए कठोर नियम तय किये। इसने जातिगत ढाँचा जो कि निम्न जातियों के हितों के विरुद्ध है, समाज पर लादा। इसने निम्न जातियों को सामाजिक नियामों में बाँध दिया, जो इस दमनकारी सामाजिक तन्त्र पर एक नैतिक व आध्यात्मिक मुलम्मे का काम करता था। मनुस्मृति के समय से ही शूद्रों और स्त्रियों को नीचे गिराया जा रहा है तथा ब्राह्मणों और दूसरी उच्च जातियों का महिमा मंडन किया जा रहा है। इस घनघोर जाति तथा लिंग आधारित शोषण की प्रणाली को हिन्दुत्व के नाम से विचारात्मक कवर दिया जा रहा है।[12]

दरअसल हिन्दू धर्म का पूरा इतिहास ही असहिष्णुता से भरा हुआ है। इतिहास में देश के बहुसंख्यक शूद्रों व स्त्रियों के शोषण का वर्णन बार-बार आया है। शम्बूक की हत्या केवल इस कारण कर दी गयी, उसने शूद्र होते हुए तपस्या की थी और वर्णाश्रम धर्म का उल्लंघन किया था। आदिवासी बालक एकलव्य को अँगूठा काटने पर विवश किया गया, क्योंकि उसने क्षत्रियों के लिए आरक्षित धनुर्विद्या सीखी थी। शूद्रों ने जब बौद्ध धर्म की शरण ली, तो पुष्यमित्र शुंग जैसे शासकों ने तलवार के बल पर उनका दमन किया। असहिष्णुता से भरे ऐसे इतिहास वाले हिन्दू धर्म का सहिष्णु होने का हिन्दुत्ववादियों का दावा कितना खोखला है, सरलता से समझ में आ जाता है।

जहाँ तक हिन्दू धर्म के निरपेक्ष होने के दावे का प्रश्न है, तो पहली बात यह सिद्ध है कि हिन्दू धर्म एक सामाजिक व्यवस्था है। किसी व्यवस्था में धर्मनिरपेक्षता वहीं होती है, जहाँ सहिष्णुता होती है। जो व्यवस्था असहिष्णुता पर आधारित हो, वहाँ धर्मनिरपेक्षता का सम्मान हो ही नहीं सकता। दूसरी बात यह कि हिन्दू धर्म का जहाँ एक धर्म के रूप में प्रश्न है तो हिन्दू धर्म के सम्बन्ध में धर्मनिरपेक्षता का दावा इसलिए गलत है कि धर्मनिरपेक्षता की अवधारणा शासन नीति पर लागू होती है, धार्मिक नीति पर नहीं। 'धर्मनिरपेक्षता' का अर्थ ही यह है कि शासन की नीति सभी धर्मों के प्रति तटस्थ होनी चाहिए। ऐसे में कोई शासन यदि धर्म पर आधारित है, तो वह दूसरे धर्मों के प्रति तटस्थ हो ही नहीं सकता, क्योंकि तटस्थता का भाव शासन के धर्म आधारित होते ही समाप्त हो जाता है।

**भ्रान्ति नं-7.** हिन्दुत्ववादी कहते हैं कि भारत में रहने वाले सभी हिन्दू हैं, मुसलमान भी हिन्दू हैं और ईसाई भी हिन्दू हैं। मुरली मनोहर जोशी ने तो यह माँग तक कर डाली कि मुसलमान खुद को मोहम्दी हिन्दू और ईसाई खुद को क्रिस्ती हिन्दू कहें। आर. एस. एस. के पूर्व प्रमुख सुदर्शन ने तहलका पत्रिका को दिये साक्षात्कार में

यह कहा कि भारत में रहने वाले सभी हिन्दू हैं। सुदर्शन की बात को राष्ट्रीय स्वयं सेवक संघ के वर्तमान प्रमुख मोहन भागवत ने भी दोहराया। मोहन भागवत कहते हैं कि यदि अमेरिका में रहने वालों को अमेरिकी, जर्मनी में रहने वालों को जर्मन कहते हैं तो हिन्दुस्तान में रहने वाले को हिन्दू क्यों नहीं कहा जा सकता? मोहन भागवत कहते हैं कि इसलिए हिन्दुस्तान में रहने वाला हर व्यक्ति हिन्दू है। (टाइम्स ऑफ इंडिया, 11 अगस्त, 2014)

लेकिन संघ परिवार के लोग यह भूल जाते हैं कि इस देश का नाम भारत है न कि हिन्दुस्तान। यदि हिन्दुस्तान शब्द के सन्दर्भ मे भी देखा जाये तो भी हिन्दुत्ववादियों को ध्यान रखना चाहिए कि अमेरिका में रहने वाला अमेरिकन और जर्मनी में रहने वाला जर्मन कहलाता है, न कि ईसाई। पाकिस्तान एक इस्लामी देश है लेकिन नागरिक मुस्लिम नहीं कहलाते, बल्कि पाकिस्तानी कहलाते हैं। इसी प्रकार नेपाल जो कुछ वर्ष पहले हिन्दू राष्ट्र था, के नागरिक पहले भी नेपाली कहलाते थे, आज भी नेपाली ही कहलाते हैं। दूसरे यह सत्य है कि 1947 में देश आजाद होने से पहले हिन्दुस्तान कहलाता था लेकिन उस समय भी नागरिक हिन्दुस्तानी कहलाते थे, न कि हिन्दू। दरअसल जब संविधान लिखा जा रहा था तो उस समय देश के नाम पर बहुत चर्चा हुई थी और काफी सोच-समझ कर देश का नाम हिन्दुस्तान की जगह भारत रखा गया। शायद संविधान निर्माताओं को इस बात का सन्देह हो गया था कि हिन्दुस्तान शब्द का कट्टरपंथी ताकतें गलत फायदा उठायेंगी। संविधान निर्माताओं का शक आज सही साबित हो रहा है।

**भ्रान्ति नं-8.** संघ परिवार प्रायः यह कहता है कि इस देश की संस्कृति हिन्दू संस्कृति है। मोहन भागवत कहते हैं कि हिन्दुत्व देश की पहचान है, अतः देश के सभी नागरिकों को हिन्दुत्व पर आधारित संस्कृति को अपनाना चाहिए। (टाइम्स आफ इंडिया, 11 अगस्त, 2014)। लेकिन अपने इस दावे में ऐसे लोग यह भूल जाते हैं की भारत विविध संस्कृतियों वाला देश है। उत्तर भारत की संस्कृति की तुलना न तो दक्षिण भारत की संस्कृति से की जा सकती है और न ही पूर्वी या पूर्वोत्तर भारत की संस्कृतियाँ से। देखा जाये तो हर प्रदेश की अपनी अलग संस्कृति है। विभिन्न संस्कृतियां होते हुए भी एक देश होने के कारण ही इसे 'अनेकता में एकता' कहा जाता है। यही 'अनेकता में एकता' भारत की पहचान है।

इसी प्रकार यह भी सत्य है कि मुस्लिम संस्कृति अलग है और ईसाई संस्कृति भी अलग है। इस बात को हिन्दुत्ववादी भी स्वीकार करते हैं। इसलिए वे माँग करते हैं कि गैर हिन्दुओं को यदि भारत में रहना है, तो उन्हें हिन्दू संस्कृति अपनानी होगी। गोलवलकर कहते हैं–"हिन्दू स्थान में विदेशी जातियों (मुस्लिम और ईसाई) को या तो हिन्दू संस्कृति और भाषा को अपना लेना चाहिए, हिन्दू धर्म को सम्मान और श्रद्धा के भाव से देखना सीखना चाहिए। हिन्दू जाति और हिन्दू राष्ट्र की संस्कृति

के महिमा मण्डन के अतिरिक्त किसी अन्य विचार को मस्तिष्क में नहीं रखना चाहिए, हिन्दू जाति में समाहित होने के लिए अपने पृथक् अस्तित्व को समाप्त कर देना चाहिए या फिर उन्हें बिना किसी सुविधा के, बिना किसी विशेष अधिकार, बिना किसी विशेष सलूक के यहाँ तक कि बिना किन्हीं नागरिक अधिकारों के इस देश में रहना चाहिए। उनके लिए कम से कम और कोई भी मार्ग अपनाने के लिए नहीं होना चाहिए।"[13]

इस तरह गोलवलकर और कई हिन्दुत्ववादी मुस्लिम और ईसाई को गैर हिन्दू तथा भिन्न संस्कृति का मानते हुए उन्हें हिन्दू संस्कृति में समाहित हो जाने को कहते हैं और ऐसा न करने पर दूसरे दर्जे के नागरिक की हैसियत से भारत में रहने को कहते हैं। ऐसे में प्रश्न उठता है कि यदि मुस्लिम और ईसाई भी हिन्दू हैं जैसा कि सुदर्शन और मुरली मनोहर जोशी कहते हैं, तो फिर उन्हें हिन्दू संस्कृति अपनाने की आवश्यकता क्यों है? यदि वे हिन्दू हैं, तो दलितों और आदिवासियों के धर्मपरिवर्तन का विरोध क्यों? यदि सबकी संस्कृति पृथक है तो सब हिन्दू कैसे हैं? आखिर मुस्लिम या ईसाई धर्म अपनाने के बाद भी तो वे हिन्दू ही रहेंगे। यदि भारत में रहने वाले सभी हिन्दू हैं, तो हिन्दुत्ववादी हिन्दुओं को बहुसंख्यक कैसे कह सकते हैं? फिर 'हिन्दू धर्म खतरे में है' का क्या अर्थ है? दरअसल हिन्दुत्ववादी दो मुँही बातें करते हैं? एक तरफ तो कहते हैं कि भारत में रहने वाले सभी हिन्दू हैं फिर वहीं सबको हिन्दू संस्कृति अपनाने को कहते हैं। राम पुनियानी के शब्दों में ऐसा कहकर वे वास्तव में देश के कमजोर वर्ग पर प्रभुत्व जमाना चाहते हैं, ताकि वे चुपचाप हिन्दू धर्म में ही पड़े रहें और साथ ही उनका उद्देश्य अल्पसंख्यकों को भयभीत कर उन्हें संघ परिवार की इच्छाओं के सम्मुख झुकाना भी है।[14]

**भ्रान्ति नं-9.** हिन्दुत्ववादी इस देश को हिन्दू राष्ट्र घोषित करने की माँग करते हैं। मोहन भागवत तो यह दावा करते हैं कि यह देश हिन्दू राष्ट्र ही है। हिन्दुत्ववादी कहते हैं कि यदि भारत को हिन्दू राष्ट्र घोषित कर दिया जाता है तो इसका अर्थ यह नहीं है कि हिन्दू राष्ट्र में गैर हिन्दू मतावलम्बियों के साथ कोई भेदभाव होगा। ऐसी दशा में गैर हिन्दू मतावलम्बियों को भयभीत होने की आवश्यकता नहीं है। हिन्दू राष्ट्र में गैर हिन्दू पूरी तरह सुरक्षित होंगे, क्योंकि हिन्दू धर्म मानवतावादी धर्म है। इस धर्म में तो प्रकृति के कण कण में ईश्वर का वास माना जाता है, उसके लिए सभी मनुष्य समान है। वास्तव में यह लोगों को सांसारिक दुखों से मुक्ति का मार्ग दिखाता है।

दरअसल सावरकर और गोलवलकर का देश को हिन्दू राष्ट्र बनाने का सपना आज भी हिन्दुत्ववादियों की विचारधारा का केन्द्र है। चूँकि देश में दूसरे धार्मिक अल्पसंख्यक बड़ी संख्या में रहते हैं, इसलिए वे किसी भी तरह इस सपने को पूरा करना चाहते हैं। इसलिए उनका प्रश्न आने पर वे हिन्दुत्ववादी विचारधारा को मानवतावादी

सिद्ध करने का प्रयास करने लगते हैं। लेकिन प्रश्न उठता है कि जो धर्म अपने ही धर्मावलम्बियों को 6000 से अधिक जातियों में बाँट कर उनमें ऊँच-नीच की भावना भरता है, एक दूसरे से भेदभाव करना सिखाता है, आपस में लड़वाता है, अपने ही समाज के बहुसंख्यक वर्ग को शूद्र कह कर उनसे अपना अपमान सहने को कहता है, समाज के एक बड़े हिस्से को अछूत घोषित कर उसके साथ पशुओं से भी बदतर व्यवहार करता है, वह धर्म शासन का आधार बन जाने पर दूसरे धर्मावलम्बियों को सुरक्षा कैसे प्रदान करेगा? इस बात पर तो कोई मूर्ख ही विश्वास कर सकता है। भले ही कुछ लोगों को मुक्ति का मार्ग दिखाता हो, लेकिन यह सम्पूर्ण समाज के लिए कल्याणकारी नहीं हो सकता। क्योंकि अपने ही समाज के लोगों को जाति के नाम पर आजीवन दुख देने वाला धर्म सबके लिए कल्याणकारी नहीं हो सकता और जो सबके लिए कल्याणकारी न हो, वह मानवतावादी भी नहीं हो सकता। मानवतावादी होने के लिए जाति-धर्म के भेद से ऊपर उठना आवश्यक है।

**भ्रान्ति नं-10.** हिन्दुत्ववादी प्रायः यह प्रचार करते हैं कि इस्लाम और आतंकवाद एक दूसरे के पर्यायवाची हैं। कहीं भी कोई बम विस्फोट होता है या और कोई ऐसी घटना घटती है, बिना जाँच रिपोर्ट की प्रतीक्षा किये जनता में यह प्रचार कर दिया जाता है कि इन घटनाओं के पीछे मुस्लिम संगठनों का हाथ है। हिन्दुत्ववादियों के इस प्रचार के प्रभाव में सरकारी तन्त्र भी आ जाता है और ऐसी घटनाओं की जाँच बाद में प्रारम्भ होती है, पहले उस क्षेत्र के निर्दोष मुसलमानों को पीड़ित किया जाना शुरू हो जाता है।

वास्तव में इस्लाम और आतंकवाद में सम्बन्ध स्थापित करने का कुत्सित प्रयास भारत में ही नहीं, अन्तर्राष्ट्रीय स्तर पर अमेरिका के नेतृत्व में हो रहा है। लेकिन इस्लाम और आतंकवाद में सम्बन्ध स्थापित करने का प्रयास करने वाले यह भूल जाते हैं कि जिस तालिबान को अमेरिका आज सबसे बड़ा आतंकवादी संगठन कहता है उसे अफगानिस्तान में मजबूत करने का कार्य अमेरिका ने स्वयं किया था, क्योंकि उसे अफगानिस्तान में सोवियत संघ का प्रभाव समाप्त करना था। लेकिन जब तालिबान ने अमेरिका को ही आँख दिखानी शुरू की, तो अमेरिका ने उसे समाप्त करने के लिए अफगानिस्तान पर ही हमला कर दिया। इसी प्रकार ईराक में सद्दाम हुसैन को हर प्रकार के शस्त्र देकर शक्तिशाली बनाने का कार्य स्वयं अमेरिका ने किया, लेकिन सद्दाम हुसैन की तानाशाही अमेरिका से टकरायी तो उसने इराक को आतंकवाद का केन्द्र घोषित कर उस पर आक्रमण कर दिया।

हिन्दुत्ववादियों ने अन्तर्राष्ट्रीय स्तर पर हो रही इन घटनाओं का लाभ उठाते हुए यह कहना प्रारम्भ कर दिया कि इस्लाम और आतंकवाद एक ही है और हर आतंकवादी घटना के पीछे किसी न किसी इस्लामी संगठन का ही हाथ मिलता है। लेकिन मालेगाँव बम विस्फोट में साध्वी प्रज्ञा और कर्नल पुरोहित, अजमेर शरीफ

बम विस्फोट में असीमानन्द जैसे साधू व आर.एस.एस. के प्रचारकों ("रेवेन्द्र गुप्ता जिला प्रचारक झारखंड, लोनेश जिला प्रचारक मध्य प्रदेश, चन्द्रशेखर, संदीप मध्य प्रदेश, वरिष्ठ आर.एस.एस. लीडर इन्द्रेश कुमार का भी नाम चार्जशीट में आया है कि उन्होंने गुप्त मीटिंग उन लोगों के साथ की थी।" स्रोत—इण्डियन एक्सप्रेस, 1 नवम्बर, 2010) को पकड़ा गया तो हिन्दुत्ववादियों की हालत खराब हो गयी और जब असीमानन्द ने अपने बयान में अपने ऊपर लगे आरोपों को स्वीकार कर लिया तो हिन्दुत्ववादियों की बोलती ही बन्द हो गयी।

वास्तव में धर्म और आतंकवाद में कोई सम्बन्ध नहीं होता। समाज धर्म कभी अपने अनुयायी को हिंसा के रास्ते पर जाने की प्रेरणा नहीं देता है। आतंकवाद या आतंकवादी का कोई धर्म नहीं होता। उसका उद्देश्य केवल अपना लक्ष्य हासिल करना होता है और इस मार्ग में यदि उसके अपने धर्मावलम्बी भी आते हैं, तो वह उन्हें भी मारने से नहीं चूकता। कश्मीर इसका जीता जागता उदाहरण है, जहाँ अनेक मुस्लिम भी इस्लामी कट्टरपंथियों की गोली का निशाना बन चुके हैं। दरअसल 'आतंकवाद' अपने लक्ष्य को हिंसा के द्वारा प्राप्त करने की पद्धति है, जिसके अनुयायी सभी धर्मों में मिलते हैं। इसलिए केवल इस्लाम के अनुयायी को आतंकवादी बताना या इस्लाम और आतंकवाद में सम्बन्ध स्थापित करना पूर्णतया अनुचित है।

**भ्रान्ति नं-11.** हिन्दुत्ववादी कहते हैं कि सभी गैर हिन्दू धर्मावलम्बी राष्ट्र विरोधी हैं। उनके अनुसार देश की संस्कृति ही हिन्दू धर्म की संस्कृति है और इस देश के प्रति वही व्यक्ति समर्पित होगा जो हिन्दू संस्कृति के प्रति समर्पित होगा। इसलिए जो लोग हिन्दू धर्म की बजाय किसी और धर्म को मानते हैं वे राष्ट्रभक्त हो ही नहीं सकते, क्योंकि ऐसे लोगों का समर्पण हिन्दू संस्कृति के प्रति नहीं होता है। इस कारण हिन्दुत्ववादी गैर हिन्दुओं को भी हिन्दू संस्कृति के प्रति समर्पित होने को कहते हैं। वे धर्म परिवर्तन पर रोक लगाने की माँग करते हैं, क्योंकि उनके अनुसार धर्म परिवर्तन करने के बाद व्यक्ति की देश-भक्ति में कमी आ जाती है।

वास्तव में हिन्दुत्ववादी आज भी सावरकर के दो राष्ट्र के सिद्धान्त पर चल रहे हैं। सावरकर ने इस देश में हिन्दू और मुस्लिम को दो राष्ट्र माना था। बाद में इसी सिद्धान्त पर चल कर जिन्ना पाकिस्तान बनवाने में सफल हो गये। इसलिए बार-बार हिन्दुत्ववादी किसी न किसी बहाने मुस्लिम समाज को यह याद दिलाने का प्रयास करते हैं कि पाकिस्तान बनने के बाद यह देश हिन्दुओं का है। लेकिन हिन्दुत्ववादियों को याद रखना चाहिए कि पाकिस्तान बनने के बाद भी वहाँ से ज्यादा मुस्लिम आज भी भारत में रहते हैं और यह देश हिन्दू राष्ट्र नहीं धर्मनिरपेक्ष देश है। उन्हें नहीं भूलना चाहिए कि "सारे जहाँ से अच्छा, हिन्दोस्तां हमारा" गीत लिखने वाला मोहम्मद इकबाल मुस्लिम था, अबुल कलाम आजाद जैसे अनेक मुस्लिम पाकिस्तान बनने के विरुद्ध थे। उन्हें याद रखना चाहिए देश के भूतपूर्व राष्ट्रपति ए.पी.जे. अब्दुल कलाम

को, जो एक रक्षा वैज्ञानिक थे और जिन्हें बैलिस्टिक मिसाइलों के क्षेत्र में अपने योगदान के कारण मिसाइल मैन कहा गया।

दरअसल धर्म को राष्ट्रवाद से जोड़ना ही गलत है। पाकिस्तान एक इस्लामी राष्ट्र है, लेकिन इसका अर्थ यह कदापि नहीं हो सकता कि पाकिस्तान में सारे मुस्लिम राष्ट्रभक्त हैं और वहाँ कोई मुस्लिम गद्दार हो ही नहीं सकता। पैसे के लालच में देश से गद्दारी करने वाले हर धर्म में मिलते हैं। हमें नहीं भूलना चाहिए कि यदि मीर जाफर इस देश में पैदा हुआ है तो इसी देश में जयचन्द भी पैदा हुआ है।

इस देश पर जितना हक हिन्दुत्ववादियों का है, उतना ही मुसलमानों का है और यदि इस तथ्य पर विचार किया जाये कि इस देश में रहने वाले मुसलमानों का अस्सी प्रतिशत भाग शूद्र-अतिशूद्र जातियों से धर्म परिवर्तित है, तो उसका अधिकार विदेशी आर्यों के वंशज इन हिन्दुत्ववादियों से इस देश पर अधिक ही है। वास्तव में, हिन्दुत्ववादियों को एक ही बात सदैव परेशान करती है कि हिन्दू और मुसलमान के दो पृथक् राष्ट्र मानने के जिस सिद्धान्त का प्रतिपादन सावरकर ने किया, उसी पर चलकर मुस्लिम साम्प्रदायिक ताकतें पृथक् राष्ट्र बनाने में सफल तो रहीं ही, उसे इस्लामी राष्ट्र बनाने में भी सफल रहीं, लेकिन हिन्दुत्ववादियों को भारत को हिन्दू राष्ट्र बनाने के अपने मकसद में सफलता प्राप्त नहीं हो सकी। असफलता की यही स्मृति जब उन्हें कचोटती है, तो वे देश को साम्प्रदायिकता की आग में धकेलने को तत्पर हो जाते हैं?

**सन्दर्भ**


1. वी.आर. आवर नेशनहुड डिफाइन्ड, गोलवलकर, पृ. 35
2. साम्प्रदायिक राजनीति : तथ्य एवं मिथक, राम पुनियानी, पृ. 187
3. साम्प्रदायिक राजनीति : तथ्य एवं मिथक, राम पुनियानी, पृ. 190
4. साम्प्रदायिक राजनीति : तथ्य एवं मिथक, राम पुनियानी, पृ. 244
5. साम्प्रदायिक राजनीति : तथ्य एवं मिथक, राम पुनियानी, पृ. 244
6. साम्प्रदायिक राजनीति : तथ्य एवं मिथक, राम पुनियानी, पृ. 90
7. साम्प्रदायिक राजनीति : तथ्य एवं मिथक, राम पुनियानी, पृ. 174
8. साम्प्रदायिक राजनीति : तथ्य एवं मिथक, राम पुनियानी, पृ. 176
9. सेक्यूलरिज्म एण्ड सुप्रीम कोर्ट ऑफ इण्डिया, दि कॉमर्स कॅलेक्टिव, अगस्त 96-5
10. साम्प्रदायिक राजनीति : तथ्य एवं मिथक, राम पुनियानी, पृ. 134
11. साम्प्रदायिक राजनीति : तथ्य एवं मिथक, राम पुनियानी, पृ. 131
12. साम्प्रदायिक राजनीति : तथ्य एवं मिथक, राम पुनियानी, पृ. 196
13. वी.आर. आवर नेशनहुड डिफाइन्ड, गोलवलकर, पृ. 77
14. साम्प्रदायिक राजनीतिः तथ्य एवं मिथक, राम पुनियानी, पृ. 192